**Histoires japonaises de moines,
de maîtres du Yin-Yang
et de guerriers**

Du même auteur

Histoires japonaises d'esprits, de monstres et de fantômes, L'Harmattan, 2005.
Les fêtes traditionnelles à Kyoto, L'Harmattan, 2003.

© L'Harmattan 2007
5-7 rue de l'École Polytechnique ; Paris 5ᵉ
www.librairieharmattan.com
harmattan1@wanadoo.fr
diffusion.harmattan@wanadoo.fr

ISBN : 978-2-296-03461-7
EAN : 9782296034617

ÉRIC FAURE

Histoires japonaises de moines, de maîtres du Yin-Yang et de guerriers

Photos de l'auteur

L'HARMATTAN

Le moine, le maître du Yin-Yang et le guerrier

« Un jour, le chancelier Fujiwara no Michinaga décida d'observer une période d'isolement et de faire appeler auprès de lui, pour assurer sa protection, le moine Kanshû du temple Gedatsuji, le maître du yin-yang Abe no Seimei, le guerrier Minamoto no Yoshiie et le médecin Tamba Tadaaki. Durant cette période d'isolement, le 1er mai de cette année-là, quelqu'un apporta au chancelier des melons de la région de Yamato.

- Puis-je accepter quelque chose venant de l'extérieur alors que je suis en train d'observer une période d'isolement ?

Le chancelier demanda à Seimei de procéder à un rituel de divination et de répondre à la question. Seimei prit un melon dans ses mains et dit qu'il contenait du poison. Sachant qu'il était possible de découvrir la nature du mal en prononçant des incantations, le chancelier Michinaga demanda alors au moine Kanshû de réciter une incantation. Kanshû récita l'invocation du bouddha Amida. Le melon se mit tout à coup à trembler. Quand le chancelier Michinaga demanda ensuite au médecin Tadaaki de faire disparaître le mal, ce dernier observa attentivement la surface du melon puis il y planta des aiguilles d'acupuncture en deux endroits. Le melon continua à trembler pendant quelques instants puis il s'immobilisa. Quand le chancelier Michinaga demanda enfin au guerrier Yoshiie de trancher le melon, ce dernier dégaina son sabre et il trancha le melon. Un petit serpent venimeux était enroulé à l'intérieur du melon. Les aiguilles de Tadaaki étaient plantées dans les deux yeux du reptile. Tous avaient pensé que Yoshiie avait tranché le melon sans faire attention mais, en fait, celui-ci avait abattu son arme avec précision et décapité le serpent. Les hommes célèbres sont capables de telles prouesses. Et quelles prouesses ! Cet incident ne fut jamais rapporté dans les chroniques historiques mais il devint pourtant bientôt connu de tous ! »

Cette anecdote tirée d'un recueil du 13ᵉ siècle, *Le recueil des contes anciens et modernes*, constitue une excellente entrée en matière au présent ouvrage parce qu'elle contient un certain nombre d'éléments typiques des contes et légendes japonais. Elle met d'abord en scène, au mépris de la plausibilité historique (le chancelier Michinaga était mort depuis plus de dix ans lorsque le futur guerrier Minamoto no Yoshiie vit le jour), des individus qui ont réellement existé, elle fait intervenir par leur biais quelques-uns des personnages les plus récurrents des contes et légendes japonais –un moine, un maître du Yin-Yang et un guerrier – et elle se situe à l'époque Heian, une période de l'histoire qui sert très souvent de cadre aux récits fantastiques japonais.

L'époque Heian débuta en 794 avec l'établissement d'une nouvelle capitale à l'emplacement de ce qui est aujourd'hui la ville de Kyôto et elle se termina en 1185 avec la prise du pouvoir par les membres du clan guerrier des Minamoto et la formation d'un gouvernement militaire à Kamakura, près de la ville actuelle de Tôkyô. L'époque Heian fut très longue. Elle dura près de 400 ans et elle vit, entre autres choses, le développement d'une culture aristocratique dont on retrouve les échos dans les grands romans et les notes journalières des courtisans de l'époque et la création des deux premières sectes bouddhiques japonaises. Les trois premiers chapitres du présent ouvrage sont justement consacrés à Kûkaï et Saïchô, les fondateurs de ces deux premières sectes bouddhiques japonaises, ainsi qu'à quelques autres moines qui vécurent dans la première moitié de l'époque Heian. Les histoires qui font intervenir ces moines révèlent que les empereurs de ce temps-là s'intéressaient plus au bouddhisme pour son potentiel magique, ses incantations, ses cérémonies grandioses et ses représentations picturales de la théologie que pour son message spirituel. En conséquence de quoi, les moines étaient plus souvent convoqués au palais impérial pour célébrer des rituels ésotériques destinés à invoquer les dragons faiseurs de pluie ou à chasser le dieu des épidémies que pour délivrer des sermons.

L'époque Heian fut aussi une époque durant laquelle le Japon s'affranchit de l'influence culturelle de la Chine, le modèle de référence pendant des décennies, et développa une culture autonome. Parmi les sciences et idées qui avaient été importées du continent asiatique via la Corée à partir du 5e siècle, le taoïsme et le Yin-Yang furent peut-être ceux qui exercèrent la plus grande influence sur la culture japonaise et qui, sans pourtant devenir une religion, s'immiscèrent dans quantité d'aspects de la vie quotidienne des Japonais. La science du Yin-Yang suscita très vite l'apparition de spécialistes en la matière, les maîtres du Yin-Yang, qui, par leur connaissance des mutations de l'univers, l'observation des astres et la mise en pratique du système de cause à effet, se targuaient de pouvoir aussi bien prédire l'avenir que guérir les gens. Les chapitres 4 et 5 sont consacrés à ces mages et en particulier à l'un d'eux, Abe no Seimei, le plus grand maître du Yin-Yang de l'histoire du Japon.

La seconde moitié de l'époque Heian fut marquée par la montée en puissance de clans guerriers qui formèrent d'abord de véritables états dans l'Etat puis qui vinrent ensuite disputer la suprématie exercée depuis des siècles par les Fujiwara à la cour impériale. De complots en coups d'état ratés, la situation dégénéra progressivement et déboucha sur un conflit qui dura 75 ans et qui vit l'affrontement des deux plus puissants clans guerriers du moment, les Taïra (appelés aussi Heike) et les Minamoto (appelés aussi Genji). Le conflit se solda par l'extermination des Taïra, la prise du pouvoir par les Minamoto et la formation d'un gouvernement militaire qui se proposa de diriger le pays au nom de l'empereur. Les chapitres 6, 7 et 8 sont consacrés à l'évocation des exploits de celui qui est sans aucun doute le plus célèbre de tous les guerriers des contes et légendes japonais, Minamoto no Yorimitsu. Nous le verrons affronter des ogres cannibales et des araignées géantes et nous tenterons de comprendre pourquoi les êtres surnaturels qui lui servent de faire-valoir sont systématiquement associés, d'une manière ou d'une autre, aux ennemis de l'empereur.

Les troubles provoqués par les guerres, les tentatives de coups d'état, les révoltes dans les campagnes, les épidémies, les famines et le climat d'insécurité générale qui régnait dans la seconde moitié de l'époque Heian inquiétaient les petites gens et faisaient dire à certains que la fin des temps annoncée par les textes bouddhiques était proche et qu'elle allait commencer en 1052. Cette peur, semblable à celle de l'An Mil en Europe, suscita une véritable ferveur religieuse et l'apparition de nouvelles sectes dont les représentants affirmaient qu'il suffisait de prononcer le nom de la divinité Amida pour assurer son entrée au paradis. Les deux derniers chapitres se situent à cette époque. Le chapitre 9 raconte le sort de quelques défunts anonymes ou célèbres dans l'au-delà tandis que le chapitre 10 évoque la carrière d'Ono no Takamura, l'un des plus curieux personnages des contes et légendes japonais, un fonctionnaire poète qui travaillait au ministère de la justice durant la journée et qui siégeait au tribunal des enfers durant la nuit !

Les contes et légendes japonais mettent très souvent en scène des personnes qui vécurent à l'époque Heian et qui étaient, pour la plupart, devenus célèbres de leur vivant. Toutefois, ces récits furent écrits des décennies voire des siècles après la mort des intéressés et ce, pour des raisons très diverses. S'ils ont quelquefois pour but de mettre en valeur la personnalité hors du commun de ces derniers ou s'ils témoignent tout simplement de leur popularité au fil des siècles, il ne faut pas non plus perdre de vue que ces récits sont le produit d'une époque spécifique et qu'ils sont très certainement apparus pour répondre aux attentes des gens de cette époque. Ainsi, ce n'est sûrement pas un hasard si les histoires racontant comment l'aristocrate Ono no Takamura siégeait tous les soirs au tribunal des enfers commencèrent à circuler à une époque où les Japonais croyaient en l'imminence de la fin du monde et se tournaient désespérément vers les bouddhas capables de garantir leur entrée au paradis. De même, ce n'est pas non plus un hasard si le maître du Yin-Yang Abe no Seimei revient systématiquement à la mode à chaque fois que le pays traverse une période de crise… Outre la visite des lieux supposés de l'action et la présentation de ces contes et légendes en puisant directement dans les recueils où ils ont été rapportés, une large part du présent ouvrage sera également consacrée à l'évocation du contexte socioculturel dans lequel ces histoires sont apparues et des raisons ayant conduit à leur formation.

1. Comment Kûkaï invita un Roi Dragon à venir s'installer dans l'étang du palais impérial de Kyôto...

Au fur et à mesure que le train se rapproche de la gare de Kyôto, les voyageurs peuvent apercevoir, à main droite, la toiture et le portique du temple Daïtokuji (大徳寺) puis, à main gauche, les étages supérieurs de la pagode du temple Tôji (東寺) qui domine – mais pour combien de temps encore ? – les maisons et les immeubles environnants. A la descente du train, ils pénètrent dans une gare ultra moderne, une cathédrale de lumière aux grandes arches métalliques. La gare de Kyôto fut rénovée pour la troisième fois en 1997 et son nouveau design inspiré par Rashômon (羅城門), cette porte qui marquait autrefois l'entrée de Kyôto et qui acquit une renommée internationale grâce au film de Kurosawa Akira. Comme c'est toujours le cas à chaque fois qu'un bâtiment de plusieurs étages est construit à Kyôto, cette nouvelle gare suscita une vive polémique et nombreux furent ceux qui l'accusèrent de détruire le paysage de cette ville où, des siècles durant, les toitures des temples avaient dominé celles des habitations et des palais. La gare de Kyôto reçut finalement son « acte de reconnaissance officielle » deux ans plus tard en servant de décor à un film de la série *Gamera* et en ayant l'honneur de se faire démolir par l'un des plus célèbres monstres du cinéma japonais. Face à la gare se trouve un autre « monument » qui fut aussi vivement critiqué en son temps : Kyôto Tower, une tour de 131 mètres qui fut construite en 1964 à l'image d'une bougie de temple illuminant la ville.

A Kyôto, le poids de l'histoire est perceptible à tous les coins de rues, il influe sur la vie de ses habitants et il n'a de cesse d'inspirer des artistes dans toutes les disciplines. La première impression que donne Kyôto aux visiteurs qui débarquent sur le quai de sa gare est souvent celle d'une ville où le passé et le présent se côtoient, où la pagode de bois d'un temple millénaire se dresse non loin d'une tour bétonnée. Même si la gare et la tour de Kyôto rendent, d'une certaine manière, hommage à l'histoire de la ville, force est de reconnaître que la cohabitation du passé et du présent ne se fait pas toujours de manière harmonieuse. Au fil des années, les 1 600 temples bouddhiques et les 400 sanctuaires shintoïstes de Kyôto sont de plus en plus cernés par des immeubles de plusieurs étages (les arrêts municipaux interdisant la construction de bâtiments trop élevés ont volé en éclats depuis longtemps) et il faut souvent faire preuve d'un certain pouvoir d'abstraction pour admirer en toute sérénité le jardin sec d'un temple zen et ignorer les grands immeubles modernes qui se dressent juste derrière son mur d'enceinte...

La pagode à cinq étages du temple Tôji vue depuis le « carrefour du chat ».

Fort heureusement, il est encore certains lieux où, sitôt que l'on franchit le portique gardé par des chiens de pierre dans les sanctuaires et par de puissantes divinités dans les temples, on pénètre dans un autre monde, dans un espace où le temps semble s'être arrêté. C'est le cas du Tôji, ce temple dont on aperçoit les étages supérieurs de sa pagode depuis les fenêtres des trains conduisant à Kyôto, ce temple dont la pagode de 57 mètres a le double honneur d'être la plus vieille pagode à cinq étages du Japon et le symbole de la ville de Kyôto. Mais attention ! Même s'il n'en est pas moins vrai qu'il fut construit il y a plus de 1 200 ans et qu'il possède 56 trésors nationaux, 128 trésors culturels importants et 8 000 trésors de calligraphie, le Tôji n'est pas pour autant un musée. C'est d'abord et avant tout un lieu de culte, un lieu où un moine nommé Kûkaï (空海, 774-835) fonda la Secte de la Parole Véritable (*Shingon-shû*, 真言宗), la toute première secte bouddhique japonaise. Tout au long de l'année, des groupes de fidèles, reconnaissables à leur chapeau de paille, leur chasuble blanche et leur canne, s'y rendent en pèlerinage. Ils se recueillent devant les statues des bouddhas, font brûler des bâtonnets d'encens devant la statue de Kûkaï qui se dresse à l'entrée du Tôji puis font tamponner le sceau du temple sur leur chasuble. Tous les 21 du mois, jour de vénération de Kûkaï, les fidèles de la Secte de la Parole Véritable sont aussi nombreux à se rendre au Tôji pour assister au service religieux célébré à la mémoire de ce dernier. Ce jour-là, des antiquaires viennent dresser boutique sur l'esplanade du temple et vendre des meubles, des estampes et des kimonos. Ce marché aux puces qui attire de nombreux visiteurs tant japonais qu'étrangers est appelé *Kôbô-san* (弘法さん), « Vénérable Kôbô », par les habitants de Kyôto. Kôbô, littéralement « le grand maître de la propagation de la loi » (*Kôbô Daïshi*, 弘法大師), est le nom posthume de Kûkaï…

    Outre l'intérêt indéniable qu'il présente pour l'histoire du Japon, le temple Tôji, tout comme de nombreux autres lieux à travers le pays, est également célèbre pour ses « petites histoires » qui sont rapportées dans les anciens recueils de nouvelles ou qui sont racontées par les gens de génération en génération. C'est par exemple le cas de cette étrange histoire à propos de la statue du tigre blanc qui se trouvait jadis dans l'angle sud-est du mur d'enceinte du temple Tôji. On ignore les raisons pour lesquelles elle fut installée à cet endroit-là mais cette statue inspirait les plus vives craintes aux gens parce que le tigre blanc était un animal mythique qui se chargeait, d'ordinaire, de la protection de l'ouest et dont l'image aurait, par conséquent, dû se trouver dans ce point du compas et non au sud-est. Aussi, en raison de la présence incongrue de cette statue dans une direction qui n'était pas la sienne, les gens en vinrent à penser que l'angle sud-est du Tôji, le carrefour du chat (猫の曲がり) comme ils l'appelaient, était un lieu maudit et ils évitèrent d'y passer lors de grandes occasions. La statue du tigre blanc a disparu depuis longtemps mais, curieusement, la crainte inspirée par le « carrefour du chat » demeure et, aujourd'hui encore, les gens évitent de passer à proximité de l'angle sud-est du temple Tôji lorsqu'ils déménagent ou vont se marier...

Une autre « petite histoire » se situe à l'époque où le moine Kûkaï était le Supérieur Général du Tôji. En ce temps-là, la zone qui s'étendait au-delà de la Neuvième Avenue, l'avenue la plus au sud de Kyôto, était couverte de champs dans lesquels les gens cultivaient des poireaux. On raconte qu'en une certaine occasion, Kûkaï sortit du temple Tôji, qu'il fut attaqué par un serpent géant qui sévissait dans la région et qu'il échappa à son poursuivant en se cachant dans un champ de poireaux ! On raconte que ce serait suite à cet incident que les maraîchers de Kyôto décidèrent de ne pas entrer dans leurs champs de poireaux de la Neuvième Avenue le 21 de chaque mois, le jour de vénération de Kûkaï, et les habitants de la Capitale de ne pas manger de poireaux ce jour-là afin d'exprimer leur reconnaissance à l'égard de ces légumes qui avaient dissimulé le Supérieur Général du Tôji à la vue du serpent. Même si la tradition a quelque peu tendance à se perdre, ce curieux interdit est toujours observé dans bien des familles à Kyôto car l'on affirme que ceux qui ne le respectent pas connaissent toutes sortes d'ennuis...

Le sanctuaire du Roi Dragon (Temple Tôji).

La troisième et dernière « petite histoire » en relation avec le temple Tôji concerne l'autel qui se dresse discrètement sur l'îlot de l'étang artificiel que l'on peut voir dans le coin nord-est de son esplanade. Force est de reconnaître que ce petit autel, en fait une stèle recouverte d'un toit, n'attire pas vraiment l'attention. Et pourtant, le lieu commémore l'un des plus célèbres miracles de Kûkaï. Cet autel rappelle en effet comment celui-ci invoqua un roi dragon faiseur de pluie et l'invita à s'installer dans l'étang sacré du Palais Impérial de Kyôto. L'histoire mérite d'être racontée dans le détail...

    Kûkaï vit le jour en 774 dans l'île de Shikoku après que sa mère eut rêvé d'un ermite qui lui rendait visite et qui prenait place dans son ventre. Il manifesta très tôt un intérêt pour le bouddhisme et il passa sa petite enfance à fabriquer des statues de bouddha en argile, construire avec des branches des bâtiments qui ressemblaient à des temples et rêver de bouddhas qui apparaissaient sur des fleurs de lotus et discutaient théologie avec lui. En dépit de cela, Kûkaï se rendit à la Capitale alors située à Nara et il entreprit des études qui devaient faire de lui un fonctionnaire. Il interrompit très vite ses études et, sous la direction d'un moine nommé Gonzô (勒操), il s'initia à une nouvelle forme de bouddhisme différente de celle, très académique, enseignée par les sectes de Nara. Kûkaï n'était pas satisfait pour autant. Il avait lu tous les textes sacrés bouddhiques mais il n'arrivait pas à apaiser les tourments de son cœur. Une nuit, un homme se manifesta dans ses rêves et lui révéla l'existence d'un soutra contenant la réponse à toutes ses interrogations. Le lendemain matin, Kûkaï se mit à la recherche du mystérieux ouvrage et il le trouva, enfoui sous la pagode d'un temple de la région de Nara, le Kumedera (久米寺). Il lut aussitôt ce texte qui portait le nom de *Soutra du Grand Bouddha Solaire* (*Daïnichi-kyô*, 大日経) mais il n'arriva pas à en comprendre la signification et il ne trouva personne capable de lui l'expliquer.

    Kûkaï décida alors d'aller en Chine et de visiter le temple où la signification de ce soutra était enseignée. Le hasard voulut que l'empereur Kammu (桓武天皇, 737-806) décrète juste à ce moment-là l'envoi d'une ambassade en Chine. Kûkaï alla trouver l'empereur à Kyôto, capitale du Japon depuis peu, et il le supplia de l'autoriser à embarquer sur l'un des quatre navires en partance pour la Chine. Kammu accepta à la condition que Kûkaï étudie pendant vingt ans et revienne au Japon pour faire profiter la cour des connaissances qu'il aurait acquises. Dès son arrivée en Chine, Kûkaï se rendit au Temple du Dragon Bleu (青竜寺) et il s'initia aux doctrines de la secte de la

Parole Véritable. Les adeptes de cette forme de bouddhisme apparue en Inde au 7^c siècle révéraient le Grand Bouddha Solaire (Daïnichi Nyoraï, 大日如来) et ils interprétaient l'univers et ses mouvements comme le corps, la parole et la pensée du Grand Bouddha Solaire et l'homme, avec son corps, sa parole et sa pensée, comme une réplique en miniature de cet univers. Ils croyaient aussi – et c'était là la nouveauté par rapport aux autres écoles de bouddhisme – en la possibilité de devenir un bouddha dans cette vie avec leur corps actuel (*Sokushin Jôbutsu*, 即身成仏). Pour y parvenir, ils pratiquaient des ascèses qui faisaient appel au corps (formation de *mûdras*, des gestes symboliques avec les doigts), à la pensée (méditation devant des *mandalas*, des représentations bouddhiques de l'univers) et à la parole (récitation de prières). Cet enseignement était appelé Parole Véritable (*Shingon* : traduction japonaise du mot sanskrit *mantra*, « prière mystique ») en raison de l'importance accordée à la récitation de prières ou encore Enseignement Esotérique (*Mikkyô*, 密教) en raison de sa difficulté qui rendait nécessaire son apprentissage et sa transmission de maître à élève.

Kûkaï maîtrisa ces enseignements en un temps record et il rentra au Japon au bout de deux ans. Il retourna à la Capitale, il se consacra à la diffusion des enseignements de la Parole Véritable et, en 823, il fut nommé Supérieur Général du Temple Tôji. Officiellement, le temple s'appelait Kyôô-gokoku-ji (教王護国寺), « temple de la transmission de la loi bouddhique au roi et de la protection du Pays », mais il avait été surnommé Tôji, « temple de l'est », parce qu'il se trouvait à droite de Rashômon, la porte d'entrée de la capitale. En fait, quand l'empereur Kammu avait abandonné Nara et fait construire une nouvelle capitale dans la plaine de Kyôto en 794, il avait ordonné l'édification de deux temples de part et d'autre de Rashômon, deux temples qui avaient été surnommés Tôji (temple de l'est) et Saïji (temple de l'ouest) parce qu'ils se trouvaient à droite et à gauche de la porte d'entrée de la Capitale. Ces deux temples connurent des destins bien différents. Le Tôji fut détruit à plusieurs reprises par des incendies, il disparut même entièrement dans les flammes lors d'une révolte en 1486 mais il fut reconstruit à chaque fois. Le Tôji prospéra car Kûkaï en fit un centre de diffusion de « la doctrine ésotérique du temple Tôji » (*Tômitsu*, 東密) et il fonda la première secte bouddhique japonaise, celle de la Parole Véritable. Le Temple Saïji (西寺) fut lui aussi détruit par un incendie en 990 mais, à l'inverse du Tôji, il ne fut jamais reconstruit. Sa pagode à cinq étages qui avait réchappé au sinistre brûla quelques décennies plus tard, le 24 décembre 1233, si bien qu'aujourd'hui, seules des bases de pilier disséminées ici et là dans un parc témoignent de son existence. Le destin diamétralement opposé de ces deux temples ne manqua pas d'inspirer des récits tels que celui que l'on trouve dans une chronique guerrière du 14e siècle intitulée *L'histoire de la grande paix* (*Taïheïki*, 太平記 ; XIV) qui racontent, en prenant généralement un certain nombre de libertés avec l'histoire, comment leur destin alla de pair avec celui des deux hommes placés à leur tête :

Statue de Kûkaï (Temple Chinnôji, Kyôto).

« A l'époque du règne de l'empereur Kammu, deux temples furent construits de part et d'autre de la porte Rashômon. Le temple à droite de la porte reçut le nom de Tôji (temple de l'est), et celui à gauche de la porte le nom de Saïji (temple de l'ouest). Au Tôji, Kûkaï installa les images des 700 divinités représentées sur *Le mandala du monde manifesté* puis il fit le vœu de se consacrer à la protection du pays. Au Saïji, le Supérieur Général Shubin (守敏) installa les images des 400 divinités représentées sur *Le mandala du monde de l'esprit* puis il fit le vœu de prier pour que l'empereur reste éternellement en bonne santé. Shubin avait étudié le bouddhisme au temple Kôfukuji (興福寺) de Nara, il s'était également initié aux doctrines ésotériques et, à force d'intriguer, il avait aussi réussi à se faire nommer à la tête du Saïji. Au printemps de l'an 804, Kûkaï décida de poursuivre sa quête spirituelle et d'aller étudier en Chine. Shubin profita de son absence pour se rapprocher de l'empereur Kammu et pour, matin et soir, célébrer des rituels en son honneur. Un jour, l'empereur voulut se laver le visage mais il ne le fit pas car il trouvait l'eau de son vase à ablutions trop froide. Voyant que l'empereur hésitait puis renonçait à se laver, Shubin se tint devant le vase et forma le sceau du feu avec ses doigts. L'eau se mit tout à coup à bouillir. L'empereur trouva cela étrange. En une autre occasion, l'empereur, qui s'attendait à recevoir la visite de Shubin, fit mettre de grandes quantités de charbon dans le feu de la salle du trône puis il ordonna à ses serviteurs de fermer toutes les portes. Il fit bientôt si chaud dans la pièce qu'on ne se serait pas cru en décembre mais en mars. Quand Shubin se présenta devant lui, l'empereur essuya son front dégoulinant de sueur et dit :

- Shubin, pourriez-vous éteindre ce feu ?

Le Supérieur Général Shubin se tint devant le brasier puis il forma le sceau de l'eau avec ses doigts. Le feu s'éteignit aussitôt et il ne resta bientôt plus que des cendres froides dans le brasier. Un courant d'air glacial envahit ensuite la pièce et fit grelotter tout le monde... On raconte qu'à compter de ce jour, l'empereur devint convaincu que Shubin possédait des pouvoirs faisant de lui l'égal d'un dieu et il se mit à lui faire entièrement confiance.

Quelque temps plus tard, Kûkaï retourna au Japon. Quand il se présenta au palais, l'empereur le pressa de questions à propos de la Chine des souverains Tong puis il lui raconta les nombreux miracles accomplis par le Supérieur Général Shubin durant son absence.

- Maintenant que je suis de retour, je doute qu'il arrive à faire encore des miracles, répondit Kûkaï sur un ton légèrement moqueur après avoir écouté les explications de l'empereur.

L'empereur se dit qu'il serait intéressant d'organiser une confrontation entre les deux moines et de voir lequel des deux serait le plus puissant. Aussi, en une certaine occasion, il fit appeler Kûkaï au palais et il lui demanda de se cacher dans une pièce à côté de la salle du trône. L'empereur fit ensuite appeler Shubin. Quand le Supérieur

Général Shubin se présenta devant lui, l'empereur fit mine de vouloir prendre un médicament. Une tasse de thé était posée à côté de lui.
- Ce thé est trop froid. Je ne peux pas le boire. Pourriez-vous le réchauffer comme vous le faites d'habitude ?

Sans se douter de quoi que ce fût, Shubin s'approcha de la tasse de thé, il forma le sceau du feu avec ses doigts puis il récita une incantation. Le thé ne devint pas chaud.
- Que se passe-t-il ? demanda alors l'empereur qui appela finalement un serviteur et lui ordonna d'apporter un thé chaud.

L'homme revint quelques instants plus tard avec un thé beaucoup trop chaud.
- Ce thé est beaucoup trop chaud, fit l'empereur en prenant la tasse. Je ne peux pas le boire. Pourriez-vous le refroidir comme vous le faites d'habitude ?

Nullement perturbé par son échec, Shubin s'approcha de la tasse, il forma le sceau de l'eau froide avec ses doigts puis il récita une incantation. Le thé ne devint pas froid. Au contraire. Il se mit à bouillir. Shubin se sentit défaillir et devenir tout pâle. Au moment où il en vint à penser qu'il avait peut-être perdu tous ses pouvoirs, Kûkaï ouvrit la porte et fit son entrée dans la salle du trône.

- Pourquoi n'avez-vous pas compris que moi, Kûkaï, étais caché à côté ? La lumière des étoiles disparaît dans l'éclat du matin. La lumière des lucioles est effacée par celle du soleil levant.

Humilié et honteux, Shubin parvint tant bien que mal à dissimuler sa colère et il se retira. Il était si furieux contre l'empereur qu'il décida de provoquer une grande sécheresse à travers le pays et une famine telle que les gens n'auraient absolument rien à manger. Il captura tous les dragons faiseurs de pluie des 3 000 mondes et il les enferma dans une petite jarre. Quand vint l'été, il ne tomba pas la moindre goutte de pluie. Les paysans à travers le pays virent avec tristesse leurs récoltes se dessécher puis s'affaisser sur le sol. Sachant que les gens avaient tendance à le rendre responsable et à l'accuser des catastrophes qui frappaient le pays, l'empereur fit appeler Kûkaï et il lui demanda de célébrer sans tarder un rituel d'appel de la pluie. Kûkaï accepta. D'abord, il médita pendant sept jours puis, quand il fut

en mesure de contempler les 3 000 mondes, il comprit qu'il ne pleuvait pas parce que Shubin avait capturé tous les dragons faiseurs de pluie, ceux du Japon comme ceux de l'étranger, et qu'il les avait enfermés dans une jarre. Kûkaï comprit aussi que Princesse Dragon (Zennyo Ryûô, 善女龍王), la fille d'un Roi Dragon qui vivait au fond du Lac Sans Chaleur dans le nord de l'Inde, avait échappé au sortilège de Shubin parce qu'elle avait atteint un niveau d'illumination spirituelle plus élevé que celui du Supérieur Général du Saïji. Kûkaï sortit de sa transe et alla tout raconter à l'empereur.
 - S'il en est ainsi, nous allons invoquer Princesse Dragon ! s'exclama aussitôt l'empereur.
 Un étang fut creusé sans tarder devant le palais impérial et empli d'une eau fraîche. Quand Kûkaï l'invita par ses prières à venir s'installer dans l'étang, Princesse Dragon se manifesta dans le monde des hommes sous l'apparence d'un petit serpent doré de huit *sun* (24 cm) qui chevauchait un dragon long d'environ neuf *shaku* (2,70 m). Après avoir ainsi diminué sa taille, Princesse Dragon apparut dans le ciel et plongea dans l'étang. De gros nuages noirs se formèrent dans le ciel, des averses de pluie s'abattirent sur l'ensemble du pays et la végétation, les arbres et les hommes retrouvèrent tous de la vigueur. »

La stèle marquant l'emplacement du Temple de l'Ouest Saïji (Kyôto).

Et c'est ainsi qu'un dragon faiseur de pluie vint s'installer dans un étang qui se trouvait en plein cœur de la Capitale...

A l'époque de Kûkaï, un Jardin dit de la Source Sacrée (Shinsen-en, 神泉苑) se trouvait vraiment au sud du palais impérial de Kyôto mais, contrairement à ce qui est écrit dans *L'histoire de la grande paix*, il ne fut pas creusé dans le but d'accueillir Princesse Dragon. Des fouilles conduites en 1990 ont en effet permis d'établir que l'étang n'avait rien d'artificiel et qu'il existait déjà avant l'époque du déplacement de la capitale à Kyôto. Par contre, les archéologues ont découvert des barques et des objets datant du 9e siècle et ainsi compris que l'empereur Kammu, à défaut de faire creuser l'étang, y fit procéder à d'importants travaux d'aménagement et le fit transformer en un jardin privé de 260 mètres d'est en ouest et de 500 mètres du nord au sud dans lequel il venait régulièrement chasser ou organiser des banquets et occasionnellement assister à des rituels d'appel de Princesse Dragon. Par la suite, quand ses successeurs prirent l'habitude de résider dans des palais à l'extérieur de la capitale et de se divertir dans les environs de Kyôto, le jardin Shinsen-en fut laissé à l'abandon, son mur d'enceinte s'écroula et les gens du commun qui, pendant longtemps, s'en étaient vu refuser l'accès y construisirent des maisons, en retournèrent la terre pour y planter des légumes et se débarrassèrent de leurs morts en les jetant dans l'étang. Le coup de grâce fut porté au Shinsen-en quelques siècles plus tard, en 1607, lorsque le *shôgun* Tokugawa Ieyasu (徳川家康, 1543-1616) vint s'installer à Kyôto et ordonna de le raser afin de faire construire le château Nijô-jô (二条城). Seule une petite partie du jardin et de l'étang avec un îlot central échappa à la destruction. Le Shinsen-en, ou plutôt ce qu'il en restait, fut dès lors placé sous la tutelle du temple Tôji et un sanctuaire consacré à Princesse Dragon construit sur l'îlot de l'étang. Le sanctuaire de Princesse Dragon n'est pas le seul lieu à témoigner des événements extraordinaires survenus dans l'enceinte de ce jardin. L'avenue en bordure de laquelle se trouve aujourd'hui le Shinsen-en s'appelle Oïke-dôri (御池通り), un nom qui signifie « l'avenue du vénérable étang » et qui fait bien sûr référence à l'étang dans lequel vint s'installer Princesse Dragon.

La présence d'un dragon dans un étang de la Capitale ne manqua pas, on s'en doute, d'intriguer les gens, de susciter toutes sortes de rumeurs et d'inspirer des récits qui sont rapportés dans les anciens recueils de nouvelles. En voici un premier exemple tiré des *Histoires qui sont maintenant du passé* (*Konjaku Monogatari* - 今昔物語 ; XXIV-11), un recueil de nouvelles du 12^c siècle :

« Ceci est maintenant du passé. C'était à l'époque du règne de l'empereur Gosuzaku (後朱雀天皇, 1036-1045). C'était l'été. Des gardes s'étaient rassemblés et prenaient le frais dans un couloir du Hasshô-in (八省院), un des bâtiments du palais impérial. Comme ils n'avaient rien à faire et qu'ils s'ennuyaient, l'un d'eux dit alors :

- Puisque nous nous ennuyons, je vais envoyer un serviteur chez moi et lui demander de nous rapporter du saké.

- C'est une excellente idée, répliquèrent les autres gardes. Envoyez vite quelqu'un nous chercher du saké !

Le garde appela un serviteur, il lui donna une torche et il l'envoya chez lui. Le serviteur sortit du palais et courut en direction du sud. Il avait parcouru deux ou trois kilomètres lorsque le ciel se couvrit brusquement et qu'il se mit à pleuvoir et à tonner. Pendant ce temps-là, les gardes continuaient à discuter et, lorsqu'ils virent que l'averse cessait et que le ciel se dégageait, ils se dirent que le serviteur n'allait pas tarder à revenir avec du saké. Or, le ciel s'était dégagé mais le serviteur ne revenait pas. Finalement, les gardes renoncèrent à l'attendre et ils allèrent prendre leur service au palais. Le garde qui avait envoyé son serviteur chercher du saké était furieux mais, comme il ne pouvait rien faire pour le moment, il suivit ses collègues et retourna à la caserne. La nuit tomba. Le serviteur ne revenait toujours pas. Le garde trouva cela étrange et il pensa qu'il avait dû lui arriver quelque chose. Il passa la nuit à se demander s'il n'était pas mort en chemin ou s'il n'était pas tombé gravement malade. A l'aube, il retourna vite chez lui en se disant qu'il était peut-être trop tard pour son serviteur et, dès son arrivée, il interrogea les gens de sa maison.

- Quand il est arrivé à la maison hier soir, lui expliqua-t-on, le serviteur était comme mort et il s'est écroulé ici même. Il est toujours couché sur le sol et il ne dit rien.

Le garde s'approcha et vit que son serviteur était effondré sur le sol et qu'il avait effectivement l'air d'être mort. Quand il tenta de le questionner, le serviteur ne lui répondit pas mais il se mit à trembler d'étrange manière. Craignant quelque incident d'ordre surnaturel, le garde se rendit chez Tamba Tadaaki (丹波忠明), un médecin qui habitait près de chez lui, et il lui dit :
- Il est arrivé telle et telle chose. Que faut-il en penser ?
- Je n'en sais rien mais je vous conseille d'amasser de la cendre, d'en recouvrir votre serviteur et de voir ce qui se passera.

Le garde retourna chez lui et il fit comme Tadaaki lui avait dit de faire. Il amassa de la cendre et, conformément aux conseils du médecin, il en recouvrit son serviteur. Trois ou quatre heures plus tard, le tas de cendre se mit à bouger. Le garde écarta vite la cendre et il libéra son serviteur qui, tout comme l'avait prédit le médecin, se mit à remuer ses mains et à compter à haute voix. Le garde lui donna à boire puis il attendit qu'il reprenne ses esprits.

- Mais enfin, que vous est-il arrivé ? lui demanda le garde.

- Hier soir, répondit le serviteur, après que vous m'avez appelé dans le couloir du Hasshô-in, je suis sorti du palais impérial par la porte Bifukumon, j'ai couru et j'ai été surpris par la pluie et le tonnerre au moment où j'arrivais près du mur ouest du Shinsen-en. Le jardin était plongé dans l'obscurité. J'ai regardé par-dessus le mur d'enceinte ouest du jardin et j'ai vu une patte dorée et brillante qui émergeait de l'obscurité ! C'est après avoir vu cette patte que tout est devenu noir autour de moi, que j'ai ressenti un froid intense et que j'ai perdu le contrôle de mon corps. Je me rappelle aussi que je ne me suis pas effondré dans l'avenue et que j'ai réussi tant bien que mal à rentrer à la maison. Par contre, ensuite, je ne me souviens plus de rien.

Le garde trouva son récit des plus intrigants et il retourna chez son voisin le docteur Tadaaki.

- J'ai recouvert mon serviteur de cendre puis, quand je l'en ai sorti, il m'a raconté telle et telle chose...

- C'était donc bien cela ! s'exclama Tadaaki en riant. Votre serviteur est tombé malade parce qu'il a vu le corps d'un dragon. Le recouvrir de cendre était la seule façon de le guérir !

Quelque temps plus tard, le garde raconta toute l'histoire à ses collègues. Tous ne manquèrent pas de faire l'éloge du docteur Tadaaki. Quand cette histoire se diffusa, tous les gens qui l'entendirent ne manquèrent pas de faire l'éloge de Tadaaki. Cette histoire ainsi que bien d'autres d'ailleurs permettent de comprendre pourquoi l'on continua pendant très longtemps à parler de ce célèbre médecin. »

Le sanctuaire de Princesse Dragon (jardin Shinsen-en, Kyôto).

Une autre anecdote à propos de Princesse Dragon se trouve dans *La suite aux histoires sur le passé* (*Zoku-Kojidan*, 続古事談), un recueil composé en 1219 par un auteur anonyme :

« A l'entrée sud du Shinsen-en, il y avait un portique avec un étage. Quand le sieur du palais d'Ono, Fujiwara no Saneyori (藤原実頼, 900-970), vint à passer dans les environs du carrefour des avenues Sanjô et ômiya, il aperçut un homme qui était habillé d'une robe de courtisan et qui était coiffé d'un chapeau du plus bel effet.

- Qui êtes-vous ? lui demanda Saneyori.

- Je viens de l'ouest de la Capitale, répondit l'inconnu, mais je suis sur le point de partir pour un autre lieu. Venez me rendre visite à l'occasion...

- Je n'y manquerai pas, répondit poliment Saneyori.

Ce fut à ce moment-là que l'incroyable se produisit. Le ciel se couvrit, le tonnerre se mit à gronder et l'inconnu s'éleva dans les airs en arrachant au passage une partie du portique de l'entrée sud du jardin. Saneyori comprit alors que l'inconnu était en réalité Princesse Dragon ! Le portique de l'entrée sud du Shinsen-en s'effondrera complètement quelques années après la mort de Saneyori, lorsque le moine Gengô (元果, 914-995) récitera *Le soutra d'appel de la pluie* et déclenchera une tempête telle qu'elle en provoquera l'effondrement. »

Princesse Dragon était donc capable d'assumer une apparence humaine. Les images peintes et sculptées qui existent d'elle la représentent d'ailleurs souvent sous les traits d'un homme coiffé d'une couronne en forme de dragon et vêtu d'une robe chinoise des pans de laquelle dépasse une queue reptilienne. D'autres versions du rituel d'appel de la pluie conduit par Kûkaï dans le jardin Shinsen-en (*Les histoires qui sont maintenant du passé*, XXIV-41) révèlent que, parmi les vingt religieux et les dizaines de courtisans présents ce jour-là, seuls quatre moines furent capables de la voir plonger dans l'étang. Tous les gens ne sont donc pas capables d'apercevoir un dragon et ceux qui le peuvent, à moins d'être des moines de haut rang, ont des difficultés à se remettre d'une telle vision. Les caractéristiques des dragons japonais, à savoir leur don pour la métamorphose, leur propension à se vêtir d'habits chinois et leur relation avec les moines bouddhistes, sont le produit d'une longue histoire et d'un mélange progressif d'influences shintoïstes, bouddhiques et taoïstes.

Dans sa forme la plus primitive, le dragon japonais est une créature malfaisante qui a l'apparence d'un serpent à plusieurs têtes et plusieurs queues et qui symbolise les forces destructrices de la nature. De nombreuses histoires racontent comment un dieu ou un homme vient à bout d'un tel dragon et apporte ainsi la paix dans une région du Japon. C'est le cas de l'histoire du dieu Susanô no Mikoto (須佐之男命) qui tue par ruse un dragon à huit têtes et à huit queues dans la région d'Izumo et qui retire d'une queue une épée qui deviendra l'un des trois trésors du Japon (*La chronique des choses anciennes - Kojiki*, 古事記) ou encore celle du guerrier Minamoto no Mitsunaka (源満仲, 912-997) qui abat d'une flèche un dragon dont la présence suffisait à transformer le pays de Tada en un vaste marécage (légende locale).

La représentation japonaise des dragons fut influencée par celle des Chinois qui en faisaient un animal ayant des bois de cerf, une tête de chameau, des yeux de lapin, des oreilles de vache, un corps de serpent, des écailles de poisson, des griffes de faucon et des pattes de tigre. Les Chinois se représentaient le dragon sous les traits d'une créature dotée des attributs de tous les animaux de la création afin de représenter leur empereur et de symboliser sa toute puissance. Sous l'influence du Fengshui (風水), ils faisaient aussi du dragon le gardien de l'est, le protecteur des palais, des tombes et des temples. L'influence de la représentation chinoise des dragons est perceptible au Japon dans les vieilles chroniques historiques où, à défaut de devenir le symbole de l'empereur comme en Chine, il devient le grand-père du premier empereur du Japon (*La chronique des choses anciennes*) et dans les contes traditionnels où il est souvent décrit comme étant un monarque vêtu à la mode chinoise qui règne sur quelque royaume sous-marin. Citons pour mémoire *Le dit de Tawaratôda* (*Tawaratôda Monogatari*, 俵藤太物語), un court roman du 15e siècle qui raconte comment le guerrier Fujiwara no Hidesato (藤原秀郷) visite un palais sous-marin qui ressemble à un palais chinois et rencontre un roi dragon vêtu comme un empereur chinois.

Toutefois, c'est surtout avec l'introduction du *Soutra du lotus* (*Hôkkeyô*, 法華経) au Japon que l'image des dragons connut le plus grand bouleversement. Ecrit entre 150 et 50 avant notre ère, ce soutra mentionne l'existence de huit rois dragons qui habitent au fond des mers et il raconte comment la fille de l'un d'entre eux, Princesse Dragon, devint un bouddha de son vivant après avoir écouté la récitation d'un texte sacré bouddhique. Le culte des rois dragons, et en particulier celui de Princesse dragon, fut diffusé à travers le pays par Kûkaï et les moines de la Secte de la Parole Véritable. Ces moines qui étaient fortement intéressés par l'idée selon laquelle tous les êtres, y compris les dragons, pouvaient devenir des bouddhas avec leur corps actuel érigèrent des autels en son honneur sur l'esplanade du Temple Tôji, sur l'îlot de l'étang du Shinsen-en et un peu partout dans le Japon. Ce fut à la faveur d'un tel contexte que se forma l'idée selon laquelle ces rois dragons bouddhiques qui avaient été assimilés aux serpents géants du shintoïsme étaient des créatures surnaturelles qui contrôlaient les éléments et que les moines de la Secte de la Parole Véritable pouvaient invoquer sur ordre de l'empereur pour obtenir la pluie ou le retour du beau temps...

Proue d'une barque en forme de Dragon Faiseur de Pluie (Shinsen-en, Kyôto).

Les rituels d'appel de la pluie se retrouvent dans quasiment toutes les civilisations basées sur l'agriculture. Au Japon, ces rituels portaient le nom de « prières pour la pluie » et ils consistaient à obtenir la pluie ou le retour du beau temps en récitant *Le soutra du lotus* ou *Le soutra d'appel de la pluie* (*Shô-u-kyô*, 請雨経), un autre texte sacré bouddhique faisant allusion aux huit rois dragons. Les premières références historiques à des prières pour la pluie se trouvent dans *Le bref rapport sur le Japon* (*Nihon Kiryaku*, 日本紀略), une histoire du Japon composée aux alentours du 11ᵉ siècle. Une entrée de l'an 819 mentionne une sécheresse et la décision de l'empereur Saga (嵯峨天皇, 785-842) de célébrer un rituel d'appel de la pluie mais elle ne donne pas de précisions quant au lieu et à l'identité des moines ayant procédé à la cérémonie. Une seconde entrée rapporte comment, le 26 janvier 827, Kûkaï célébra un rituel d'appel de la pluie et parvint ainsi à déclencher une averse. Kûkaï participa donc vraiment à des prières pour la pluie mais rien ne prouve qu'il le fit dans l'enceinte du jardin Shinsen-en. La première référence historique à des prières pour la pluie dans ce jardin date de 875, soit plus de cent ans après sa mort. Cette cérémonie eut lieu à la demande de l'empereur Seiwa (清和天皇, 859-876) et elle fut présidée par Shinga (真雅, 801-879), disciple de Kûkaï et Supérieur Général du temple Tôji depuis 860. Même si elle contient un certain nombre d'invraisemblances du point de vue historique, la description qui est faite d'un rituel d'appel de la pluie dans *L'histoire de la grande paix* demeure malgré tout digne d'intérêt car elle se fait l'écho de la ferveur du culte rendu à Princesse Dragon par Kûkaï et les moines de la Secte de la Parole Véritable et aussi du quasi-monopole que ces derniers exerçaient sur ces dits rituels. Les moines de la secte de la Parole Véritable étaient considérés comme des experts en la matière et l'un d'eux, un certain Ninkaï (仁海, 951-1046), reçut même le surnom de « Moine de la Pluie » (雨の僧正) après avoir célébré avec succès neuf rituels d'appel de la pluie. Ninkaï vécut à une époque où les moines se disputaient les faveurs de la cour. Aussi, se plaisait-il à dénigrer ses collègues des autres sectes et à affirmer que ses prières étaient plus efficaces que les leurs. Ce fut très certainement à la faveur de ce climat de compétition régnant entre les moines des différentes sectes que se répandirent les histoires affirmant que Kûkaï était l'initiateur de ces prières pour la pluie et qu'il avait appelé Princesse Dragon dans l'étang du Shinsen-en. Il est très probable que les moines de la Secte de la Parole Véritable propagèrent, sinon du moins encouragèrent, la diffusion de ces histoires afin d'attribuer la pérennité de ce rituel au fondateur de leur secte, afin d'illustrer la supériorité de leurs pouvoirs et afin d'assurer leur monopole sur la tenue de ces rituels.

    Cette atmosphère de compétition qui régnait alors entre les prêtres des différentes sectes favorisa également la formation de récits dans lesquels la rivalité de Kûkaï et de Shubin dégénère en une lutte à mort. C'est par exemple le cas de cette légende locale qui affirme que le Supérieur Général Shubin, profondément humilié par Kûkaï qui avait réussi à briser son sortilège et ainsi fait preuve de pouvoirs supérieurs aux siens, devint fou furieux et conçut le projet d'assassiner son rival. Un jour donc, Shubin s'arma d'un arc et de flèches et il alla se poster en embuscade derrière un des piliers de Rashômon, la porte d'entrée de la Capitale. Quand Kûkaï vint à passer, Shubin attendit qu'il lui tourne le dos puis il décocha une flèche dans sa direction. A l'instant précis où la flèche allait se planter dans le dos de Kûkaï et lui transpercer la poitrine, un moine vêtu de noir se matérialisa derrière lui et reçut la flèche dans son épaule gauche. Kûkaï poursuivit son chemin, ignorant tout du danger auquel il venait d'échapper…

Le Jizô qui a reçu une flèche (Kyôto).

Peu de temps après cette tentative d'assassinat, des habitants du quartier allèrent accomplir leurs dévotions devant une statue de la divinité bouddhique des chemins Jizô (地蔵菩薩) qui se trouvait dans un petit pavillon situé tout près du temple Tôji. Ce fut alors qu'ils remarquèrent un détail étrange : la statue avait une blessure à l'épaule gauche, une blessure qui avait été, de toute évidence, infligée par une flèche. Les fidèles médusés en déduisirent que le moine vêtu de noir qui était apparu de nulle part et qui avait reçu la flèche à la place de Kûkaï quelques jours plus tôt n'était nul autre que la statue de la divinité Jizô révérée dans le pavillon près du temple Tôji. La statue s'était animée afin de porter secours au Supérieur Général Kûkaï ! Ils décidèrent de commémorer ce miracle en attribuant à la statue le nom de Yatori Jizô (矢取地蔵), « le Jizô qui a reçu une flèche. » La statue originelle a, hélas, disparu mais on raconte qu'elle avait effectivement une marque de flèche dans le dos. En 1885, un pavillon avec une nouvelle statue du « Jizô qui a reçu une flèche » fut reconstruit grâce aux dons des fidèles du quartier. Ce Yatori Jizô-dô (矢取地蔵堂), le « Pavillon du Jizô qui a reçu une flèche », se trouve en bordure de la Neuvième Avenue et il abrite une statue de pierre de Jizô d'environ 1,50m qui serait une reproduction fidèle de l'original. Jizô y est représenté en position assise, il tient une perle dans la main gauche, une canne terminée par des anneaux métalliques et une flèche dans la main droite. Une capuche blanche, marron et rouge lui recouvre la tête et les épaules et dissimule la blessure à l'épaule gauche qu'il aurait reçue à la place de Kûkaï...

  L'intervention miraculeuse de Jizô ne dissuada pas Shubin de renoncer à ses sombres projets car la suite des événements telle qu'elle est racontée dans *L'histoire de la grande paix* révèle en effet qu'il décida ensuite de recourir à la magie pour éliminer son rival :

  « Shubin se retira dans son temple, il dressa un autel triangulaire, il y installa la statue de sa divinité tutélaire en direction du nord (la direction de la mort) puis il récita l'invocation de Gundari Myô-ô (軍荼利明王, divinité ésotérique au corps entouré de serpents symbolisant l'énergie que les moines invoquaient pour se protéger du mal). Quand Kûkaï apprit la chose, il déclara qu'il n'avait pas le choix. Il érigea un autel dans un des pavillons du temple Tôji puis il récita l'invocation de Daïtoku Myô-ô (大威徳明王, divinité ésotérique que les moines invoquaient pour obtenir une victoire militaire, chasser les mauvais esprits et détruire les ennemis de la loi bouddhique). Shubin et Kûkaï disposaient de grands pouvoirs parce que, durant leur jeunesse, ils s'étaient livrés à de rigoureuses ascèses. Aussi, les gens de part la Capitale se demandèrent-ils avec curiosité lequel de ces deux moines allait sortir vainqueur de cette confrontation. Les divinités invoquées par Shubin et Kûkaï se décochèrent des flèches par dizaines mais, les deux moines étant de force égale, les traits se heurtaient en plein ciel et tombaient sur le sol. Des jours durant, les habitants de la Capitale purent entendre le bruit des flèches qui se heurtaient dans le ciel et qui s'écrasaient sur le sol.

Quand Kûkaï apprit cela, il comprit que, s'il n'utilisait pas au plus vite une ruse pour tromper son adversaire, leur affrontement ne prendrait jamais fin. Il fit appeler ses disciples et il leur demanda de se rendre dans les rues de la Capitale et de propager la rumeur selon laquelle il était mort de manière soudaine. Quand la nouvelle de la mort de Kûkaï se propagea à travers la Capitale, les moines et les gens du commun pleurèrent toutes les larmes de leur corps, les aristocrates comme les gens de basse condition furent en proie à la plus grande tristesse. Quand la nouvelle de la mort de Kûkaï parvint à Shubin, celui-ci se félicita de la réussite de son rituel puis il démonta son autel triangulaire. A l'instant précis où il eut fini de le démonter, il fut pris d'un brusque malaise. Ses yeux le firent tout à coup horriblement souffrir, du sang se mit à couler de son nez en grande quantité, son corps et son âme furent la proie d'un mal des plus terribles. L'instant suivant, Shubin s'écroulait, raide mort, au pied de son autel. Par la suite, le Temple de l'Est Tôji prospéra tandis que le Temple de l'Ouest Saïji entra dans une phase de déclin. Par la suite, Kûkaï tressa un cercle d'herbes et il le lança au-delà des mers. Le cercle de paille se changea en un dragon qui alla habiter dans le Lac Sans Chaleur. Princesse Dragon s'installa dans l'étang du jardin Shinsen-en et c'est grâce à elle que, depuis lors, il pleut et il vente de manière appropriée à chaque saison.»

  Au 18e siècle, le dramaturge Ichikawa Danjurô I (市川團十郎, 1660-1704) s'inspirera du personnage de Shubin et d'un autre moine nommé Raïgô (頼豪, 1004-1084) sur lequel nous reviendrons dans le chapitre suivant pour écrire une œuvre qui compte aujourd'hui parmi les plus célèbres du répertoire du théâtre kabuki. *Narugami* (鳴神) raconte l'histoire d'un vieux moine nommé Narugami qui, furieux de s'être vu concéder puis refuser le droit de construire un temple, emprisonne les dragons faiseurs de pluie dans une jarre et provoque une terrible sécheresse.

  Kûkaï et les moines qui invoquaient les rois dragons faiseurs de pluie inspirèrent, de leur côté, une curieuse coutume qui est encore observée de nos jours au Japon. La veille d'une excursion scolaire ou d'une rencontre sportive, les petits Japonais prennent une feuille de papier et ils la roulent de façon à former la tête et la robe d'un personnage appelé Teruteru Bôzu (照々坊主), « le moine qui apporte le beau temps. » Ils suspendent ensuite cette poupée sur le porche de leur maison et ils récitent une prière qui dit : « Teruteru Bôzu, faites en sorte qu'il fasse beau demain. / Si vous faites une journée comme j'en rêve, je vous donnerai une belle cloche en or. / Teruteru Bôzu, faites en sorte qu'il fasse beau demain ! / Si vous exaucez ma prière, je vous donnerai du saké. / Teruteru Bôzu, faites en sorte qu'il fasse beau demain ! / S'il pleut demain, je vous couperai la tête. » S'il exauce leur prière et apporte le beau temps désiré, les enfants peignent des yeux à la poupée du moine Teruteru Bôzu, ils lui versent du saké sur la tête puis ils l'expédient dans le monde des esprits en le jetant dans un cours d'eau...

Cette étrange coutume serait inspirée d'un très vieux rituel chinois qui aurait été introduit au Japon aux alentours du 17e siècle. Dans sa forme originelle, le rituel consistait à fabriquer des poupées d'une femme armée d'un râteau, « la femme qui ratisse le bonheur » (*Sôseijô*, 掃晴女), et à les accrocher sur le porche des habitations dans l'espoir que cette dernière écarterait les mauvaises influences et attirerait les bonnes influences. Au Japon, ce rituel de protection du foyer se mua en un rituel d'arrêt de la pluie et la poupée de la femme au râteau fut significativement remplacée par celle d'un moine capable d'apporter le beau temps. Ce changement fut très probablement inspiré par les événements extraordinaires qui s'étaient déroulés dans l'enceinte du jardin Shinsen-en au début du 9e siècle et par la croyance selon laquelle les moines, en particulier ceux de la secte de la Parole Véritable, pouvaient faire tomber la pluie.

2. Comment l'empereur Kammu fit construire un monastère au sommet du Mont Hiei et affecta ses moines à la défense de la Porte des Démons de la Capitale.

Des montagnes à l'est. Des montagnes au nord. Des montagnes à l'ouest... La ville de Kyôto est nichée dans les branches d'un immense u composé de chaînes montagneuses s'étendant dans trois directions. Seul le sud est ouvert et constitue aujourd'hui la seule direction dans laquelle la ville puisse encore s'étendre. Kyôto est aussi traversé par plusieurs cours d'eau et par une rivière, la Kamo-gawa (鴨川), qui dévale les pentes du Mont Kibune (貴船山) au nord, traverse la ville en ligne droite et se jette quelques kilomètres plus loin dans le fleuve Yodo (淀川). Autrefois, avant que la ville ne s'étende au-delà de ses berges, la Kamo-gawa marquait la frontière orientale de Kyôto. Ces quelques éléments topographiques révèlent que l'empereur Kammu (桓武天皇, 737-806) n'avait pas choisi par hasard la plaine de Kyôto pour y faire construire une nouvelle capitale en 794...

Depuis le 11 février de l'an 660 avant notre ère, depuis que Kamu Yamato Iwarebiko no Mikoto (神日本磐余彦尊) s'était proclamé empereur sous le nom de Jimmu (神武天皇) et avait fondé la première capitale du pays à Kashihara (橿原), les souverains japonais avaient coutume d'édifier leurs capitales dans la plaine de Yamato (l'actuelle préfecture de Nara). Par conséquent, pour rompre avec cette tradition millénaire et abandonner la terre de ses ancêtres, l'empereur Kammu devait certainement avoir de très bonnes raisons... Des raisons économiques d'abord. L'absence de cours d'eau à proximité de la capitale alors située à Heijô-kyô (平城京, l'actuelle ville de Nara) nuisait considérablement au développement de la ville et aux échanges avec l'extérieur à une époque où le réseau routier n'était pas encore très développé... Des raisons politiques également.

Kammu se méfiait des moines d'Heijô-kyô et de leur influence politique considérable qu'ils mettaient à profit pour s'immiscer dans les affaires d'Etat. Il se méfiait aussi de la vieille aristocratie d'Heijô-kyô qui voyait d'un mauvais œil la prise du pouvoir par un prince qui descendait de l'empereur déchu Tenchi (天智天皇, 626-672), qui avait une princesse d'origine coréenne pour mère et qui avait formé un gouvernement composé de jeunes et ambitieux aristocrates issu du clan montant des Fujiwara… Kammu avait, enfin, des raisons personnelles de vouloir quitter Heijô-kyô. Il pensait que la ville était maudite et que les catastrophes qui la frappaient de manière ininterrompue depuis son accession au trône étaient causées par la malédiction de ses frères qu'il avait assassinés afin de se mettre à l'abri d'un coup d'état et qu'il tenait, depuis lors, pour responsables de ses malheurs et de ceux de son empire.

En abandonnant la terre d'élection des empereurs japonais et en se faisant construire une nouvelle capitale cinquante kilomètres plus au nord, l'empereur Kammu espérait échapper à ses ennemis, tant vivants que morts. Pour y parvenir, il fit construire une nouvelle capitale, baptisée de manière éloquente Heian-kyô (平安京), « la Capitale de la paix et de la tranquillité », dans la plaine de Kyôto parce que le lieu appartenait aux membres du clan de sa mère mais aussi et surtout parce que lieu était en conformité avec les principes dispensateurs d'harmonie du Fengshui (風水). A l'époque de Kammu, cette science dont le nom signifiait littéralement « vent et eau » et qui avait été importée de Chine via la Corée aux alentours du cinquième siècle faisait figure de technologie de pointe.

Le Fengshui place les points du compas sous la protection de quatre animaux mythiques dont la présence est symbolisée par un élément du relief et affirme qu'une ville construite dans un lieu possédant ces dits éléments connaîtra la paix et la prospérité : une plaine avec un étang au sud pour symboliser la présence du Phénix Rouge (Suzaku, 朱雀), une rivière à l'est pour le Dragon Bleu (Seiryû, 青龍), une montagne au nord pour la Tortue Noire (Gembu, 玄武) et une route à l'ouest pour le Tigre Blanc (Byakko, 白虎). Or, la plaine de Kyôto avait une plaine avec un étang au sud (Ogura-ike 巨椋池,

comblé et transformé en champs durant la Seconde Guerre Mondiale), une rivière à l'est (la Kamo-gawa 鴨川), des montagnes au nord (Funaoka Yama 船岡山 et Kurama Yama 鞍馬山) et un axe routier à l'ouest (San-yô-kaï-dô 山陽街道).

Le Fengshui recommande d'autre part de choisir un lieu avec une montagne au nord-est afin de bloquer les « effluves néfastes » qui proviennent de cette direction, une direction qui est appelée pour cette raison « porte des démons » (*kimon*, 鬼門). L'idée d'un point du compas depuis lequel proviendraient les effluves néfastes (épidémies et désastres) susceptibles de perturber l'harmonie d'un lieu est évoquée pour la première fois dans *Le précis des mers et des montagnes* (*Shan Haï Jing*, 山海経), un traité de géographie compilé en Chine au 3e siècle avant notre ère. En fait, il serait plus exact de dire que le passage à propos de la porte des démons dans le texte original est perdu et qu'il est nous parvenu sous forme de citation dans un autre ouvrage, un recueil de pensées du philosophe Wang Chong (王充, 27-100) intitulé *Essais critiques* (*Lun Heng*, 論衡 ; chapitre 65) : « *Le précis des mers et des montagnes* explique qu'un pays peuplé de monstres se trouve au nord de la Chine. Cela veut dire que c'est un pays dont les habitants sont des créatures monstrueuses. *Le précis des mers et des montagnes* explique aussi qu'une montagne appelée Dusu (度朔山) se trouve dans la mer à l'est de la Chine et qu'un énorme pêcher se dresse au sommet. Les branches de ce pêcher s'étendent sur 3 000 kilomètres, elles s'entremêlent et, au nord-est de la Chine, elles forment une voûte qui est appelée porte des démons. Les habitants du pays des monstres vont et viennent par cette porte. Deux dieux habitent au sommet du Mont Dusu. Ils s'appellent Shinto (神荼) et Utsuritsu (欝塁). Ils contrôlent les monstres qui passent par la porte des démons, ils attrapent les méchants, ils les ligotent et ils les donnent en pâture aux tigres. »

Les raisons pour lesquelles les Chinois qualifiaient le nord-est de porte des démons ne sont pas connues. Peut-être était-ce à cause des tribus de pillards Huns qui vivaient au nord-est de la Chine ou des vents qui soufflaient depuis le nord-est et qui véhiculaient les épidémies... Toujours est-il que, même si leur pays ne vivait pas sous la menace d'incursions barbares ou de vents soufflant depuis le nord-est, les Japonais adoptèrent le Fengshui, ils firent eux-aussi de ce point du compas une direction maudite et, quand à la fin du 8e siècle, l'empereur Kammu se mit à la recherche d'un lieu idéal du point de vue du Fengshui pour construire sa nouvelle capitale, il prit soin de choisir une plaine qui avait, d'une part, les éléments du relief requis pour symboliser la présence des Quatre Animaux Mythiques et, d'autre part, une Montagne au nord-est afin de faire obstacle aux influences néfastes : le Mont Hiei (比叡山), 848 mètres d'altitude.

Kammu était un empereur prudent. Aussi ne se contenta-t-il pas d'avoir une montagne dans l'angle nord-est de sa future capitale. Il chargea un moine nommé Saïchô (最澄, 767-822) d'édifier un monastère au sommet du Mont Hiei et de se charger, par la récitation de prières et la tenue de rituels magiques, de la défense de la porte des démons de la Capitale. Saïchô connaissait bien le Mont Hiei parce qu'il était né dans un village au pied de cette montagne et parce que, dans sa jeunesse, il en avait très souvent fait l'ascension afin de s'y livrer à des ascèses et de méditer dans le pavillon qu'il avait construit au sommet. Pour

Saïchô (Temple Enryakuji)

mener à bien sa mission, Saïchô se rendit en Chine et il s'initia aux doctrines du Tendaï (*Tendaïshû*, 天台宗), une secte qui avait été fondée 200 ans plus tôt par le maître Zhiyi (智顗, 538-597) et qui enseignait que les êtres vivants, les plantes et les arbres pouvaient devenir des bouddhas avec leur corps actuel (*Issaï Mina Shigeru*, 一切皆成). Saïchô apprit que, pour éveiller le bouddha sommeillant en lui, il devait méditer en arrêtant les mouvements de son cœur et rechercher la vérité à travers l'étude et la dévotion au *Soutra du lotus* (*Hôkkeyô*, 法華経). A la différence de son compatriote Kûkaï (空海, 774-835) venu en Chine en même temps que lui pour étudier les enseignements de la secte de la Parole Véritable et sa vision de l'univers centrée autour du Grand Bouddha Solaire, Saïchô s'initia à diverses formes de bouddhisme et il se prit à rêver d'une secte japonaise centrée autour du *Soutra du Lotus* qui serait la synthèse spirituelle de toutes les écoles de bouddhisme.

Dès son retour à Kyôto en mai 805, Saïchô retourna au sommet du Mont Hiei, il transforma son pavillon en un monastère qu'il appela Kompomchû-dô (根本中堂) et il se mit à diffuser les doctrines ésotériques de la secte Tendaï (*ten-mitsu*, 台密). Dans les années qui suivirent, le monastère de Saïchô connut un essor considérable. L'empereur Saga (嵯峨天皇, 785-842) lui attribua le nom d'Enryakuji (延暦寺), du nom de l'ère de règne de son père Kammu, et plus de 400 pavillons adjacents furent construits au sommet du Mont Hiei et finalement regroupés en trois secteurs. Le Secteur Oriental Tôdô (東塔) désignait les bâtiments construits autour du Pavillon Kompomchû-dô, le Secteur Occidental Saïtô (西塔) ceux qui furent construits autour de la tombe de Saïchô et le Secteur Yokawa (横川) ceux qui se trouvaient dans l'angle nord-est du monastère Enryakuji.

Il existe de nombreuses légendes à propos de la construction du monastère du Mont Hiei. De même que l'histoire du Jizô qui reçut une flèche à la place de Kûkaï, ces légendes ne sont rapportées nulle part mais elles sont pourtant connues de tous. L'une d'elles a pour cadre Karigome no Oka (狩籠の丘), une clairière du Mont Hiei qui se trouve en bordure de la route reliant le Secteur Occidental au Secteur Yokawa. Au milieu de cette clairière qui ressemble à une aire de repos pour automobilistes se trouvent trois pierres disposées de façon à former un triangle de neuf mètres de côté. Le lieu est décrit de la manière suivante dans *Le recueil illustré des lieux célèbres de la Capitale* (*Miyako Meisho Zu-e*, 都名所図会), un guide touristique de Kyôto publié en 1780 : « il y a trois grosses pierres en bordure du chemin conduisant au Secteur Yokawa. On raconte que ces pierres délimitent un espace maudit. » On raconte en effet que Saïchô livra bataille à des monstres qui habitaient dans le sud-est de la Capitale et qu'il les emprisonna en un lieu situé au nord-est de la Capitale. La clairière Karigome no Oka serait ce lieu et les trois pierres délimiteraient l'endroit où Saïchô aurait, grâce à ses pouvoirs, enfermé ces créatures qui menaçaient la tranquillité de la Capitale.

La clairière Karigome no Oka (Monastère Enryakuji).

Les successeurs de Saïchô protégèrent eux aussi la Capitale contre les influences néfastes surgissant de la porte des démons. La tâche qui leur avait été confiée par l'empereur Kammu ainsi que leur dévotion au *Soutra du lotus*, un texte sacré mettant en particulier l'accent sur la capacité du bodhisattva Kannon à assumer différentes formes pour sauver les gens, ne furent pas sans conséquences sur les légendes qui se formèrent à leur propos, des légendes affirmant qu'ils pouvaient eux aussi se métamorphoser pour secourir leur prochain et livrer bataille à toutes sortes d'entités surnaturelles. Le plus célèbre de ces moines hors du commun se nommait Ryôgen (良源, 912-985)...

  Ce dernier naquit le 3 septembre 921 dans un village situé en bordure du lac Biwa. A douze ans, il fit l'ascension du Mont Hiei, il reçut l'ordination et il prit le nom de religion de Ryôgen. Il étudia les préceptes du Tendaï sous la direction des plus grands maîtres et il devint l'un des plus ardents défenseurs de la secte. En 937 au temple Kôfukuji de Nara et en 963 au palais impérial de Kyôto, il se fit remarquer en s'opposant vigoureusement aux moines de Nara qui soutenaient que tous les êtres ne pouvaient pas devenir des bouddhas. Ses prises de position attirèrent l'attention des gens de la cour qui se mirent à recourir à ses services et à lui demander de célébrer toutes sortes de rituels de protection. On raconte que Ryôgen était plutôt bel homme et que sa venue au palais impérial provoquait à chaque fois un grand émoi chez les dames de la cour. Un tableau accroché dans le Shikikôdô (四季講堂), un temple du Secteur Yokawa dont le nom signifie « pavillon dans lequel *Le soutra du lotus* est récité en toutes saisons » et qui servit de quartier d'habitation à Ryôgen, illustre la manière imaginée par celui-ci afin de se débarrasser de ces créatures intempestives. Le commentaire du tableau est le suivant :

  « Au printemps d'une certaine année, le Grand Maître Ryôgen se rendit au palais impérial et il y admira les cerisiers qui fleurissaient dans le jardin. A ce moment-là, des dames de la cour qui aimaient beaucoup le Grand Maître et qui parlaient toujours de lui en l'appelant « vénérable moine du Secteur Yokawa », l'aperçurent et lui proposèrent gentiment de contempler les cerisiers en leur compagnie. Le Grand Maître se joignit à elles. Il regarda les danses qu'elles interprétèrent pour lui, but du saké, écouta les poésies qu'elles récitèrent à son intention et admira les fleurs de cerisiers avec elles. C'était la première fois que le Grand Maître assistait à un spectacle aussi ravissant. Quand, finalement, il leur dit qu'il devait retourner sur sa montagne et fit mine de vouloir les quitter, les courtisanes refusèrent de le laisser partir. S'il en est ainsi, leur dit-il, je vais vous montrer un tour. Il leur demanda de fermer les yeux. Quand elles rouvrirent les yeux, elles furent saisies d'effroi et incapables de faire le moindre geste. Ce n'était guère surprenant car, à la place du Grand Maître, se tenait maintenant une horrible créature nue, à la bouche fendue jusqu'aux oreilles et au regard de braise. Les courtisanes terrifiées ne purent dire combien de temps elles restèrent pétrifiées de la sorte mais, quand elles reprirent leurs sens, le Grand Maître avait disparu. Par la suite, des amulettes à l'image du Grand Maître ayant assumé une apparence monstrueuse furent fabriquées et considérées comme de précieux talismans susceptibles de chasser le mal.»

On raconte aussi que, par la suite, Ryôgen prit l'habitude de se rendre au palais impérial en portant un masque de monstre ou en réduisant son corps à la taille d'un petit pois.

Ryôgen devint le 18e supérieur général du monastère Enryakuji à l'âge de 54 ans. Il fit reconstruire les pavillons qui avaient été laissés à l'abandon ou détruits par des incendies dans le passé et il fit preuve à l'occasion d'un nouveau talent, celui de double vue, en prévoyant l'effondrement d'un bâtiment nouvellement reconstruit quelques instants avant le début de la cérémonie d'inauguration (*Les contes d'Uji – Ujishûi Monogatari*, 宇治拾遺物語 ; XII-3). A propos de double vue, on raconte que Ryôgen serait l'inventeur de la méthode de divination qui est aujourd'hui utilisée dans la quasi totalité des sanctuaires shintoïstes du pays. Cette méthode de divination est appelée *omikuji* (御籤) et elle consiste à secouer une boîte pour en faire sortir une baguette numérotée et recevoir la feuille de prédictions correspondant au numéro tiré. Cette feuille contient un certain nombre de prédictions dans des domaines aussi divers que la santé, les affaires, le travail, les voyages et l'amour. Les moines du pavillon Shikikôdô n'utilisent pas cette forme simplifiée de divination. Ils continuent à délivrer des oracles dans la manière initiée par Ryôgen : les fidèles écrivent une question sur une feuille de papier puis ils la remettent au moine de service qui invoque Ryôgen, secoue la boîte pour en faire sortir une baguette numérotée et lit la prédiction correspondant au numéro dans un ouvrage de divination prétendument composé par le

Grand Maître (*Ganzan Daïshi Omikuji Chô*, 元三大師御籤帳). Le fidèle n'a ensuite plus qu'à interpréter le texte et le considérer comme la réponse à sa question...

De même que Saïchô l'avait fait en son temps, Ryôgen se chargea lui-aussi, mais à sa manière, de la défense de la porte des démons de Kyôto. Une légende raconte comment il affronta et emprisonna grâce à sa magie un monstre dans l'étang qui se trouve près du Yokawa Chudô (横川中堂), le pavillon principal du secteur Yokawa :

L'autel construit par Ryôgen sur l'îlot de l'étang du Dragon (Monastère Enryakuji)

« Les anciennes chroniques du monastère Enryakuji révèlent qu'un grand serpent vivait dans cet étang et qu'il attaquait les villageois. Quand il l'apprit, Ryôgen alla trouver le serpent et il lui dit :

- J'ai entendu dire que vous possédiez des pouvoirs magiques. Est-ce vrai ?

- C'est vrai. Je peux tout faire, répondit le grand serpent.

- Si c'est le cas, pourriez-vous vous changer en un serpent géant ? demanda Ryôgen.

Le grand serpent répondit qu'il pouvait se changer très facilement en un serpent géant et il se métamorphosa aussitôt en une créature qui avait dix fois sa taille.

- C'est impressionnant... Pourriez-vous maintenant vous changer en un petit serpent et venir dans la paume de ma main ?

Le serpent répondit qu'il pouvait le faire puis il se changea aussitôt en un petit serpent qui vint se nicher dans la paume de la main de Ryôgen. Le Grand Maître récita aussitôt l'invocation de la déesse

Kannon et il empêcha ainsi le serpent de reprendre sa taille initiale. Ceci fait, il invoqua la déesse Benzaïten, il lui remit le serpent et il la supplia de bien vouloir prendre l'animal à son service. Le serpent, dûment sermonné par Ryôgen, regretta sincèrement les actes dont il s'était rendu coupable et il fit la promesse de mettre ses pouvoirs magiques au service du bien et de garantir le bonheur de tous ceux qui viendraient se recueillir devant son étang. Par la suite, le serpent se consacra effectivement à garantir le bonheur des pèlerins et il reçut le nom de Serpent Faiseur de Pluie. »

Ce serait la raison pour laquelle l'étang du secteur Yokawa aurait reçu le nom d'Etang du Dragon (Ryû-ga-ike, 龍が池) et qu'un petit autel aurait été construit sur son îlot et consacré à Benzaïten (弁財天), une déesse marine d'origine hindoue qui est généralement représentée en train de chevaucher un grand serpent blanc...

En une autre occasion, Ryôgen livra bataille à un adversaire autrement plus redoutable qu'un serpent géant. La chose est racontée de la manière suivante dans une œuvre de 1680, *Le rouleau illustré du « Mont Hiei de l'Est » Kan-ei-ji qui raconte la vie du Grand Maître du Troisième Jour du Mois du Nouvel An* (*Tôeizan Kan-ei-ji Ganzan Daïshi Engi*, 東叡山寛永寺元三大師縁起) :

« L'incident se produisit aux alentours de l'an 984. La nuit était tombée au sommet du Mont Hiei et le calme régnait dans les pavillons du monastère. A l'extérieur, le vent soufflait avec force et la pluie frappait les fenêtres des pavillons. Seul le Grand Maître Ryôgen était resté éveillé et il méditait dans sa cellule. Soudain, il entendit une voix effrayante qui venait d'un coin de la pièce puis, à la lumière de la bougie, il aperçut une ombre étrange sur le mur. Quelque chose s'approcha de lui...

- Qui est-là ? demanda-t-il.

- Je suis le chef des créatures qui répandent les épidémies. Moi, le dieu des épidémies, je suis venu en personne pour vous contaminer et rendre malade votre vénérable enveloppe charnelle !

- Si mon destin est de ne pas vous échapper, je ne ferais rien pour m'y opposer...

Après avoir parlé de la sorte, Ryôgen tendit l'auriculaire de sa main gauche. A l'instant où le dieu des épidémies toucha son auriculaire et le contamina ainsi avec la maladie, une douleur insoutenable se propagea dans tout le corps de Ryôgen. Le Grand Maître se concentra et récita la prière dite des trois illuminations. Le dieu des épidémies recula aussitôt son doigt et quitta la cellule de Ryôgen avec précipitation. Le dieu des épidémies avait été vaincu. Après son départ, le mal disparut du vénérable corps de Ryôgen.

    - Quel mal terrible le dieu des épidémies m'a fait à moi qui suis pourtant un moine aguerri ! Je ne dois pas oublier cette peine atroce qu'il a m'infligée en ne touchant pourtant qu'un seul de mes doigts ! Que je plains les gens qui ne sont pas capables de chasser les maux répandus dans leur corps par le dieu des épidémies ! Je dois imaginer un moyen pour que les gens ne tombent pas malades...

    Après avoir parlé de la sorte, Ryôgen appela ses disciples dans sa cellule puis il se plaça devant un grand miroir et il entra en méditation. Son reflet dans le miroir se changea progressivement en celui d'une créature monstrueuse au corps efflanqué et au front surmonté de deux longues cornes. Ryôgen ordonna à ses disciples de dessiner son reflet sur une feuille de papier, de le sculpter sur une planche et de s'en servir pour imprimer des amulettes.

Ryôgen se change en monstre cornu (Pavillon Shikikôdô, Monastère Enryakuji).

– Allez et distribuez ces amulettes aux gens, fit ensuite Ryôgen. Dites-leur d'afficher cette amulette sur leur porte. Expliquez que ceux qui l'afficheront sur leur porte ne seront jamais frappés par le malheur et ne seront plus jamais victimes du dieu des épidémies ! »

La tradition s'est maintenue et, aujourd'hui encore, les moines des quelque 298 temples consacrés à Ryôgen à travers le pays fabriquent et vendent ces fameuses amulettes ayant le pouvoir de protéger les maisons et leurs occupants contre le malheur. Il existe trois sortes d'amulettes de Ryôgen. La première sorte est appelée « Grand Maître assumant une apparence monstrueuse » (*Oni Daïshi*, 鬼大師) car elle reproduit l'apparence assumée par Ryôgen afin d'effrayer les courtisanes dans le jardin du palais impérial. La seconde sorte d'amulette est appelée « amulette du Grand Maître Cornu » (*Tsuno-daïshi*, 角大師) car elle représente Ryôgen sous les traits de la créature efflanquée aux côtes saillantes, aux pieds griffus, au front surmonté de deux cornes mais au visage étonnement souriant en laquelle il s'était transformé afin de protéger les gens contre le dieu des épidémies. La troisième sorte d'amulette est appelée « amulette du Grand Maître Petit Pois » (*Mame-daïshi*, 豆大師) car Ryôgen y est représenté sous la forme de 33 petits pois cornus empilés les uns sur les autres.

Sa représentation sous la forme de petits pois, *mame* en japonais, rappelle que Ryôgen se rendait au palais sous la forme d'un petit pois pour échapper à ses admiratrices et, en mettant à profit une autre signification du mot *mame* qui peut aussi dire « destruction du mal » (*ma-me*, 魔滅), qu'il se changea en un monstre cornu afin de chasser le dieu des épidémies. Sa représentation en 33 exemplaires constitue, par contre, une référence directe à une divinité bouddhique mentionnée dans *Le soutra du lotus*. Ce texte, qui est considéré comme le plus sacré par les moines du Tendaï, explique que le bodhisattva de la compassion ultime Kannon (観音菩薩), « le seigneur qui observe depuis le haut », peut assumer 33 formes afin de secourir les gens. La représentation de Ryôgen en 33 exemplaires établit donc un parallèle avec la divinité et suggère qu'il était, tout comme elle, capable d'assumer toutes sortes d'apparences afin de secourir les gens. Certaines biographies du Grand Maître Ryôgen vont même encore plus loin et affirment qu'il était lui-même l'un des 33 corps de transformation du bodhisattva Kannon !

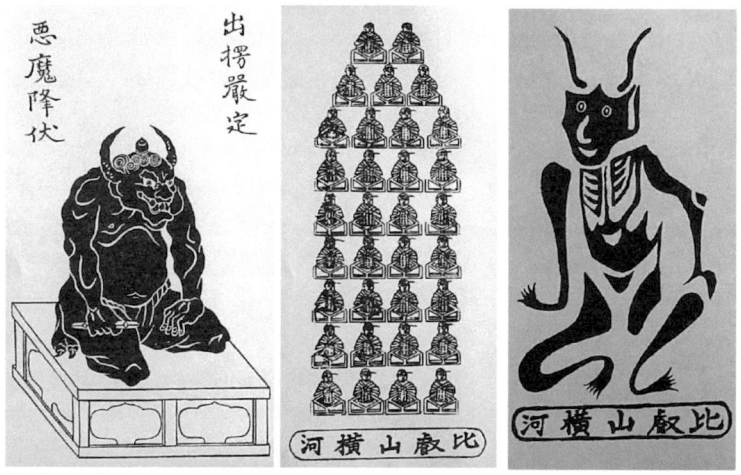

Amulettes de Ryôgen : « amulette du Maître ayant assumé une apparence monstrueuse » ; « Amulette du Grand Maître Petit Pois » et « Amulette du Grand Maître Cornu ».

Le culte voué à Ryôgen demeure très vivace et, aujourd'hui comme autrefois, les gens sont toujours très nombreux à faire l'ascension du Mont Hiei pour consulter les oracles à la façon initiée par ce dernier ou pour se procurer une amulette du Grand Maître Cornu. Or, les gens du commun ne furent pas les seuls à se placer sous la protection de Ryôgen. En effet, les moines du monastère Enryakuji mirent eux aussi à profit les surprenants pouvoirs de leur supérieur général. Ils réalisèrent des dizaines de Vénérables Images (御影像) peintes ou sculptées de Ryôgen et ils les installèrent dans les différents pavillons des trois secteurs. Ces images, on s'en doute, ne manquèrent pas de susciter leur lot d'histoires en tous genres. C'est le cas de la Vénérable Image qui fut installée dans le pavillon Shikikôdô. Les circonstances quelque peu extraordinaires de sa fabrication fournissent d'ailleurs le thème à l'un des tableaux exposés sur les murs du pavillon. Le texte explicatif est le suivant :

« L'incident se produisit un soir où le Grand Maître se retira dans ses appartements et se livra à des exercices de méditation zen. Une bougie éclairait la pièce et reflétait l'ombre du Grand Maître sur le mur derrière lui. Quand Ryôgen se leva et sortit de la pièce, son ombre ne disparut pas du mur. Elle continua à s'y refléter et à reproduire les plis et les couleurs de son habit aussi fidèlement qu'un tableau. Quand un moine découvrit la chose, il appela ses camarades.

- Que c'est étrange ! s'exclama le disciple nommé Jinzen (Jinin Kashô Jinzen - 慈忍和尚尋禅, 942-990). Cette image est la preuve que notre maître a formé un lien privilégié avec la divinité tutélaire du Pavillon. Son ombre restera sur ce mur tant que nous ne la dessinerons pas.

Ceci dit, Jinzen dessina l'ombre de Ryôgen sur une feuille de papier. A chaque fois qu'il dessinait un détail, ce même détail disparaissait du mur. Cette image sacrée que Jinzen avait reproduite sur une feuille de papier fut installée dans le Pavillon Shikikôdô après la mort du Grand Maître. Cette Vénérable Image qui reproduit le Grand Maître en train de méditer est révérée dans ce Pavillon depuis près de 950 ans. »

Ryôgen avait réussi à chasser le dieu des épidémies une première fois mais, au début du mois de janvier de l'an 985, il tomba brusquement malade et fut contraint de se retirer au Shikikôdô. Il rédigea son testament puis il s'éteignit le 3 janvier 985 à sept heures du matin. L'empereur Ichijô (一条天皇, 980-1011) lui attribua le nom posthume de Jie et, puisqu'il était mort un trois janvier, le surnom de « Grand Maître du Troisième Jour du Mois du Nouvel An » (*Ganzan Daïshi*, 元三大師). Conformément aux vœux qu'il avait formulés dans son testament, Ryôgen fut enterré dans l'angle nord-est du secteur Yokawa et sa tombe ne fut, par la suite, ni entretenue ni débroussaillée. Etrange construction en forme de champignon à moitié recouverte par les herbes folles, la tombe de Ryôgen (Mibyô, 御廟) se trouve à environ 300 mètres du Pavillon Shikikôdô. Elle est située dans l'angle nord-est du Secteur Yokawa, dans ce point du compas que le Fengshui qualifie de porte des démons. On s'en doute, l'érection de la tombe d'un moine de l'envergure de Ryôgen dans un point aussi sensible du compas ne doit rien au hasard. En demandant à se faire enterrer dans l'angle nord-est du Secteur Yokawa, Ryôgen exprimait son intention de poursuivre, même après sa mort, la tâche que l'empereur Kammu avait confiée aux moines du Mont Hiei : la protection de la porte des démons de Kyôto. Puisqu'elle constituait le dernier rempart, la dernière ligne de défense contre les influences néfastes surgissant de la porte des démons, les habitants de Kyôto considérèrent très vite la tombe de Ryôgen comme un endroit dangereux et ils s'empressèrent de l'ajouter à la liste officieuse des lieux prétendument maléfiques du Mont Hiei. Ils se mirent d'autre part à raconter que Ryôgen avait renoncé au paradis et plongé de son plein gré dans les voies infernales afin de se transformer en monstre *tengu* et continuer à faire ce qu'il

La tombe de Ryôgen (Monastère Enryakuji)

avait déjà fait de son vivant quelques années plus tôt, en l'occurrence assumer une apparence démoniaque afin de chasser le mal par le mal. Ryôgen ne fut pas le seul moine du monastère Enryakuji à faire preuve d'une telle abnégation et à renoncer au paradis pour continuer à remplir sa mission. Son successeur fit de même…

Le 16 février 987, Jinzen devint le 19ᵉ Supérieur Général du monastère Enryakuji. Fils du ministre Fujiwara no Morosuke (藤原師輔, 908-960) et ancien disciple de Ryôgen, celui-ci poursuivit l'œuvre de son maître et il déploya de grands efforts pour transformer le monastère en un centre d'études où vint s'initier un nombre sans cesse grandissant de moines. En dépit de ses responsabilités écrasantes, Jinzen s'imposait une discipline de fer et il ne négligeait aucun des exercices spirituels auxquels les moines du Mont Hiei étaient astreints (ascèses, étude et récitation du *Soutra du lotus*, parcours spirituels dans les montagnes). Jinzen décéda le 17 février 990 à l'âge de 48 ans, il reçut le nom posthume de Jinin et il fut enterré dans une des six clairières du Mont Hiei. Jinzen avait mené une vie d'ascète, il n'avait eu de cesse d'encourager les moines à faire preuve de rigueur et il avait accompli tant de bonnes actions qu'il aurait pu aisément entrer au paradis mais on raconte qu'il décida de renoncer à cet honneur afin de rester sur Terre et de faire en sorte que les moines du Mont Hiei ne négligent pas leurs exercices spirituels. Au-dessus de la porte d'entrée du Sôjibô (総持坊), un pavillon du Secteur Oriental dans lequel Jinzen habitait, on peut voir un curieux tableau qui représente un moine avec un œil et une jambe. Le panneau explicatif placé devant le bâtiment relate l'origine de ce tableau de la manière suivante :

« Ce pavillon fait partie du Secteur Oriental. C'est un pavillon qui servait à l'enseignement des doctrines ésotériques de la secte Tendaï. Le tableau qui est accroché à l'entrée et qui représente un moine étrange avec un œil et une jambe est l'un des sept mystères du Mont Hiei. Ce moine à un œil et une jambe est le corps de transformation de Jinzen, un moine qui avait passé sa vie à protéger par ses prières cette montagne qu'il aimait tant. Jinzen habitait au Sôjibô, il respectait les règles de son ordre et il se livrait à de rigoureuses ascèses au sommet du Mont Hiei. A sa mort, il se métamorphosa en une créature surnaturelle qui avait un œil, une jambe et une clochette pendue au cou et qui, la nuit venue, parcourait la montagne en répétant les mots : « moines ! N'oubliez jamais que vous êtes des moines ! » Quand il trouvait un moine fainéant qui négligeait ses tâches ou un moine méchant, il secouait la clochette qui pendait à son cou et il le vilipendait. Grâce à lui, les moines fainéants et les moines mauvais disparurent du monastère Enryakuji. »

Les moines en vinrent ainsi à appréhender les apparitions du supérieur général fantôme et à s'approcher avec crainte de sa tombe (Jinin Kashô-byô, 慈忍和尚廟), étrange construction en forme de champignon qui avait été érigée dans une clairière ombragée au pied du Mont Hiei. Le lieu suscita très vite d'inquiétantes rumeurs et il fut ajouté à la liste des lieux prétendument maléfiques du Mont Hiei.

Les histoires de fantôme à un œil et une jambe, peut-être une forme pervertie d'une ancienne divinité shintoïste des montagnes, sont très fréquentes au Japon et les agissements de telles créatures sont rapportés dans quasiment tout le pays. Au sommet du Mont Hiei, le fantôme à un œil et une jambe punit les moines fainéants mais, dans d'autres régions du Japon, il se manifeste devant les gens pour leur jouer des tours plus ou moins pendables, les contraindre à faire du *sumô* ou les pousser au suicide. Le fantôme à un œil et une jambe connut un certain regain de popularité au 18e siècle, lorsque le peintre Toriyama Sekien (鳥山石燕, 1712-1788) publia *La sarabande nocturne des cent monstres illustrée* (*Zuga Hyakiyagyô*, 画図百鬼夜行). Une illustration de cette encyclopédie des monstres du folklore japonais s'intitule *Moine Bleu*

Tableau de Jinzen (Sôjibô, Enryakuji)

(*Ao-Bôzu*, 青坊主) et dépeint une créature à un œil qui est vêtue d'une robe de moine bouddhiste et qui a le crâne rasé. S'appuyant sur le fait que « moine bleu » peut aussi bien signifier « moine au crâne rasé » que « moine novice », certains spécialistes pensent que Toriyama Sekien s'est inspiré de l'histoire de Jinzen, alias « le propagateur de la loi à une pied et une jambe », pour peindre cette illustration et contribuer à la diffusion de l'idée selon laquelle le fantôme à un œil et une jambe était un moine bouddhiste.

Grâce aux efforts de Ryôgen et de Jizen, le monastère du Mont Hiei connut un nouvel essor. De nouveaux pavillons furent construits au sommet et au pied de la montagne et les temples édifiés dans la région avant l'arrivée de Saïchô furent absorbés et affiliés au Enryakuji. Ce fut le cas du Miidera (三井寺). Construit par l'empereur Tenchi à l'époque où celui-ci était venu momentanément habiter sur les bords du lac Biwa, le Miidera comptait parmi les plus grands temples du pays et il devait son nom, littéralement « le temple dont l'eau du puits servit au bain de trois empereurs », au fait que l'eau de son puits avait servi à baigner Tenchi et ses successeurs. Les relations entre les deux temples se dégradèrent au fil des siècles et dégénérèrent finalement en conflit armé lorsque le recteur du Miidera obtint le droit d'ordonner ses prêtres et de disposer d'une certaine autonomie tout en restant placé sous la tutelle du monastère Enryakuji. De tels avantages équivalant à une déclaration d'indépendance, les moines soldats du Enryakuji attaquèrent le Miidera, incendièrent ses bâtiments et rapportèrent la cloche de son beffroi au sommet du Mont Hiei. Un moine du Miidera nommé Raïgô (頼豪, 1004-1084) fut au centre du conflit qui opposa son temple au monastère Enryakuji. Son destin est évoqué dans *Le dit du Heike* (平家物語, *Heike Monogatari* ; III), une chronique guerrière du début du 13e siècle :

« A l'époque où il était empereur, Shirakawa (白河天皇, 1053-1129) avait pour impératrice Kenshi (賢子), la fille du régent Fujiwara no Morozane (藤原師実, ?-?). Il l'aimait de tout son cœur. Aussi, désireux qu'elle lui donne un fils, il convoqua au palais Raïgô, un moine du temple Miidera dont l'efficacité des prières était connue de tous en ce temps-là.

- Faites en sorte que l'impératrice Kenshi me donne un fils, lui dit-il. Si vos prières m'apportent un fils, vous pourrez me demander ce que vous voudrez et je vous l'accorderai...

- Cela ne sera pas difficile, répondit Raïgô.

Ce dernier retourna au Miidera et il pria avec ferveur durant cent jours. L'impératrice tomba enceinte durant cette période et, le 16 décembre 1074, elle accoucha sans problème et mit au monde un fils. L'empereur, au comble du bonheur, fit appeler Raïgô et lui demanda ce qu'il désirait. Quand Raïgô réclama l'autorisation pour son temple d'ordonner ses prêtres, l'empereur refusa :

- Je ne m'attendais pas à une telle requête, répondit-il. Je pensais que vous me demanderiez une promotion immédiate au rang d'archevêque par exemple. Je voulais un fils pour me succéder et assurer la paix dans l'empire. Or, si je réponds favorablement à votre demande, les moines du Mont Hiei seront furieux et ils feront des histoires. De plus, une querelle entre le monastère Enryakuji et le temple Miidera risquerait de conduire à la disparition de la secte Tendaï.

Furieux, Raïgô retourna au temple Miidera et décida de se laisser mourir de faim. Quand l'empereur apprit la chose, il en conçut la plus vive inquiétude et il convoqua au palais Ôe no Masafusa (大江匡房, 1041-1111), gouverneur de la province de Mimasaka.

- J'ai entendu dire que vous aviez étudié sous la direction de Raïgô. Allez le voir et raisonnez-le, ordonna l'empereur à Masafusa.

Masafusa se rendit dans les quartiers de Raïgô avec un message de l'empereur mais celui-ci refusa de le recevoir. Le moine lui parla d'une voix terrible depuis le fond de la salle de prières aux statues noircies de cendre dans laquelle il s'était isolé.

- Je croyais que le fils du ciel ne prononçait jamais de vaines paroles et qu'il ne revenait jamais sur ses décisions, fit Raïgô. Puisque l'empereur ne veut pas répondre à ma modeste requête, je vais plonger dans les voies infernales en même temps que ce prince héritier dont j'ai appelé la naissance par mes prières.

Masafusa alla vite rapporter la chose à l'empereur Shirakawa. Au grand désespoir de l'empereur, Raïgô mourut de faim quelque temps plus tard. Peu après, le prince héritier tomba malade. Des prières furent aussitôt récitées mais aucune ne parvint pas à le guérir. Ce fut alors qu'un vieux moine aux cheveux gris qui s'appuyait sur une canne apparut d'abord dans les rêves et les visions des gens puis se matérialisa ensuite au chevet du prince héritier. On serait encore très loin de la vérité si on se contentait de dire que ce vieux moine était terrifiant. Le prince héritier décéda de la variole dans sa quatrième année, le 6 juin 1078. Il s'appelait Atsufun (敦文親王). »

En imputant la mort du prince Atsufun à l'âme vengeresse de Raïgô, *Le dit du Heike* se fait l'écho d'une croyance qui était très vivace à l'époque présumée des faits. En ce temps-là, les Japonais et les hommes de pouvoir en particulier avaient coutume d'attribuer leurs malheurs à la malédiction des « esprits vengeurs. » Ces esprits pouvaient être ceux de rivaux défunts (esprits morts, 死霊) ou ceux de rivaux bien vivants qui sortaient du corps de leur hôte pour venir les frapper (esprits vivants, 生霊). Dans *Le dit du Heike*, « l'esprit mort » de Raïgô est accusé de la maladie du prince héritier mais, dans la réalité historique, Raïgô décéda des années après Atsufun. L'esprit mort de Raïgô ne peut donc être la cause du décès d'Atsufun. Cette « erreur » de chronologie pourrait s'expliquer par le fait que Raïgô ou plutôt son esprit vivant fut réellement soupçonné d'être à l'origine de la maladie du prince héritier. Quand ce dernier tomba malade et que ses proches s'interrogèrent sur l'identité de l'esprit qui le tourmentait de la sorte, ils en

L'autel du Rat (Sakamoto)

vinrent très certainement à soupçonner l'esprit vivant de Raïgô car celui-ci avait toutes les raisons d'en vouloir à l'empereur. Par la suite, les faits historiques furent progressivement déformés (confusion des dates, « esprit vivant » devenu « esprit mort »…) et transformés en un récit fantastique des plus spectaculaires comme le révèle la fin de l'histoire de Raïgô telle qu'est racontée dans des versions plus tardives, par exemple dans *L'histoire de la grande paix* (太平記, *Taïheïki* ; XV), une chronique guerrière du 14e siècle :

« L'empereur décida de donner aux moines du Mont Hiei une chance de restaurer l'honneur de leur monastère. Il fit appeler Ryôshin (良信), 36e Supérieur Général du monastère Enryakuji, et il lui demanda de prier de façon à ce qu'un nouvel héritier au trône voie le jour. Pendant toute la période où Ryôshin récita des prières, il se produisit quantité d'événements surnaturels mais un prince héritier vint finalement au monde le 9 juillet 1078. Les prières des moines du Mont Hiei furent certainement très efficaces car l'esprit vengeur de Raïgô ne parvint pas à s'approcher du garçon qui ne tomba jamais malade et qui devint finalement empereur. Ce nouveau prince héritier n'était nul autre que celui qui monta sur le trône en prenant le nom de Horikawa (堀川天皇, 1078-1107) et qui se retira plus tard dans un temple bouddhique. Par la suite, l'esprit vengeur de Raïgô se transforma en 84 000 rats qui avaient des crocs de fer et un corps de pierre et qui se lancèrent à l'assaut du monastère du Mont Hiei. Les rongeurs s'attaquèrent aux statues et aux parchemins du monastère Enryakuji. Rien ne pouvait les arrêter. Aussi, les moines du Mont Hiei décidèrent-ils de construire un autel et de le consacrer à l'apaisement de la malédiction de Raïgô. L'Autel du Rat, Nezumi no Hokora (鼠の祠), est cet autel. »

Cet autel prétendument construit par les moines du Mont Hiei afin d'apaiser la malédiction de Raïgô existe toujours. Il se trouve à l'entrée du chemin forestier qui conduit au sommet du Mont Hiei. Il se dresse, ironiquement, tout près du temple construit à l'emplacement de la maison natale de Saïchô, le fondateur du monastère du Mont Hiei. Un autel dédié à Raïgô fut aussi construit dans l'enceinte du Miidera,

Le Sanctuaire du Rat (Miidera, Ôtsu)

ce temple pour lequel il avait vainement tenté d'obtenir l'autorisation d'ordonner ses prêtres. Cet autel est connu sous les noms de « Sanctuaire du Rat » (Nezumi no Miya, ねずみの宮) et de

« Sanctuaire des 18 Divinités » (Jûhachi Myôjin Yashiro, 十八明神社) car il est consacré à Raïgô et à tous ceux qui défendirent les intérêts du Miidera au fil des siècles. Ces deux sanctuaires permirent très certainement d'apaiser la vindicte de Raïgô car l'on n'entendit plus jamais parler d'un homme-rat aux crocs de fer et au corps de pierre.

Raïgô s'en alla rejoindre le panthéon extrêmement fourni des créatures surnaturelles japonaises et il inspira, entre autres choses, deux romans. Dans *Les Contes du Miidera (Miidera Monogatari*, 三井寺物語), Asaï Ryôi (浅井了意, 1612-1691) propose une fin à l'histoire de Raïgô et raconte comment celui-ci fut vaincu par un moine du monastère Enryakuji qui, dans la plus pure tradition de ces moines capables de se métamorphoser grâce à leur dévotion au *Soutra du lotus*, se changea en un chat géant pour lui donner la chasse ! Dans *La légende du rat fantôme Raïgô (Raïgô-ajari Kaïso-den*, 頼豪阿闍利怪鼠伝), l'écrivain Takizawa Bakin (滝沢馬琴, 1767-1848) raconte, quant à lui, comment un guerrier apprend de Raïgô le secret de la transformation en rat géant et met à profit cette stupéfiante technique pour se venger des assassins de son père.

3. Comment le moine Jôzô ressuscita son père sur le Pont de la Première Avenue et tua Taïra no Masakado...

Dans les contes et légendes, les ponts sont souvent des lieux sur lesquels se déroulent toutes sortes d'événements extraordinaires. A Kyôto, c'est particulièrement vrai pour le Pont de la Première Avenue Ichijô Hashi (一条橋). A l'origine, ce pont se trouvait au nord-est du palais impérial, dans ce point du compas que le Fengshui (風水) qualifiait de porte des démons parce que c'était de là que provenaient les influences néfastes susceptibles de bouleverser l'harmonie d'un lieu. Le Pont de la Première Avenue était donc, pour cette raison, considéré comme un lieu dangereux sur lequel les gens, même les plus courageux, ne s'aventuraient pas après la tombée de la nuit ; Une histoire sur laquelle nous reviendrons dans un chapitre ultérieur raconte par exemple comment le guerrier Watanabe no Tsuna (渡辺綱, 953-1024) affronta un monstre sur ce pont et en réchappa de justesse. Inversement, d'autres histoires révèlent que le maître du Yin-Yang Abe no Seimei (安倍晴明, 921-1005) et le guerrier Minamoto no Yorimitsu (源頼光, 948-1021), confiants dans la puissance de leurs pouvoirs magiques et de leur force physique, firent construire leur résidence à proximité du Pont de la Première Avenue afin de signifier à tous leur intention de protéger la Capitale contre les influences néfastes provenant de la porte des démons. Le Pont de la Première Avenue était d'autre part un lieu qui permettait d'accéder à Rentaïno (蓮台野), une plaine au nord de la ville qui servait de cimetière aux habitants de Kyôto. Il était donc aussi comme ce pont qui, dans la vision bouddhique de l'au-delà, enjambe la Rivière aux Trois Bras Sanzu no Kawa (三途の川) et conduit aux enfers.

En somme, le Pont de la Première Avenue était un lieu qui correspondait à la porte des démons de la Capitale et qui marquait en même temps la frontière entre le monde des vivants et celui des morts. De nos jours, le cimetière de Rentaïno a disparu des cartes de Kyôto et le Pont de la Première Avenue, détruit et remplacé par un ouvrage bétonné en 1996, ne se trouve plus dans la porte des démons du palais impérial (car le dit palais a lui aussi disparu). Toutefois, le souvenir et l'aura de mystère du Pont de la Première Avenue demeurent intacts. Les piliers du vieux pont ont été démontés et installés dans l'enceinte du Seimei Jinja (晴明神社), un sanctuaire prétendument construit à l'emplacement de la résidence du maître du Yin-Yang Abe no Seimei, et les superstitions à son propos sont encore très vivaces et continuent d'influencer le comportement des habitants de Kyôto.

Le Pont de la Première Avenue (Kyôto).

Le Pont de la Première Avenue est plus connu à Kyôto sous le surnom de Modori-bashi (戻り橋), « le Pont du Retour. » Ce surnom est très ancien. Il est en effet mentionné pour la première fois dans une entrée datée du 24 décembre 998 du *Journal du chancelier honoraire* (*Gonki*, 権記), le journal du chancelier honoraire Fujiwara no Yukinari (藤原行成, 971-1027). Les circonstances quelque peu extraordinaires dans lesquelles le Pont de la Première Avenue hérita de son surnom sont racontées dans un recueil de nouvelles du 15ᵉ siècle, *La chronique des trois pays* (*Sankoku-denki*, 三国伝記 ; VI-9) :

« Le maître du Yin-Yang Miyoshi no Kiyoyuki (三善清行, 847-918) avait un fils qui s'appelait Jôzô (浄蔵, 891-964) et qui devint par la suite un moine de haut rang. Ce Kiyoyuki attendait avec impatience que son fils atteigne l'âge adulte parce qu'il avait promis de le marier à la fille d'un aristocrate. Or, Jôzô s'éveilla très jeune au bouddhisme et il décida d'entrer dans les ordres et de se livrer à des ascèses dans les montagnes et les rivières. Un jour, Jôzô se déguisa en mendiant et il se rendit à la maison où vivait celle qui lui était promise et qui n'avait encore que trois ans. Il la trouva dans le jardin de la propriété. Il s'approcha d'elle, lui donna un coup de poignard et retourna vite chez lui. Satisfait et persuadé de s'être ainsi détaché des affaires humaines, Jôzô entra dans les ordres au printemps de sa dix-septième année, il parcourut les montagnes, il approfondit ses connaissances en matière de bouddhisme et il accomplit des ascèses en récitant *Le soutra du lotus* (*Hôkkeyô*, 法華経). Au sommet des montagnes sacrées d'Ômine et de Katsuragi, il prit place sur la mousse couverte de givre et il se livra à de pénibles ascèses. Au pied des pics de Kimpusan et de Kumano, il récita *Le soutra du lotus* sous le ciel étoilé. En hiver, les tempêtes de neige matinales transperçaient son vêtement et lui mordaient cruellement la peau. En été, il poursuivait ses ascèses en dépit de la chaleur caniculaire. Au sommet des montagnes sacrées où il pratiquait ses ascèses, les nuages pénétraient dans sa misérable hutte et la pluie s'abattait sur le sol de pierre sur lequel il s'asseyait pour se livrer à des exercices de méditation zen.

    Six années s'écoulèrent de la sorte puis Jôzô, se rappelant avec nostalgie de ses parents, décida de sortir de sa caverne du Mont Ômine et de retourner à la Capitale. Il pénétra dans la Capitale au moment où le soleil était sur le point de disparaître derrière les montagnes. Il remonta l'avenue Ômiya en direction du nord puis il tourna à droite dans l'avenue Ichijô. Arrivé à proximité du pont qui se trouvait près du carrefour des avenues Ichijô et Horikawa, il aperçut une magnifique voiture tirée par un bœuf. Des aristocrates et des serviteurs vêtus de somptueux habits marchaient autour de la voiture. Jôzô se demanda avec curiosité qui pouvaient bien être ces gens. Il les regarda passer et il comprit ainsi que c'était une procession qui se rendait au cimetière. Jôzô ignorait encore qu'il s'agissait-là d'une tragédie qui le touchait personnellement mais il ne put s'empêcher d'éprouver de la tristesse.

- Qui est le défunt ? demanda-t-il à quelqu'un.
- C'est Miyoshi no Kiyoyuki, lui répondit-on. Il est mort tout à coup et nous le conduisons au cimetière de Rentaïno.
- C'est mon père ! Je suis le fils de Kiyoyuki ! Ces six dernières années, je n'ai pas eu l'occasion de le voir. Je suis descendu de la montagne en me rappelant de lui et j'étais en train de me diriger vers sa résidence pour lui rendre visite ! Mais il est mort ! Que puis-je faire ? Même mort, je voudrais voir encore une fois son visage...
- L'homme que nous transportons est effectivement Miyoshi no Kiyoyuki, firent les membres de la procession en confirmant les paroles de l'homme interrogé par Jôzô. Il est mort depuis quatre jours.

Touchés par la tristesse de Jôzô, les membres du cortège arrêtèrent la voiture sur le pont et ils ouvrirent le couvercle du cercueil. Quand Jôzô se pencha sur le cercueil et vit que le visage de son père avait perdu toutes ses couleurs et ses traits complètement changé, il fut la proie d'une douleur sans borne, il cria et versa des larmes de désespoir, leva son chapelet en direction du ciel et invoqua les dieux.

- Bouddhas de tous les mondes, Teïshaku, Quatre Rois Célestes protecteurs des points cardinaux, Emma dieu des enfers, avocats, secrétaires et geôliers des enfers ! J'ai passé ces dernières années à faire des ascèses au sommet des montagnes, j'ai passé mes journées au plus profond des vallées, j'ai récité *Le soutra du lotus* et j'ai accompli quantité d'actions de grâce. J'ai prié les bodhisattvas des dix mondes et je leur ai demandé de veiller sur mes parents. Le moment où le soleil et la lune s'écraseront sur la terre, le moment où le bouddhisme disparaîtra et ses textes sacrés seront confiés à la garde des Rois Dragons n'est pas encore venu. Nous sommes encore à une époque où les actions des hommes sont jugées en fonction du *Soutra du lotus* ! Par conséquent, écoutez ma prière ! Même si je dois mourir ou être puni pour cela, ramenez mon père à la vie ! Autorisez-moi à le revoir ! Si vous n'exaucez pas ma prière, plus personne à l'avenir ne cherchera le réconfort dans la récitation du *Soutra du lotus* !

Les gens stupéfaits regardaient Jôzô agiter son chapelet, fixer les yeux au ciel et implorer les dieux. Quelques instants plus tard, ils entendirent le bruit d'une respiration qui venait du cercueil puis une voix qui poussait de grands « ah ! » Jôzô pria de plus belle, il ignora les larmes qui coulaient de ses yeux, ouvrit complètement le couvercle du cercueil et étreignit son père. Les témoins de la scène se sentirent submergés par la foi et pleurèrent tellement que les manches de leur vêtement ne suffirent bientôt plus à épancher leurs larmes de joie. Pensant qu'il n'était peut-être pas convenable de déplacer un mort tout juste revenu à la vie, Jôzô passa la nuit sur le pont situé près du croisement des avenues Ichijô et Horikawa. Pendant toute la nuit, il parla avec son père des choses passées et des choses présentes.

- J'ai été conduit à la cour des enfers du roi Emma, expliqua ce dernier. J'ai été ligoté et retenu prisonnier par les geôliers des enfers, d'horribles créatures avec des têtes de chevaux ou de bœuf. J'avais très peur mais, soudain, le palais du roi Emma s'est mis à trembler et j'ai entendu une voix qui venait du ciel et qui disait : « messire Miyoshi n'est pas encore arrivé au terme de sa vie. Renvoyez-le dans le monde des hommes ! Son fils Jôzô est un ascète qui s'est livré à des ascèses et a récité *Le soutra du lotus*. Son fils Jôzô a suffisamment de bonnes actions à son crédit pour racheter les crimes de son père. Ainsi le veut l'envoyé du grand bouddha ! » Après avoir entendu cela, le roi des enfers est descendu de son estrade dorée, il s'est incliné devant moi et il m'a dit qu'il allait me renvoyer dans le monde des hommes. Un geôlier m'a pris par la main, il m'a conduit à l'extérieur du palais du roi Emma et je suis revenu à la vie.

En écoutant le récit de Kiyoyuki, les gens pleurèrent de plus belle. Ensuite, Kiyoyuki posa sa tête sur les genoux de son fils et il l'écouta faire le récit de ses ascèses au sommet des montagnes sacrées du pays et expliquer comment il s'était souvenu de lui et avait décidé de revenir à la Capitale. Le père et le fils passèrent la nuit à deviser puis, lorsque vint l'aube, ils quittèrent leurs vêtements de deuil, revêtirent des habits de cour et rentrèrent à la maison. Par la suite, le Pont de la Première Avenue reçut le surnom de « pont du retour. » Les événements extraordinaires qui se produisent ici et là dans la Capitale ne sont que de simples incidents parmi tant d'autres en comparaison avec le miracle qui venait de se produire sur le Pont de la Première Avenue. Par la suite, Jôzô acquit des pouvoirs tels que nul ne parvint à l'égaler, il fut autorisé à pénétrer dans l'enceinte sacrée du palais impérial et à célébrer des rituels de prolongation de la vie de l'empereur. Là, il rencontra une femme avec laquelle il se maria et eut deux enfants. Cette femme avait une cicatrice sur le corps.

- Cela remonte à l'époque où j'avais trois ans, expliqua-t-elle quand il l'interrogea sur l'origine de la cicatrice. Je me promenais dans le jardin avec ma nourrice quand un mendiant est entré brusquement chez moi et m'a donné un coup de couteau...

Jôzô comprit à ce moment-là que c'était la femme qui lui était promise et qu'il avait essayé de tuer en lui donnant un coup avec son poignard. Comprenant que son destin était d'épouser cette femme, il regretta amèrement son geste. Des années plus tard, quand il fut appelé pour redresser la pagode du temple Hôkanji, celle qui avait été construite par Ono no Takamura (小野篁, 802-852), il pria avec ses deux enfants sur ses genoux et il parvint à redresser la dite pagode. »

Statue de Jôzô (char de la fête de Gion, Kyôto).

Le moine Jôzô n'est pas un personnage de fiction. Il était vraiment le huitième fils du poète, historien et maître du Yin-Yang

Miyoshi no Kiyoyuki et on raconte qu'il fit preuve de talents hors du commun dès son plus jeune âge. *L'histoire du bouddhisme compilée à l'ère Genkô (Genkôshaku-sho* - 元亨釈書 ; X), une histoire du bouddhisme au Japon qui fut écrite au 12e siècle, explique en effet qu'à quatre ans, Jôzô pouvait déjà lire 1 000 caractères chinois et qu'il lui suffisait d'écouter le début d'une explication pour en connaître la suite. Ce même ouvrage révèle d'autre part qu'à sept ans, Jôzô récita une incantation, plia à distance la branche d'un prunier qui fleurissait dans le jardin de sa maison et obtint ainsi de son père l'autorisation de se faire moine. Jôzô s'initia d'abord au bouddhisme sous la direction de l'empereur retiré Uda (宇多天皇, 867-931) puis, à douze ans, il entra dans les ordres et étudia les doctrines ésotériques de la secte Tendaï au sommet du Mont Hiei. Même si Jôzô ne fonda pas de secte ou n'influença pas l'histoire du bouddhisme de manière aussi décisive que Kûkaï (空海, 774-835) ou Saïchô (最澄, 767-822), il devint néanmoins célèbre de son vivant et il inspira quantité de légendes car, comme il est écrit dans *Les biographies de ceux qui aspiraient à la renaissance au paradis de la Terre Pure (Shûi-ôjô-den,* 拾遺往生伝), une compilation de 95 biographies du 12e siècle, il excellait dans des domaines aussi divers que « le bouddhisme exotérique, le bouddhisme ésotérique, le sanskrit, la musique (la flûte), l'astronomie, la divination par le biais du Yin-Yang, la lecture des augures dans les carapaces de tortue, le prosélytisme, la médecine, les ascèses, la récitation des incantations, la composition de chansons, les belles lettres et la danse. » Les activités de Jôzô sont évoquées dans des recueils de nouvelles, des biographies romancées mais aussi dans des chroniques historiques telles que *L'histoire abrégée du Japon* (*Fusô Ryakki,* 扶桑略記). Cette chronique qui fut compilée par un moine de la secte Tendaï et qui manque donc peut-être d'objectivité dès lors qu'il s'agit de parler d'un coreligionnaire explique que Jôzô conduisit à plusieurs reprises des « rituels de résurrection » pour des aristocrates et des membres de la famille impériale. Par conséquent, même si l'histoire de la résurrection de son père sur le Pont du Retour n'est que légende, elle se fait néanmoins l'écho de rituels que le Jôzô historique fut très probablement amené à célébrer...

Le Pont de la Première Avenue avait reçu le surnom de Pont du Retour parce que Jôzô y avait ramené son père à la vie. Dans les siècles qui suivirent, cette idée de « retour » fut à l'origine d'un certain nombre de coutumes et d'incidents célèbres :

A l'époque Edo, les exécutions des condamnés à mort avaient lieu tous les 20 décembre. Ce jour-là, les bourreaux sortaient les prisonniers de leur cellule et ils les exécutaient dans un champ à l'extérieur de la ville. Avant de se rendre au champ d'Awataguchi (粟田口), ils passaient sur le Pont du Retour et ils ne manquaient pas de s'y arrêter quelques instants pour jeter des offrandes de fleurs dans la rivière et faire manger des gâteaux de riz aux condamnés. Ce rituel était motivé par l'espoir qu'à leur « retour » sur Terre, les condamnés se réincarneraient dans le corps d'un homme de bien...

A la même époque, le seigneur Toyotomi Hideyoshi (豊臣秀吉, 1536-1598) utilisa le Pont de la Première Avenue pour lancer un avertissement au maître de thé Sen no Rikyû (千利休, 1522-1591) et lui faire comprendre qu'un « retour » en arrière était impossible pour ceux qui n'obéissaient pas à ses ordres : Hideyoshi avait l'habitude de se rendre au temple de Rikyû pour y étudier la cérémonie du thé sous sa direction. Or, un jour, Rikyû eut la mauvaise idée d'installer une statue à son image dans l'étage du portique d'entrée de son temple. Quand il apprit la chose, Hideyoshi se mit en colère car il n'avait pas l'intention de franchir un portique à l'étage duquel se trouvait la statue de quelqu'un qui lui était inférieur en rang. Hideyoshi ordonna à ses soldats de confisquer la statue, de la décapiter et d'exposer, comme c'était la coutume en ce temps-là pour les vulgaires criminels, la tête sur le parapet du Pont du Retour... Deux ans plus tard, Rikyû commit un nouvel impair en refusant de marier sa fille à Hideyoshi et se vit pour cette raison contraint d'accomplir le suicide rituel du seppuku. Hideyoshi fit exposer sa tête tranchée, la vraie pas celle d'une statue, sur le parapet du Pont du Retour...

A l'époque Edo toujours, les gens qui avaient prêté quelque chose prirent l'habitude de passer sur le Pont du Retour avant d'aller réclamer leur dû ; Cette démarche était motivée par le désir de voir le « retour » de leur bien. Cette idée de « retour » fut également à l'origine d'une pratique qui devint très populaire durant la Seconde Guerre Mondiale. Les hommes sur le point de partir au front prirent l'habitude de passer sur le Pont du Retour et de s'y arrêter le temps de formuler une prière dans l'espoir de retourner vivant de la guerre. Ce pèlerinage s'accomplissait en pleine nuit et dans le plus grand secret car il était dangereux voire criminel d'exprimer son désir de revenir sain et sauf à une époque où les soldats étaient envoyés au front en jurant fidélité à l'empereur et en criant qu'ils étaient résolus à mourir et qu'ils abandonnaient tout espoir de retour.

  Inversement, il était des occasions où les gens évitaient, et évitent toujours, de passer sur le Pont du Retour. C'est le cas des cortèges nuptiaux qui évitent d'y passer afin de ne pas attirer le mauvais sort sur la mariée et provoquer son « retour » à la maison de ses parents. C'est aussi le cas des chauffeurs des camions de déménagements qui veillent, de manière générale, à ne jamais faire de marche arrière afin de ne pas attirer le mauvais sort sur les futurs habitants d'une maison et qui, à Kyôto, évitent aussi d'emprunter le Pont du Retour pour les mêmes raisons. C'est enfin le cas des corbillards qui préfèrent faire un détour et éviter le Pont du Retour par peur de provoquer le « retour » du défunt qu'ils transportent....

  Si Jôzô pouvait ramener les morts à la vie, d'autres histoires révèlent qu'il était aussi capable de faire le contraire et d'appeler la mort sur un individu. C'est ainsi que l'on raconte qu'il usa de sa magie pour mettre un terme à la rébellion de Taïra no Masakado (平将門, ?-940), une rébellion qui entra dans l'histoire parce que c'était la première fois qu'un guerrier se révoltait contre l'empereur. Masakado était le fils d'un descendant de l'empereur Kammu (桓武天皇, 737-806) qui avait quitté la Capitale et qui était allé s'installer dans le nord du pays, dans ce qui correspond aujourd'hui à la préfecture de Tôkyô. En 835, Masakado assassina son oncle puis il prit le contrôle de la province que ce dernier administrait au nom de l'empereur. Suite à un oracle délivré par une prêtresse, il attaqua les provinces voisines, il en prit le contrôle et, en décembre 939, il s'en proclama le maître absolu. Quand l'empereur de Kyôto, Suzaku (朱雀天皇, 923-952),

apprit que Masakado s'était proclamé « Nouvel Empereur » (*Shin-nô*, 新皇) des huit provinces du Kantô et qu'il refusait désormais de payer des impôts à la cour, il décréta l'envoi d'une force armée et la tenue de rituels ésotériques destinés à l'abattre. Aucun document n'atteste de la présence de Jôzô à ces rituels qui se tinrent dans tous les temples bouddhiques et tous les sanctuaires shintoïstes du pays mais la légende telle qu'elle est racontée dans *Les Histoires sur le passé* (*Kojidan*, 古事談 ; IV-5) affirme que non seulement Jôzô y participa mais qu'en plus, il fut l'artisan de la perte de Masakado :

Le pavillon Yokawa Chûdô (Monastère Enryakuji, Kyôto).

« Le 22 janvier 940, Jôzô se retira avec ses disciples dans le Yokawa Chudô (横川中堂), un pavillon du monastère Enryakuji. Il dressa un autel, récita l'invocation de Daïitoku Myô-ô (大威徳明王) et supplia la divinité de mettre un terme à la révolte de Masakado. »

Forme colérique du bouddha Amida (阿弥陀如来), Daïitoku Myô-ô était une divinité que les moines invoquaient pour obtenir une victoire, chasser les mauvais esprits et vaincre les ennemis du bouddhisme mais aussi pour jeter un sort et appeler la mort sur une personne ; C'était ce même Daïitoku Myô-ô que Kûkaï, à l'époque où il occupait le poste de Supérieur Général du temple Tôji (東寺), avait invoqué pour se protéger du sortilège lancé par son rival Shubin (守

敏). Les moines invoquaient Daïitoku Myô-ô, seul ou en compagnie de quatre autres divinités. Daïitoku Myô-ô fait en effet partie d'un groupe qui, sous le nom de Cinq Rois de Science Magique, livre bataille aux forces du mal et aux ennemis de la loi bouddhique...

« Jôzô priait déjà depuis 37 jours lorsque, tout à coup, la silhouette en armure de Masakado apparut sur l'assiette de la bougie posée à côté de lui. Les moines présents sur les lieux et les disciples de Jôzô virent aussi la silhouette de Masakado. Ils trouvèrent cela étrange. Ils purent aussi entendre le sifflement d'une flèche qui passa au-dessus de l'autel et qui disparut en direction de l'est.

- Masakado vient d'être atteint par une flèche, déclara Jôzô.

Quelques jours plus tard, les ministres de la cour décidèrent de célébrer un rituel d'invocation des Cinq Rois de Science Magique devant les portes du palais impérial. Ils convoquèrent Jôzô et ils lui demandèrent de présider la cérémonie qui devait se tenir devant l'une des trois portes orientales du palais. Quand il se présenta au palais, Jôzô trouva des ministres paniqués qui disaient :

- Il paraît que Taïra no Masakado est sur le point de pénétrer dans la Capitale...

- Ne vous inquiétez pas, leur répondit Jôzô. C'est seulement sa tête qui est sur le point de pénétrer dans la Capitale !

Tout se passa effectivement comme Jôzô l'avait prédit... »

Les troupes impériales n'étaient pas encore arrivées à destination que Taïra no Sadamori (平貞盛), cousin de Masakado et fils du préfet assassiné quelques années plus tôt par ce dernier, s'alliait à son suzerain Fujiwara no Hidesato (藤原秀郷) et se retournait contre le Nouvel Empereur. Ce Hisedato, aussi connu sous le nom de Tawaratôda (俵藤太), était une célébrité de son temps, un guerrier qui avait affronté un mille-pattes géant au sommet du Mont Mikamiyama et qui avait rendu visite au roi dragon du lac Biwa. La bataille qui l'opposa à Taïra no Masakado est décrite dans *Les histoires qui sont maintenant du passé* (*Konjaku Monogatari* - 今昔物語 ; XXV-1) :

« Masakado commandait une armée de 8 000 hommes mais, un jour, il fit l'erreur de se diriger vers Sashima avec seulement 400 soldats. Quand Sadamori et Hidesato l'apprirent, ils rassemblèrent aussitôt 4 000 hommes et ils se lancèrent à sa poursuite. Ils l'attaquèrent et ils l'affrontèrent dans la journée du 14 février 940. Dans un premier temps, Masakado leur tint tête et il arriva même à les repousser mais, par la suite, Sadamori et Hidesato réussirent à prendre l'avantage. Ils se battirent au mépris de leur vie. Masakado combattait à la tête de ses troupes quand – coup du sort ou punition divine ! – son cheval refusa d'avancer. Masakado devint soudain incapable de se défendre. Ce fut alors qu'il reçut une flèche en pleine tête et s'effondra sur le sol. Sadamori et Hidesato s'en réjouirent et ils ordonnèrent à leurs soldats d'aller lui trancher la tête. »

Tout comme Jôzô l'avait prédit, Taïra no Sadamori et Fujiwara no Hidesato firent une entrée triomphale dans Kyôto et ils défilèrent dans les rues de la ville avec la tête de Masakado. Pour la première fois dans l'histoire du Japon, décision fut prise de ficher la tête sur une pique et de l'exposer à un carrefour. Le lieu supposé de l'exposition de la tête de Taïra no Masakado se trouve aujourd'hui en plein cœur du quartier des affaires de Kyôto, dans une rue qui porte le nom tout aussi étrange qu'incompréhensible de Kôyaku-zushi (膏薬図子). Un guide touristique de Kyôto publié dans le courant de l'automne 1789, *La suite au recueil illustré des lieux célèbres de la Capitale* (*Shûi Miyako Meisho Zu-e*, 拾遺都名所図会, I), explique l'origine du nom de cette rue de la manière suivante :

« En 941, Fujiwara no Hidesato défit Masakado et il exposa sa tête dans le quartier. Par la suite, tous ceux qui construisirent une maison dans le quartier furent victimes de la malédiction de Masakado. Les gens décidèrent alors d'apaiser l'âme vengeresse de Masakado en élevant ce dernier au rang de divinité et en le révérant sous le nom de Kanda Myôjin. Ce fut à cette époque-là que le moine Kûya (空也, 903-972) vint s'installer dans le quartier et y fonda un centre d'ascèses. La déformation des mots signifiant « centre d'ascèses de Kûya », *Kûya kuyô-dôjô* (空也供養道場), serait à l'origine du nom de la rue Kôyaku-zushi. Par la suite, Kûya érigea une pierre à la mémoire de Masakado. Par la suite, un sanctuaire shintoïste fut construit pour abriter cette pierre qui avait la forme d'un melon de trois *shaku* (90 centimètres) et qui symbolisait la présence de sa divinité tutélaire. »

En fait de sanctuaire, il serait plus juste de dire qu'il s'agit d'une niche aménagée dans la façade d'une maison, une niche fermée par un grillage à l'intérieur de laquelle on peut voir un autel shintoïste et des plats à offrandes. Une plaque apposée à côté indique qu'en dépit de ses dimensions des plus modestes, le Kanda Jingû (神田神宮) – c'est son nom – est un *jingû*, c'est-à-dire l'un des plus hauts échelons dans la hiérarchie des sanctuaires shintoïstes. Ce traitement de faveur s'explique par le fait que l'histoire de Masakado ne prit pas fin avec sa mort sur un champ de bataille et l'exposition de sa tête au carrefour des rues Shijô et Shinmachi. Sa tête, tranchée et exposée sur une pique dans un carrefour de la Capitale, ne manqua pas de susciter de terribles rumeurs qui allèrent en s'amplifiant au fil du temps. Au 17ᵉ siècle, on en vint finalement à raconter que la tête de Masakado s'était envolée et qu'elle était partie à la recherche des autres parties de son corps, découpées et enterrées en différents endroits afin de rendre impossible son retour sur Terre ! La scène est relatée dans une chronique du 17ᵉ siècle, *Le prologue à l'histoire de la grande paix (Zen-Taïheïki,* 前太平記 ; VI-9) :

Le sanctuaire Kanda Jingû (Kyôto)

« Des soldats ramassèrent la tête de Masakado près du pont de la septième avenue (où elle avait été exposée), ils peignirent les mots « tête du brigand Taïra no Masakado » sur un écriteau et ils l'accrochèrent à un arbre, à gauche de la prison qui se trouvait au nord de l'avenue Higashi no Tôïn. Les habitants de la capitale, les jeunes comme les vieux, allèrent voir la tête. Quel spectacle pitoyable offrait la tête de celui qui, hier encore, était le « Nouvel Empereur », le maître des huit provinces du Kantô, et qui, aujourd'hui, était traité comme un vulgaire criminel ! On raconte que, trois mois après son exposition, la tête ne changea pas de couleur et qu'elle garda toute sa vigueur, que ses yeux restèrent ouverts et que, la nuit venue, sa bouche montrait les dents et murmurait d'étranges imprécations :

- Où sont donc mes cinq membres qui ont été séparés de ma tête ? Qu'ils me rejoignent et poursuivent le combat !

En entendant la tête parler de la sorte, les habitants de la Capitale ne pouvaient s'empêcher de trembler de peur. Et pourtant, un jour, quelqu'un passa devant l'arbre sur lequel elle était accrochée et, quand il l'entendit parler, il composa un poème qui disait : « Hidesato a reconnu Masakado à sa façon de manger et il l'a tué. » La tête se mit à rire aux éclats puis elle ferma les yeux. Un jour, la tête se rappela avec nostalgie les provinces du nord, elle s'éleva dans les airs, elle s'envola et elle s'écrasa en bordure d'une rizière du village de Shibazaki (芝崎村, l'actuel quartier d'Ôtemachi à Tôkyô). Là, elle se mit à briller dans la nuit et à terrifier les habitants de la région. Redoutant une malédiction, les gens construisirent un autel, ils y révérèrent Masakado sous le nom de Kanda Myôjin (神田明神), « dieu des rizières », et ils parvinrent ainsi à apaiser sa malédiction. »

La tête volante de Masakado (Détail d'un tableau exposé au temple Kûya-dô à Kyôto).

Cet autel fut construit à l'initiative d'un moine itinérant nommé Shinkeï (真教, 1237-1319). Une légende raconte comment celui-ci visita Shibazaki en 1307 et découvrit un village dévasté et des gens victimes d'une mystérieuse épidémie. Comprenant aussitôt que les malheurs des habitants de Shibazaki étaient provoqués par la malédiction de Masakado, il enterra la tête du rebelle dans une tombe qu'il appela Tumulus de la Tête de Masakado (Masakado no Kubi-zuka, 将門首塚) puis il édifia un autel à sa mémoire dans un coin de l'esplanade du Kanda Jinja (神田神社), un sanctuaire qui était consacré au dieu des rizières Kanda Myôjin et qui se trouvait tout près de la rizière où la tête volante avait fini sa course. Shinkeï célébra ensuite un service religieux afin d'apaiser la malédiction de Masakado et promouvoir ce dernier au rang d'émanation du dieu Kanda Myôjin.

Le Kanda Jinja est appelé aussi « Kanda Myôjin » par les habitants de Tôkyô.

Des siècles plus tard, le *shôgun* Tokugawa Ieyasu (徳川家康, 1543-1616) vint s'installer dans la ville voisine d'Edo (Tôkyô), il se fit construire un château et, en 1603, il ordonna le démontage du Kanda Jinja et sa reconstruction au nord-est de son château. Il espérait ainsi que l'âme vengeresse de Masakado, apaisée par sa promotion au rang de divinité tutélaire d'un sanctuaire, était devenue une sorte de divinité bienfaitrice qui se chargerait de la protection de la « porte des démons » de son château. En d'autres termes, il espérait que le Kanda Jinja remplirait le même office que le monastère Enryakuji à Kyôto, à savoir la défense de la très redoutée « porte des démons. »

Tokugawa Ieyasu déplaça le sanctuaire Kanda Jinja mais il ne toucha pas au Tumulus de la Tête par peur de s'exposer à la malédiction de Masakado. C'était une sage décision car l'histoire montre que ceux qui y touchèrent le payèrent très cher. En septembre 1923, à une époque où le village de Shibazaki était devenu un quartier de Tôkyô, des archéologues ouvrirent le Tumulus de la Tête et ils découvrirent à l'intérieur une salle funéraire vidée de son contenu. Puisque le tumulus ne contenait rien, le Premier ministre de l'époque autorisa sa destruction et la construction à la place du ministère des finances. Dans les deux années qui suivirent, le Ministre des finances Hayami Seiji (速早整爾) et quatorze employés de son ministère décédèrent de maladie soudaine ou dans des conditions dramatiques. Des dizaines d'autres employés se blessèrent gravement ou tombèrent malades. Même si les fouilles avaient permis d'établir que le tumulus était en fait une vieille tombe du 7e siècle, les habitants de Tôkyô continuèrent à penser que c'était celle de la tête de Masakado et que les fonctionnaires avaient été victimes de la malédiction du Nouvel Empereur. En 1927, décision fut finalement prise de déménager le ministère des Finances, de reconstruire le Tumulus de la Tête et de célébrer une grande cérémonie d'apaisement de l'âme vengeresse de Masakado. Le nouveau Ministre des finances ainsi que de nombreux employés ministériels assistèrent à la cérémonie... Quelques années plus tard en 1940, la foudre s'abattit sur le toit du nouveau ministère des finances et provoqua un incendie qui détruisit les bâtiments de neuf autres ministères. Quand le Ministre des finances réalisa que 1940 coïncidait avec le 1 000e anniversaire de la mort de Masakado, il ne manqua pas d'attribuer les incendies à la malédiction de ce dernier et il s'empressa de commanditer la tenue d'une nouvelle cérémonie d'apaisement de son âme vengeresse.

En 1945, Tôkyô fut détruit par les bombes américaines mais le tumulus de la tête demeura, curieusement, intact. Les Américains s'installèrent à Ôtemachi et ils rasèrent la zone afin d'y construire un parking. Pendant les travaux, un bulldozer heurta le tumulus, se renversa et écrasa son conducteur. Les habitants du quartier expliquèrent alors que le tumulus était celui d'un grand homme du temps jadis et les Américains renoncèrent à le détruire. Depuis lors, les employés des sociétés dont les bureaux donnent sur le Tumulus de la Tête ont coutume de s'y rendre régulièrement afin d'y déposer des offrandes et d'y faire brûler des bâtonnets d'encens. Le matin, il n'est pas rare non plus de voir des employés se recueillir devant le tumulus avant d'aller au travail car les craintes inspirées par Masakado sont toujours très vivaces. On raconte que des employés ont provoqué la faillite de la banque où ils travaillaient en n'allant pas se recueillir sur le tumulus, on raconte aussi que des employés sont tombés malades ou sont morts parce qu'ils s'asseyaient à leur bureau en tournant le dos au tumulus...

Un employé se recueille devant le tumulus de la tête de Masakado (Tôkyô)

Même s'il n'existe aucune preuve que Jôzô ait réellement participé aux rituels magiques destinés à appeler la mort sur Masakado, il n'en demeure pas moins vrai qu'il servit la cour en de multiples occasions et qu'en 954, il fut chargé de construire un temple dans le sud-ouest de la Capitale et de se consacrer, par ses prières et la tenue de rituels, à la protection de Kyôto. En ce temps-là, le sud-ouest était connu sous le nom de « petite porte des démons » (*ura-kimon*, 裏鬼門) car il se trouvait à l'opposé du nord-est, « la (grande) porte des démons ». Jôzô avait donc reçu pour mission de construire un temple

69

qui serait le pendant du Enryakuji (延暦寺), ce monastère que l'empereur Kammu avait fait construire au sommet du Mont Hiei pour assurer la défense de la (grande) porte des démons de Kyôto. Pour mener à bien sa mission, Jôzô construisit un pavillon et il y installa une statue de Zaô Gongen (蔵王権現), une divinité vénérée par les ascètes des montagnes. La fondation du temple Zaô-dô Kôfukuji (蔵王堂光福寺) est racontée dans *Le recueil illustré des lieux célèbres de la Capitale* (*Miyako Meisho Zu-e*, 都名所図会 ; IV) :

« La divinité Zaô Gongen, dont la statue, œuvre de l'ascète En no Gyôja (役行者, 7ᵉ siècle), est aujourd'hui exposée dans le pavillon du Zao-dô Kôfukuji, se matérialisa dans le monde des hommes à l'époque du règne de l'empereur Murakami (村上天皇, 947-975) et elle se présenta devant Jôzô au moment où celui-ci s'était retiré dans une grotte du Mont Yoshino et se livrait à des ascèses. La divinité ne lui apparut pas en songe, elle se présenta vraiment devant lui et elle tint le discours suivant :

- Tu as accompli sans relâche des exercices ascétiques. Quand tu retourneras à la Capitale, emmène-moi car mon destin est de m'arrêter en un certain lieu et d'en protéger ses habitants !

Convaincu qu'il venait d'assister à un prodige, Jôzô se plia aux ordres de la divinité. Il prit sur son dos la statue de Zaô Gongen qui était exposée dans le temple du Mont Yoshino et il se dépêcha de regagner la Capitale. Au moment où il arriva sur la berge occidentale de la rivière Katsura, son bol tomba à l'eau et remonta à contre-courant en direction du nord, jusqu'à une forêt au-dessus de laquelle brillait une lumière étincelante. Jôzô marcha jusqu'à cette forêt et il comprit aussitôt que c'était un lieu sacré voué au culte de la déesse Benzaïten (弁財天). Ce fut alors que la statue de Zaô Gongen qu'il portait sur son dos devint aussi lourde qu'un rocher. Jôzô ne pouvait plus avancer. Comprenant qu'il venait d'arriver dans le lieu dont avait parlé Zaô Gongen, ce lieu que la divinité avait juré de protéger, Jôzô s'assit dans l'herbe et pria. Cette nuit-là, de grands arbres sortirent de terre et un vieillard s'approcha de Jôzô en psalmodiant l'invocation de Benzaïten.

- Quel est ce lieu ? lui demanda Jôzô.

- C'est un lieu consacré à Benzaïten, répondit le vieillard, mais ce lieu sera aussi, dorénavant, un lieu consacré à Zaô Gongen. Si tu ne construis pas au plus vite un pavillon et n'y installes pas cette statue, tu risques de perdre le lien privilégié que tu as formé avec cette divinité. Après avoir écouté les paroles du vieil homme, Jôzô construisit un pavillon et il y installa la statue. »

Le Temple Zaô-dô Kôfukuji (Kyôto).

Le En-no-Gyôja mentionné dans le texte vécut aux alentours du 7ᵉ siècle. Il procéda à la fusion d'éléments empruntés au shintoïsme, au bouddhisme et au taoïsme et il fonda le mouvement des *yamabushi* (山伏), « ceux qui couchent dans les montagnes. » En-no-Gyôja et les *yamabushi* vénéraient Zaô Gongen, ils se livraient à des ascèses au sommet des montagnes et ils s'arrêtaient quelquefois dans les villages pour soigner les gens, mener une vie normale, avoir femme et enfants. Vêtus d'un costume blanc avec un collier de pompons multicolores et d'un pagne en peau de bête, ils étaient à la fois redoutés et respectés car l'on racontait qu'ils possédaient de surprenants pouvoirs magiques. On racontait qu'ils chevauchaient les nuages pour se rendre au sommet des montagnes, qu'ils guérissaient ou tuaient les gens en récitant des incantations, qu'ils avaient des génies à leur service et qu'ils pouvaient insuffler la vie à des objets. Si l'on en croit les légendes qui le mettent en scène, Jôzô possédait de tels pouvoirs et il maîtrisait des techniques que seuls les plus grands maîtres étaient capables de mettre en pratique. Jôzô pouvait par exemple réciter avec succès l'incantation dite du bol volant et faire en sorte que son bol s'anime, prenne son envol et aille lui chercher la nourriture et l'eau dont il avait besoin pour se sustenter. Le bol volant de Jôzô compte parmi les trésors du temple Zaô-dô Kôfukuji mais il n'est pas exposé au public en raison de sa fragilité. Une des *Histoires sur le passé* (III) décrit justement Jôzô en train d'utiliser ce bol et de recourir à cette stupéfiante technique du bol volant :

« A l'époque où il habitait encore au sommet du Mont Hiei, Jôzô avait coutume de réciter l'incantation du bol volant, d'insuffler la vie à son bol et de l'envoyer à la recherche de nourriture. En une certaine occasion, son bol revint vide trois jours consécutifs. Jôzô trouva cela étrange. Le lendemain matin, il fit voler son bol et il le suivit des yeux au-dessus des montagnes. Le bol alla lui quérir de la nourriture du côté de la Capitale puis il revint vers lui. Ce fut alors qu'un autre bol apparut en direction du nord, s'empara du contenu du bol de Jôzô et disparut. Furieux, Jôzô fit revenir son bol, il récita une incantation et il lui demanda de le guider. Il suivit son bol en direction du nord au milieu d'un paysage nuageux, marcha 20 ou 30 kilomètres et arriva finalement dans une vallée au fond de laquelle coulait une rivière claire. Au milieu de ce paysage où il faisait certainement bon vivre, il y avait une hutte. Le vent soufflait dans les pins et la mousse recouvrait les pierres du sentier. Jôzô jeta un coup d'œil à l'intérieur de la hutte et il aperçut un vieux moine qui était assis et qui lisait un soutra. Il comprit aussitôt que ce n'était pas un moine comme les autres et que c'était certainement lui qui avait volé sa nourriture.

- Qui êtes-vous ? demanda l'ancêtre. Comment avez-vous fait pour arriver jusqu'ici ?

- Je suis un ascète qui habite au sommet du Mont Hiei, répondit Jôzô. Comme je n'ai pas d'autre moyen de me sustenter, j'envoie mon bol en quête de nourriture. Or, ces trois derniers jours, mon bol est revenu vide. Je suis venu vous demander des comptes…

- Je suis bien triste pour vous, répondit le vieux moine. Je n'étais pas au courant. Je vais faire ma petite enquête...

Après avoir parlé de la sorte, il appela quelqu'un d'une voix douce. Un génie vêtu d'un habit chinois fit son apparition.

- Tu es responsable du crime dont t'accuse cet ascète, n'est-ce pas ? Tu as fait une chose bien regrettable. Ne le refais plus !

Le génie au service du vieux moine rougit et se retira.

- Cela ne se reproduira plus, fit le vieux moine. Vous êtes venu de loin et vous devez certainement être fatigué, ajouta-t-il en voyant que Jôzô s'apprêtait à repartir. Reposez-vous quelques instants et mangez donc quelque chose en ma compagnie.

Le génie au service du vieux moine reparut avec un plateau sur lequel étaient posées quatre grosses pommes épluchées. Quand Jôzô goûta à l'un de ces fruits sucrés, il se dit que cela devait être un fruit du paradis car il se sentit brusquement rafraîchi et régénéré. Comme sa fatigue avait disparu, Jôzô reprit le chemin de son ermitage. Par la suite, le contenu de son bol ne fut plus jamais détourné... »

Le récit de la fondation du temple Zaô-dô Kôfukuji et l'affaire du bol détourné révèlent, d'une part, que Jôzô avait formé un lien privilégié avec Zaô

La pagode du temple Hôkanji (Kyôto)

Gongen, la plus puissante divinité révérée par les ascètes *yamabushi*, et que, d'autre part, il maîtrisait des techniques que bien peu d'entre eux arrivaient à acquérir. Deux autres récits mettent en valeur les pouvoirs hors du commun de Jôzô, deux récits fort célèbres qui ont en commun le fait de se dérouler au Hôkanji (法観寺), un temple de

73

Kyôto construit par le prince Shôtoku Taïshi (聖徳太子, 574-622) en 589. La première histoire provient des *Biographies de ceux qui aspiraient à la renaissance au paradis de la Terre Pure* (II-1) :

« Durant l'ère Tenryaku (947-957), Jôzô habitait au temple Hôkanji. Un jour, des courtisans et des moines de haut rang visitèrent le temple, ils regardèrent la pagode et ils dirent à Jôzô :

- La pagode de votre temple penche dans une direction fâcheuse. Elle penche en direction du palais impérial.

- Cela fait déjà plusieurs années que je songeais à réparer cette pagode…, leur répondit Jôzô.

En l'entendant parler de la sorte, les aristocrates proposèrent aussitôt de lui offrir le bois nécessaire à la réparation de la pagode.

- Je n'ai pas besoin de bois pour réparer la pagode. Je vais la réparer cette nuit.

Cette nuit-là, à l'heure du chien (huit heures du soir), Jôzô s'assit sur le sol face à la pagode, il pria pendant quelques instants puis il retourna dans ses appartements. A l'heure du rat (dix heures du soir), un disciple de Jôzô s'en alla faire une ronde dans le jardin du temple et il jeta un coup d'œil à la pagode. Un vent étrange se mit soudain à souffler depuis le nord-ouest et la pagode à émettre des grincements et à trembler jusque dans ses fondations. Au petit matin, quand tous se levèrent et allèrent voir la pagode, ils découvrirent qu'elle n'était plus penchée et qu'elle se tenait bien droite… »

La seconde anecdote vient des *Histoires sur le passé* (III) :

« Durant l'ère Tenryaku (947-957), des voleurs pénétrèrent nuitamment par effraction dans le temple Hôkanji. Ils allumèrent des torches, dégainèrent leur épée et inspectèrent les lieux. Soudain, ils purent rester debout mais ils se retrouvèrent incapables de faire le moindre geste. Soudain, ils devinrent incapables de prononcer la moindre parole. Ils avaient perdu le contrôle de leur corps. Ils restèrent ainsi durant dix heures. Jôzo les trouva au moment où la clepsydre du temple finissait de se vider et annonçait l'aube. Il se tourna alors vers la statue de la divinité tutélaire du temple et il dit :

- Je vous en prie, pardonnez-leur !

L'instant suivant, les voleurs retrouvèrent le contrôle de leur corps, ils se répandirent en excuses et en remerciements puis ils se hâtèrent de déguerpir. »

Le Jôzô historique passa effectivement les dernières années de sa vie au Hôkanji et il s'éteignit dans un temple tout proche qui s'appelait Ungoji (雲居寺) et qui a aujourd'hui disparu des cartes de Kyôto. Il ne reste plus grand chose non plus du temple Hôkanji. Seule sa magnifique pagode à trois étages, celle que Jôzô avait redressée par la seule force de ses incantations et qui est désormais connue sous le nom de pagode du quartier de Yasaka (Yasaka no tô, 八坂の塔) a survécu aux épreuves du temps. Bien que ce ne soit plus le cas, le temple Hôkanji se trouvait autrefois en dehors des limites de la ville. Il se trouvait tout près du cimetière de Toribeno (鳥辺野) et du Gion Kanshin-in (祇園感神院), un temple consacré au dieu des épidémies Gozu Ten-ô (牛頭天王) et à son équivalent shintoïste Susanô no Mikoto (須佐之男命). Il se trouvait aussi en plein cœur d'une zone habitée par une curieuse faune composée d'ascètes, de devins, de guérisseurs et de religieux en tous genres. A l'inverse des moines tels que Kûkaï et Saïchô qui bénéficiaient des faveurs de la cour et qui se voyaient offrir promotions et nominations à la tête des temples de la capitale, ces gens-là s'initiaient au bouddhisme et au taoïsme en dehors des routes officielles et ils tenaient boutique aux carrefours des villes, sur les ponts ou à l'entrée des temples. Certains d'entre eux faisaient leur commerce dans les prémices du Gion Kanshin-in en échange de l'accomplissement de travaux que les prêtres du temple rebutaient à faire : réparation des bâtiments, ramassage et crémation des cadavres abandonnés dans le quartier, service d'ordre durant les cérémonies religieuses, surveillance du temple durant la nuit. On les appelait pour cette raison les « prêtres chiens » (*inujinin*, 犬神人). Ces moines et ces maîtres du Yin-Yang que nous qualifierons d'indépendants pour les distinguer de ceux qui servaient officiellement la cour vivaient également à proximité du Pont du Retour, là où Jôzô avait prétendument ramené son père à la vie. Ils proposaient leurs services aux gens du peuple et aux aristocrates de bas rang et ils appâtaient les clients en se disant disciple du moine Jôzô ou descendant du maître du Yin-Yang Abe no Seimei.

Les histoires les plus célèbres de Jôzô ont donc en commun le fait de se passer en des lieux où vivaient des moines et des maîtres du Yin-Yang indépendants qui soignaient les malades, ramenaient les morts à la vie et jetaient des sorts à la demande. Bien qu'il n'existe aucun document l'attestant de manière formelle, Jôzô fréquenta probablement ces religieux indépendants qui firent de lui leur héros et qui contribuèrent très certainement à la diffusion des histoires racontant comment il avait ressuscité son père sur le Pont du Retour ou comment il avait redressé la pagode du temple Hôkanji à grands coups d'incantations. *La suite au recueil illustré des lieux célèbres de la Capitale* (II) révèle d'autre part que ces religieux indépendants érigèrent un sanctuaire en son honneur, devant la porte ouest du temple Gion Kanshin-in, et qu'ils l'appelèrent «Pavillon de Jôzô» (Jôzô-dô, 浄蔵堂), «Autel du *Yamabushi*» (Yamabushi no Yashiro, 山伏社) ou encore «Autel de celui qui apaise la maladie» (Yamaï-bushi no Yashiro, 病伏社). Le Pavillon de Jôzô a disparu depuis longtemps mais le temple Gion Kanshin-in, devenu un sanctuaire shintoïste sous le nom de Yasaka Jinja (八坂神社) en 1868, a survécu aux aléas de l'histoire et il continue à perpétuer le souvenir de Jôzô. Le point culminant de sa grande fête annuelle (*Gion Matsuri*, 祇園祭) consiste en effet en un défilé à travers les rues de la ville de trente chars richement décorés dont l'un d'eux, celui dit de «l'ascète des montagnes» (*Yamabushi Yama*, 山伏山), représente Jôzô vêtu de l'habit blanc au col décoré de pompons multicolores des ascètes des montagnes.

Le Char de l'ascète des montagnes.

4. Comment maître Seimei intercéda auprès du Dieu du Mont Taïzan et obtint la prolongation de l'existence du supérieur général du temple Miidera.

Jusqu'à il y a une quinzaine d'années, le Seimei Jinja (晴明神社) était encore un petit sanctuaire comme il en existe tant à Kyôto, c'est-à-dire un lieu surtout fréquenté par les habitants du quartier à l'occasion du Nouvel An et de la fête de sa divinité tutélaire en septembre. Et seule une stèle commémorative érigée à côté de l'entrée rappelait aux rares visiteurs que le sanctuaire était, en réalité, consacré non pas à un dieu mais à un homme, un maître du Yin-Yang nommé Abe no Seimei (安部晴明, 921-1005). Tout commença à changer pour le sanctuaire avec la parution, en 1987, du roman *Teitô Monogatari* (帝都物語), une sombre histoire de maître du Yin-Yang cherchant à réveiller l'âme vengeresse de Taïra no Masakado (平将門, ?-940) pour détruire Tôkyô. Ce roman d'Aramata Hiroshi (荒俣宏) éveilla l'intérêt du grand public pour les maîtres du Yin-Yang du temps jadis et conduisit nombre de lecteurs à visiter le Seimei Jinja... Vinrent ensuite, au début des années 90, *Maître du yin-yang* (*Onmyôji*, 陰陽師), une série de romans dans

Fidèles au sanctuaire Seimei Jinja.

laquelle Yumemakura Baku (夢枕獏) évoquait la carrière du maître du Yin-Yang Abe no Seimei, les mangas *Maître du yin-yang* (*Onmyôji*, 陰陽師), résultat d'une prolifique collaboration entre ce même Yumemakura Baku et la dessinatrice Okano Reiko (岡野玲子) qui fut saluée par la critique et couverte de prix, puis deux films avec l'acteur de *kyôgen* Nomura Mansaï (野村萬斎) dans le rôle titre. Les romans et les mangas devinrent d'immenses succès en librairie et les films battirent des records d'entrée. Ces œuvres engendrèrent un véritable phénomène de société et elles suscitèrent l'apparition d'un nouveau mot, « *seimeira* », pour désigner les fans de ce mystérieux maître du Yin-Yang du 11e siècle. Les retombées économiques pour le Seimei Jinja furent considérables et l'afflux de visiteurs (entre 1 000 et 1 500 par jour) devint tel qu'un parking fut aménagé, une boutique de souvenirs ouverte et les bâtiments du sanctuaire entièrement refaits à neuf. En fait, ce n'est pas la première fois que le maître du Yin-Yang Abe no Seimei déchaîne ainsi les passions et suscite de véritables modes. C'est la troisième fois.

Abe no Seimei devint à la mode une première fois aux alentours du 12e siècle, quand ses aventures furent rapportées dans des recueils de nouvelles qui mettaient l'accent sur l'étendue de ses pouvoirs magiques et l'efficacité de ses incantations. Seimei redevint à la mode au 18e siècle et il inspira des romans et des pièces de théâtre qui le montraient triompher de ses rivaux grâce à ses pouvoirs magiques mais aussi et surtout grâce à ses prétendues origines animales. Seimei est de nouveau à la mode depuis une quinzaine d'années et il devient cette fois-ci le héros charismatique de romans, de bandes dessinées, de films et de jeux vidéo, le héros d'œuvres qui insistent lourdement sur le caractère omniscient du personnage et sa capacité à répondre à toutes les questions grâce à sa connaissance des mouvements intrinsèques de l'univers.

Seimei le sorcier, Seimei mi-homme mi-animal, Seimei le mystique. Les œuvres qui mettent en scène Abe no Seimei ne parlent pas de lui de la même manière et elles ne le montrent pas triompher de l'adversité de la même manière. La chose n'est guère surprenante car les attentes et les croyances des gens évoluent avec le temps et varient avec les époques. Toutefois, ces œuvres ont en commun le fait d'avoir été produites à des époques où le Japon traversait des périodes de crise : insécurité générale, peur de la fin du monde et affrontement de clans guerriers au 12^c siècle... Société policée et entièrement placée sous le contrôle des *shôgun* Tokugawa au 18^c siècle... Chômage, crise économique et sociale aujourd'hui.

Pourquoi donc Abe no Seimei redevient à la mode et suscite l'engouement des foules à chaque fois que le pays est en crise ? Pour tenter de répondre à cette question, il convient d'évoquer la carrière et les légendes qui se sont formées autour de ce maître du Yin-Yang hors du commun. Or, les légendes à son propos sont si nombreuses et les faits historiques si rares qu'il est souvent bien difficile de démêler le vrai du faux et de dresser un portrait fidèle d'Abe no Seimei...

Le mystère le plus complet plane quant au lieu de naissance d'Abe no Seimei : un manuel du Yin-Yang composé entre 1596 et 1615 par un auteur anonyme, *Le traité secret d'astrologie des trois pays* (*Ho-ki-naï-den*, 簠簋内伝), le fait naître dans la préfecture d'Ibaraki. Une histoire du pays de Sanuki (l'actuelle préfecture de Kagawa) datant de 1858, *La chronique de l'ouest du pays de Sanuki* (*Seïsanfushi*, 西讃府志), affirme qu'il vit le jour dans l'île de Shikoku. Le sanctuaire Abe no Seimei Jinja (安部晴明神社) à Ôsaka revendique l'honneur d'avoir été construit à l'emplacement de la maison natale d'Abe no Seimei. Le sanctuaire aurait été construit deux ans après la mort de Seimei, en 1007, par un de ses petits-fils, un certain Yasuda (保田). Des siècles durant, les Yasuda se succédèrent à la tête du sanctuaire qui prospéra et reçut même la visite des puissants résidents du château d'Ôsaka. Lorsque le dernier membre de la famille Yasuda décéda à la fin du 19^c siècle, le sanctuaire tomba dans l'oubli. A cette époque-là, il n'en restait déjà plus grand chose : un autel et une stèle commémorative offerte par un marchand de la ville où étaient gravés les mots « lieu de naissance d'Abe no Seimei. » Au début du 20^c siècle, des mesures furent prises pour sauver le lieu de la disparition. Le Abe no Seimei Jinja fut reconstruit et placé sous la tutelle du sanctuaire voisin, le Abe-ôji Jinja (阿倍王子神社).

Aujourd'hui, le sanctuaire, bénéficiant de l'engouement pour Abe no Seimei, croule sous les visiteurs et les fidèles venus consulter ses prêtres pour se faire rédiger un horoscope ou s'assurer que les idéogrammes du prénom de leur enfant à naître sont en harmonie avec les principes du Yin-Yang. Outre sa stèle du « lieu de naissance d'Abe no Seimei », le sanctuaire Abe no Seimei Jinja est aussi célèbre pour son puits d'où l'eau ayant servi à donner le premier bain de Seimei a été tirée et deux monuments érigés à la mémoire des parents de ce dernier : un sanctuaire shintoïste pour son père Yasuna (安倍保名) et une statue pour sa mère Kuzu no Ha (葛葉). Or, la statue en question est celle d'une renarde !

Le sanctuaire Yasuna Jinja (Ôsaka).

Les premières allusions aux prétendues origines animales d'Abe no Seimei se trouvent dans *Notes journalières sous les nuages* (*Ga-un Nikkenroku*, 臥雲日件録), le journal d'un moine du 15e siècle nommé Hatakei Shuhô (瑞谿周鳳, 1391-1473). Ce dernier écrit à propos de Seimei qu'il était « le plus grand maître du Ying-Yang ayant jamais vécu » et il ajoute, à l'entrée du 27 octobre 1467, qu'il n'était « pas humain. » Quelques décennies plus tard, l'auteur anonyme du *Traité secret d'astrologie des trois pays* se fera lui aussi l'écho de cette rumeur et il affirmera que Seimei était en fait le fils d'un aristocrate d'Ôsaka et d'une renarde qui habitait dans la forêt toute proche de Shinoda ! La légende à propos de la renarde de mère d'Abe no Seimei est racontée de la manière suivante dans la brochure du sanctuaire :

« Il y a mille ans de cela, un homme nommé Abe no Yasuna habitait dans le quartier d'Abeno à Ôsaka. Un jour, il se fit accompagner par ses gens et il se rendit en pèlerinage au sanctuaire Shinoda Myôjin (信太明神), dans le pays d'Izumi (sud d'Ôsaka). Chemin faisant, Yasuna protégea et cacha une renarde blanche qui était poursuivie par des chasseurs. La renarde, désireuse d'exprimer sa reconnaissance, se changea en femme, elle lui rendit visite et elle dit qu'elle s'appelait Kuzu no Ha. Yasuna et Kuzu no Ha se marièrent et ils s'installèrent dans ce qui est aujourd'hui le sanctuaire Abe no Seimei Jinja. Ils eurent un fils qu'ils prénommèrent Abe Dôji (nom de jeunesse d'Abe no Seimei). Un jour, Abe Dôji prit peur quand il vit que l'ombre de sa mère avait la forme d'un renard. Kuzu no Ha, honteuse, écrivit sur les murs de la pièce les mots suivants : « *si tu m'aimes, viens me rendre visite. Kuzu no Ha la rancunière de la forêt de Shinoda, en pays d'Izumi.* » Ceci fait, elle prit la fuite et retourna dans la forêt. Abe Dôji se mit à pleurer. Quand son père l'entendit, il le prit par la main et il le conduisit dans la forêt de Shinoda. Kuzu no Ha apparut devant eux et elle remit la boule de la sagesse à son fils. »

      Dans le monde des contes et légendes japonais, les histoires d'animaux qui se marient avec un humain et qui mettent au monde un enfant sont si nombreuses qu'elles constituent un genre à part entière (異類婚姻譚, *irui-kon-in-tan*). Ces histoires ont, généralement, soit pour but d'expliquer l'origine des pouvoirs ou le caractère exceptionnel d'un personnage – c'est le cas d'Abe no Seimei qui, comme nous allons le voir, devint célèbre pour la justesse de ses prédictions – soit pour, au contraire, trouver une cause à son caractère anormal et justifier son abandon voire sa destruction – c'est le cas de Shutendôji (酒呑童子), un monstre qui vivait au sommet du Mont Ôe comme nous le verrons dans un chapitre ultérieur et dont le nom pourrait avoir été inspiré par l'expression signifiant « enfant abandonné » (*sute-dôji*, 捨て童子) en japonais.

      La rumeur selon laquelle Seimei était le fils d'une renarde apparut au 17e siècle dans la région d'Ôsaka et elle se diffusa très rapidement en partie grâce à deux œuvres : *Le dit d'Abe no Seimei* (*Abe no Seimei Monogatari*, 安部晴明物語), un roman en caractères kana écrit par Asaï Ryôi (浅井了意, 1612-1691) en 1662 et surtout *Ashiya Dôman et le miroir de la grande maison* (*Ashiya Dôman Ôuchi*

Kagami, 蘆屋道満大内鑑), une pièce écrite pour le théâtre de marionnettes par Takeda Izumi (竹田出雲, ?- 1747) en 1734 et qui, en raison de sa durée de neuf heures, est aujourd'hui rarement donnée dans son intégralité. Les auteurs de cette rumeur ainsi que les raisons ayant conduit à faire de Seimei le fils d'une renarde et pas d'un autre animal ne sont pas connus. Certains tels que le professeur Suwa Haruo pensent que le sanctuaire Abe no Seimei Jinja d'Ôsaka était à l'origine un sanctuaire consacré à Inari, une divinité agricole ayant le renard pour messager voire pour corps de transformation, et que des maîtres du Yin-Yang que nous avons qualifiés d'indépendants dans le chapitre précédent pour les distinguer de ceux dûment assermentés par la cour qui vivaient dans le quartier d'Abeno et qui officiaient dans ce sanctuaire firent peut-être le lien entre

La statue de Kuzu no Ha.

cette divinité et celui qu'ils tenaient pour le maître spirituel de leur mouvement, en l'occurrence Seimei, et se mirent à raconter comment il était le fils de la renarde de la forêt de Shinoda.

Les arbres généalogiques de la famille Seimei tels que celui présenté dans un ouvrage du 14e siècle intitulé *Généalogies des petites et des grandes maisons* (*Son-pi-bun-miyaku*, 尊卑分脈) révèle qu'Abe no Seimei naquit en 921 dans une famille de petits fonctionnaires de la Capitale et que son père s'appelait non pas Yasuna mais Masuki (安部益材). Ce dernier était un aristocrate de cinquième rang supérieur chargé de l'intendance et de l'approvisionnement en nourriture du palais, bref un aristocrate de bas rang sans lien direct avec les affaires politiques du pays et la « Voie du Yin-Yang » (*Onmyôdô*, 陰陽道). Cette « Voie du Yin-Yang » était une science issue de la fusion d'éléments purement japonais et d'idées venues du continent asiatique. Entre le 5e et le 6e siècle, le bouddhisme, le taoïsme, le Yin-Yang, le Fengshui et de nombreuses croyances populaires chinoises avaient été introduites au Japon et, très tôt, des moines et des ascètes de basse condition avaient procédé à la fusion de ces différentes traditions et posé les bases d'une science qu'ils utilisaient surtout à des fins de divination et d'exorcisme. A partir du milieu du 7e siècle, la cour et les aristocrates s'étaient intéressés à cette science et, en 676, l'empereur Temmu (天武天皇, 622-686) avait finalement décidé d'interdire aux moines « indépendants » la pratique de la divination, de menacer d'un an de prison ceux qui détenaient en secret des livres sur le Yin-Yang et de fonder un bureau du Yin-Yang (*Onmyôryô*, 陰陽寮) dans lequel officieraient des maîtres du Yin-Yang, des sortes « d'astrologues fonctionnaires » directement placés sous ses ordres. Le chef du bureau impérial du Yin-Yang au 9e siècle, un certain Shigeoka no Kawahito (滋岳川人, ?-874), avait ensuite rassemblé les éléments disparates à l'origine de cette science en un tout plus ou moins cohérent, il l'avait appelée « Voie du Yin-Yang » et il l'avait adaptée aux besoins des empereurs et des aristocrates japonais.

A l'époque où Abe no Seimei vit le jour, le bureau impérial du Yin-Yang était dirigé par Kamo no Tadayuki (賀茂忠行, ?- 960). Ce dernier était un descendant d'En no Gyôja (役行者, 7e siècle), le fondateur du mouvement des ascètes *yamabushi*, et il était réputé pour l'exactitude de ses prédictions. Une anecdote rapportée dans *Notes sur la cour et sur le peuple* (*Chôyagunsaï*, 朝野群載), une compilation d'écrits du 12e siècle, raconte comment l'empereur Murakami (村上天皇, 947-975) fit apporter un coffre et demanda à Tadayuki d'en deviner le contenu. Celui-ci se livra à une rapide divination et comprit ainsi que le coffre contenait un chapelet en boules de cristal. Ce Tadayuki avait un fils qui s'appelait Yasunori (賀茂保憲, 917-977) et qui, dit-on, manifesta très tôt un talent évident pour le Yin-Yang. Une des *Histoires qui sont maintenant du passé* (*Konjaku Monogatari* - 今

昔物語 ; XXIV-15) raconte justement comment Tadayuki décida de le prendre comme élève et de lui transmettre son savoir :

« A une époque qui est maintenant du passé vivait un maître du Yin-Yang nommé Kamo no Tadayuki. Il n'avait rien à envier aux maîtres du Yin-Yang du temps jadis et il n'avait pas de rival dans le temps présent. C'était un fonctionnaire impérial mais il lui arrivait aussi de se mettre au service d'aristocrates de la cour. Un jour, Tadayuki fut appelé pour procéder à un rituel de purification. Tandis qu'il se préparait pour aller sur le lieu de la cérémonie, son fils, un petit garçon d'une dizaine d'années nommé Yasunori, lui demanda avec insistance de l'emmener. Tadayuki finit par céder. Il fit monter son fils dans sa voiture et il sortit avec lui. Quand ils arrivèrent sur le lieu de la cérémonie, Tadayuki fit asseoir son fils à côté de lui puis il procéda au rituel de purification. A la fin de la cérémonie, le commanditaire du rituel s'en alla, Tadayuki remonta dans sa voiture avec son fils et il rentra chez lui.

- Père…, demanda Yasunori durant le voyage du retour.
- Qu'y a-t-il ? répondit Tadayuki.
- Pendant que vous procédiez au rituel de purification, expliqua le garçon, j'ai vu des gens. Ils avaient une apparence horrible. Ils ressemblaient à des hommes mais ils n'étaient pas des hommes. 20 ou 30 d'entre eux sont apparus sur l'autel que vous aviez dressé puis ils ont pris et mangé les offrandes de nourriture que vous y aviez déposées. Ensuite, ils ont pris place à bord des bateaux et des voitures miniatures que vous aviez confectionnés et placés sur l'autel puis ils ont disparu. Père, qui étaient ces créatures ?
- Même moi, le plus puissant maître du Yin-Yang de tout l'empire, je n'étais pas capable de voir les génies invisibles qui servaient mon père quand j'étais enfant. Ce n'est qu'après avoir étudié de longues années que je suis enfin devenu capable de les voir. Mais toi, qui es pourtant jeune et qui n'as pas encore étudié la Voie du Yin-Yang, tu as vu mes génies ! Quel maître du Yin-Yang formidable tu feras quand tu seras grand ! Je suis sûr que tes talents surpasseront ceux des plus grands maîtres !

Dès leur retour à la maison, Tadayuki entreprit d'enseigner à son fils tout ce qu'il savait à propos de la Voie du Yin-Yang. Yasunori ne trahit pas les attentes de son père. Il devint un maître du Yin-Yang de grand talent qui travailla aussi bien pour l'empereur que pour les aristocrates et qui ne se trompa jamais dans ses prédictions. Yasunori eut de nombreux descendants et il devint le plus grand maître du Yin-Yang de son époque. Les Kamo sont les seuls à connaître le secret de la fabrication des almanachs, ils étaient et ils sont encore traités avec le plus grand respect par les gens. »

Le Kamo no Yasunori historique s'initia, effectivement, très tôt à la Voie du Yin-Yang et il occupa successivement les plus hautes fonctions au sein du bureau impérial de la Voie du Yin-Yang : maître du Yin-Yang, maître de la voie des astres, maître de la voie du calendrier puis directeur du bureau impérial de la voie du Yin-Yang en 957. Il est aussi l'auteur d'un ouvrage qui nous est parvenu (*Rekirin*, 暦林) et dans lequel il expose la manière de confectionner un almanach. C'est ce Kamo no Yasunari qu'un jour de l'an 940, Seimei, alors âgé de 40 ans et employé au palais impérial en tant que fonctionnaire chargé de travaux divers, alla trouver et supplia d'accepter au sein du bureau de la Voie du Yin-Yang. Curieusement, Yasunari accepta. Seimei abandonna aussitôt son poste et il étudia la « voie de l'astrologie » et la « voie du calendrier » en compagnie de neuf autres élèves qui étaient deux fois plus jeunes que lui. Les raisons ayant conduit Kamo no Yasunari à accepter Seimei au bureau de la Voie du Yin-Yang ne sont pas connues. Toutefois, une des *Histoires qui sont*

Abe no Seimei (Détail d'un tableau exposé au sanctuaire Abe no Seimei Jinja à Ôsaka).

maintenant du passé (XXIV-16) comble ce vide et présente la chose de la manière suivante :

« A une époque qui est maintenant du passé vivait un maître de la voie du calendrier nommé Abe no Seimei. C'était un maître du Yin-Yang talentueux dont les ancêtres n'ont pas à sourire. Comme il avait étudié durant son enfance sous la direction de maître Kamo no Tadayuki et que, de nuit comme de jour, il n'avait eu de cesse de s'initier à la Voie du Yin-Yang, il était également un homme irréprochable. Or donc, à l'époque où il était encore un enfant, Seimei accompagna son maître Tadayuki quand celui-ci se rendit nuitamment au quartier de Shimogyô. Seimei marchait derrière la voiture de son maître. Chemin faisant, ce dernier s'endormit. Ce fut à ce moment-là que Seimei aperçut un groupe d'horribles créatures qui marchait dans leur direction et qui se dirigeait vers leur voiture. Seimei, stupéfait, courut jusqu'à la voiture, il réveilla Tadayuki et il le mit au courant de la situation. Tadayuki ouvrit brusquement les yeux puis, dès qu'il vit qu'une horde de créatures surnaturelles s'approchait effectivement d'eux, il fit usage de sa magie pour dissimuler à la vue des monstres sa voiture et les gens de sa suite. Ce fut ainsi qu'il sauva tout le monde d'un grand péril. Par la suite, Tadayuki ne se sépara plus jamais de Seimei et il lui enseigna tout son savoir sans rien omettre. Par la suite, Seimei devint un puissant maître du Yin-Yang qui mit ses talents au service de l'empereur et des aristocrates de la cour. Par la suite, après la mort de Tadayuki, Abe no Seimei s'installa dans une résidence qui se trouvait au nord de l'avenue Tsuchimikado-ôji et à l'est de l'avenue Nishinotôin-ôji. »

Même si cette histoire affirme (faussement) que Tadayuki prit Seimei comme disciple à l'époque où ce dernier n'était encore qu'un enfant, il n'en demeure pas moins vrai que son fils Yasunori enseigna la Voie du Yin-Yang à Seimei et que ce dernier, faisant preuve d'un talent évident pour cette science, gravit relativement vite les échelons de la profession : maître du Yin-Yang à 47 ans puis maître de la voie des astres à 52 ans. Ce fut à cette époque-là que Yasunori prit une décision qui allait bouleverser l'histoire de la Voie du Yin-Yang au Japon : il confia l'enseignement de la Voie du calendrier à son fils aîné Mitsuyoshi (賀茂光栄) et celui de la Voie de l'astrologie à Seimei. La Voie du Yin-Yang était désormais l'apanage de deux familles, celle des Kamo et celle des Seimei.

Cette histoire révèle d'autre part qu'Abe no Seimei, fort de son titre de maître de la voie des astres qui lui permettait d'observer les mutations de l'univers et de faire des prédictions qu'il transmettait directement à l'empereur, habitait dans une résidence située « au nord de l'avenue Tsuchimikado-ôji et à l'est de l'avenue Nishinotôin-ôji. » En d'autres termes, Seimei habitait au nord-est du palais impérial. En d'autres termes, il habitait dans la zone correspondant à la très redoutée porte des démons du palais impérial. Simple hasard ?

La façade du sanctuaire Seimei Jinja (Kyôto).

Le récit de la fondation du Seimei Jinja de Kyôto affirme que le sanctuaire fut construit, en 1007 et sur ordre de l'empereur Ichijô (一条天皇, 980-1011), à l'emplacement de la résidence d'Abe no Seimei. Les tuiles du sanctuaire, ses ferronneries, ses lanternes en papier, ses rideaux et ses oriflammes sont décorés du même motif, celui d'une étoile à cinq branches. L'emblème de Seimei. Cette étoile symbolise l'interaction des cinq éléments de la Voie du Yin-Yang : en faisant du bois le sommet et en tirant un trait à chaque interaction, on obtient une étoile qui représente le rapport de force suivant : le bois l'emporte sur la terre, la terre l'emporte sur l'eau, l'eau l'emporte sur le feu, le feu l'emporte sur le métal et le métal l'emporte sur le bois. En s'installant dans une résidence située dans la porte des démons du palais impérial et en faisant de l'étoile à cinq branches son emblème, Abe no Seimei tenait probablement à démontrer que sa connaissance des mutations de l'univers lui permettait d'affronter le mal sous toutes ses formes et de protéger efficacement la capitale.

C'est à partir de l'époque où il devint maître de la voie des astres qu'Abe no Seimei commença à être mentionné dans les chroniques historiques et les journaux de ses contemporains. Ces références fournissent de précieuses informations quant aux activités des maîtres du Yin-Yang. Elles révèlent d'autre part que Seimei servit six empereurs successifs, qu'il mit ses pouvoirs au service des grands du pays et qu'il resta en poste jusqu'à la fin de sa vie :

985 : rituel de protection durant l'accouchement de l'épouse de l'aristocrate Fujiwara no Sanesuke (藤原実資).

987 : rituel pour assurer la sécurité de l'empereur Ichijô à l'occasion d'un déplacement jusqu'au Pavillon de la Fraîcheur Pure Seiryôden. Rituel pour assurer la sécurité de Fujiwara no Sanesuke à l'occasion de son installation dans une nouvelle demeure.

988 : exorcisme pour guérir le fils de Fujiwara no Sanesuke.

989 : rituel d'invocation du Dieu du Mont Taïzan pour guérir l'impératrice Fujiwara no Senshi (藤原詮子).

993 : oracle pour déterminer le jour et l'heure d'un rituel de purification destiné à guérir l'empereur Ichijô.

997 : oracle pour déterminer le jour et l'heure des travaux de réparation de l'autel du sanctuaire Ôharano (大平野社).

999 : rituel pour assurer la sécurité de l'empereur Ichijô à l'occasion d'un déplacement. Oracle pour déterminer l'origine du mal de dents de l'empereur. Oracle pour déterminer le jour et de l'heure d'une cérémonie d'apaisement du mal de dents.

1000 : oracle pour déterminer le jour et l'heure de l'entrée au palais de la nouvelle concubine impériale Fujiwara no Shôshi (藤原彰子). Rituel pour assurer la sécurité de l'empereur Ichijô à l'occasion de son installation dans un nouveau palais.

1002 : rituel d'invocation du Dieu du Mont Taïzan pour guérir l'aristocrate Fujiwara no Yukinari (藤原行成).
1003 : oracle pour déterminer l'origine de la maladie du prince Atsuyasu (敦康親王).
1004 : cérémonie d'invocation des cinq dragons pour demander de la pluie.
1005 : rituel de purification de la propriété du chancelier Fujiwara no Michinaga (藤原道長). Rituel pour assurer la sécurité de la concubine impériale lors d'un pèlerinage au sanctuaire Ôharano.

Parmi les tâches incombant aux maîtres du Yin-Yang, celles en relation avec la maladie étaient, semble-t-il, les plus nombreuses. Une des *Histoires sur le passé* (*Kojidan,* 古事談 ; VI) se fait l'écho de cet aspect du personnage de Seimei. Elle le présente en train de guérir non pas le mal de dents mais le mal de tête de l'empereur Kazan (花山法皇, 968-1008). Le moyen employé est plutôt surprenant :

« L'empereur Kazan, à l'époque où il n'avait pas encore été démis de ses fonctions et contraint à se retirer dans un temple bouddhique, se mit brusquement à souffrir de terribles maux de tête. Les jours de pluie, son mal empirait et il souffrait au point de ne plus savoir que faire. Il essaya plusieurs traitements mais tous se révélèrent inefficaces. Ce fut alors que Seimei prit la parole et dit :

- Dans une vie précédente, l'empereur Kazan était un vénérable ascète du Mont Ômine. Ce vénérable ascète est mort dans sa hutte au sommet du Mont Ômine et, grâce aux vertus accumulées durant sa vie, il s'est réincarné en empereur. Or, son crâne est tombé dans une fissure d'un rocher. Les jours de pluie, le rocher enfle et compresse le crâne. C'est ce qui cause le mal de tête de l'empereur Kazan. C'est aussi la raison pour laquelle il est impossible d'apaiser le mal par de simples traitements. Pour obtenir la guérison de l'empereur, il faut envoyer des gens récupérer ce vénérable crâne et l'exposer dans un endroit au grand air.

Il en fut fait comme Seimei l'avait ordonné. Le crâne fut récupéré et le mal de tête de l'empereur Kazan disparut ! »

Outre les oracles rendus afin de déterminer l'origine d'une

maladie et quelquefois la guérir, Seimei et les maîtres du Yin-Yang célébraient aussi des rituels qui étaient appelés « invocation du Dieu du Mont Taïzan » (*Taïzan Fukun Saï*, 泰山府君際) et qui consistaient à maintenir en bonne santé leurs patients, en général des membres de la famille impériale ou des aristocrates de haut rang, grâce à la récitation de prières au dieu taoïste de la vie et de la mort, une divinité qui présidait aux destinées de l'humanité depuis les hauteurs du Mont Taïzan, dans l'est de la Chine. Les maîtres du Yin-Yang de la cour célébrèrent pendant très longtemps de telles cérémonies. Le tout dernier rituel d'invocation du Dieu du Mont Taïzan fut célébré le 14 novembre 1855. Le texte de l'invocation nous est parvenu. Il est la propriété du Bureau des Affaires Impériales et il a été exposé pour la première fois au public en 2003, à l'occasion de l'exposition Abe no Seimei que le Musée Culturel de Kyôto organisa à l'occasion de la commémoration du 1 000e anniversaire de sa mort. Le texte révèle que le rituel eut lieu à la demande de l'empereur Kômei (孝明天皇, 1831-1867), après qu'un incendie eut partiellement détruit le palais impérial de Kyôto et qu'un séisme puis une tempête aient perturbé les travaux de reconstruction. L'empereur Kômei avait ordonné à son maître du Yin-Yang de célébrer un rituel d'invocation du Dieu du Mont Taïzan parce qu'il avait eu peur de s'installer dans un palais dont la construction avait été émaillée d'incidents...

Une des *Histoires qui sont maintenant du passé* (XIX-24) montre Abe no Seimei en train d'invoquer le Dieu du Mont Taïzan :

« A une époque qui est maintenant du passé vivait un nommé Chikô (光興). C'était le supérieur général d'un temple dont il vaut mieux taire le nom (le Miidera, 三井寺, si l'on en croit d'autres versions de l'histoire). Chikô était un religieux connu et respecté de l'empereur et des grands de la cour. Un jour, il tomba malade et il fut contraint de garder le lit. Son état de santé alla en se dégradant. Ses disciples éplorés récitèrent des prières, ils célébrèrent toutes sortes de rituels et ils tentèrent par tous les moyens de le guérir. En dépit de tous leurs efforts, Chikô ne montra pas le moindre signe de rétablissement.

A cette époque-là vivait aussi un maître du Yin-Yang nommé Abe no Seimei. Comme il était le plus grand spécialiste de la

Voie du Yin-Yang, l'empereur et les grands du pays le traitaient avec respect. Les moines du temple convoquèrent Seimei puis ils lui demandèrent de célébrer un rituel d'invocation du Dieu du Mont Taïzan, de guérir et de sauver la vie de leur supérieur général. Quand Seimei arriva au temple, il s'adressa aux moines en ces termes :

Statue d'Abe no Seimei (Temple Chôsen-in, Kyôto).

- Je viens de consulter les oracles à propos de sa maladie. Le supérieur général est dans un état critique. Même si je conduis un rituel d'invocation du Dieu du Mont Taïzan, il n'a aucune chance de guérir. Par contre, je pourrais le sauver si l'un d'entre vous acceptait de prendre sa place. Il me suffirait d'inscrire son nom dans le texte de l'invocation et de supplier le Dieu du Mont Taïzan de prendre sa vie à la place de celle du supérieur général. Si nous n'agissons pas de la sorte, nous n'avons aucune chance de sauver le supérieur général.

Les disciples de Chikô écoutèrent l'explication de Seimei mais pas un ne se porta volontaire pour prendre la place de leur maître. S'il y en avait certains pour dire : « je veux bien sauver le supérieur général mais pas au prix de ma vie », et d'autres pour dire : « si le maître meurt, je vais devenir le nouveau supérieur général, je vais hériter de sa fortune et je vais continuer à transmettre ses enseignements », il n'y en avait pas un pour dire : « mourrons à la place de notre maître ! » C'était compréhensible. Aussi, les moines, assis et silencieux, restèrent-ils là à se dévisager les uns les autres. Ce fut alors qu'un moinillon nommé Shôkû (證空) se leva et prit la parole.

Ce Shôkû était un homme simple qui travaillait au temple depuis pas très longtemps, un pauvre malheureux qui n'avait jamais attiré l'attention du supérieur général et qui vivait dans une hutte.

- J'ai déjà accompli la moitié de mon existence terrestre, déclara le garçon nommé Shôku. Puisque je n'ai ni le temps ni l'argent nécessaires à la réalisation de quelque action charitable qui me permettrait d'assurer ma renaissance au paradis, puisqu'il me faudra mourir un jour ou l'autre, autant mourir pour le maître… Maître Seimei, inscrivez vite mon nom sur le parchemin de l'invocation !

- Quel homme au cœur noble ! se dirent les moines quand ils entendirent Shôku parler de la sorte.

Tous ces moines qui n'avaient pas eu le courage de se porter volontaire pour remplacer leur maître ne purent retenir leurs larmes quand ils l'entendirent parler ainsi. Seimei inscrivit le nom de Shôkû sur le parchemin de l'invocation puis il entama le rituel sans tarder. Les paroles de Shôkû n'avaient pas échappé au malade.

- Je n'aurais jamais imaginé que ce moinillon possède un si bon cœur, se dit-il tout en pleurant lui aussi.

Le supérieur général Chikô recouvra instantanément la santé dès la fin de la cérémonie. Son brusque rétablissement était le signe de la réussite du rituel. Le moinillon qui s'était porté volontaire et qui allait fatalement mourir demanda une chambre à part pour ne pas souiller ses collègues avec les impuretés de sa mort. Il se débarrassa des quelques objets qu'il avait en sa possession, dit ce qu'il lui restait à dire, s'isola dans la chambre que l'on avait préparée à son intention et se mit à prier. Les moines dans la chambre d'à côté l'entendirent prier toute la nuit. Shôkû n'avait pas l'air d'être quelqu'un sur le point de mourir d'un instant à l'autre. Quand l'aube vint, tous les moines pensèrent que Shôkû était mort. Or, il n'était pas encore mort. Puisque leur maître était guéri, ils se dirent :

- Ce moinillon va certainement mourir dans la journée…

Abe no Seimei repassa au temple dans la matinée.

- Supérieur Général, vous n'avez plus de souci à vous faire. De même, le moinillon qui s'est porté volontaire pour prendre votre place n'a, lui non plus, aucun souci à se faire. Vous êtes sauvés tous les deux, déclara Seimei avant de partir. Quand le supérieur général et ses disciples entendirent ces paroles, ils fondirent tous en larmes. Le dévouement du moinillon qui s'était porté volontaire pour mourir à la place du supérieur Chikô avait ému le Dieu du Mont Taïzan au point que ce dernier avait décidé de l'épargner. Quand les moines comprirent la chose, ils traitèrent désormais le moinillon Shôkû avec le plus grand respect. Par la suite, le supérieur général Chikô gâta le moinillon et il le préféra à ses autres disciples. C'était normal car Shôkû avait un bon cœur. Par la suite, le supérieur général et le moinillon vécurent encore de longues années.»

Les contemporains de Seimei redoutaient le Dieu du Mont Taïzan qu'ils assimilaient, pour des raisons évidentes, aux divinités des épidémies Susanô no Mikoto (須佐之男命) et Gozu Ten-ô (牛頭天王), à la divinité de la longévité Fukurokuju (福禄寿) ou encore au roi bouddhique des enfers Emma (閻魔大王). Il existait cependant deux méthodes pour se soustraire à ses jugements. La première de ces méthodes consistait, pour les riches et les puissants dont la vie était menacée, à convoquer un maître du Yin-Yang et à lui faire célébrer un rituel d'invocation du Dieu du Mont Taïzan. L'opération était, semble-t-il, efficace car des maîtres de l'envergure d'Abe no Seimei pouvaient même faire en sorte que le dieu intervertisse le destin d'un homme avec celui d'un autre. Le seconde méthode consistait, tout simplement, à ne pas dormir les nuits où le Dieu du Mont Taïzan décidait du destin des hommes. Les Japonais utilisaient autrefois un calendrier introduit de Chine qui divisait le temps en cycles de 60 jours et ils croyaient que, la 57e nuit de ce cycle, celle du « singe soumis à l'influence du métal yang » (*ka no e saru*, 庚申), trois vers que l'on disait habiter dans la tête, l'abdomen et les pieds profitaient de leur sommeil pour sortir de leur corps et rapporter toutes leurs actions au Dieu du Mont Taïzan. Celui-ci jugeait de la qualité de ces actions puis il rendait son verdict. S'il décidait par exemple d'écourter la vie d'un homme, il ordonnait au ver de la tête de provoquer des rides et de blanchir les cheveux, à celui de l'abdomen de détériorer les organes et à celui des pieds de rendre impuissant.

 Aussi, afin d'empêcher les trois vers de sortir de leur corps et d'aller faire leur rapport, les gens se réunissaient durant les nuits du singe soumis à l'influence du métal yang et ils s'amusaient, buvaient et mangeaient jusqu'à l'aube. Les relations sexuelles étaient proscrites en raison de la croyance selon laquelle un enfant conçu un soir du singe soumis à l'influence du métal yang deviendrait comme un singe, c'est-à-dire un voleur.

Les trois singes (Pavillon Kôshindô, Kyôto).

 A l'époque d'Abe no Seimei, les aristocrates passaient la nuit du singe soumis à l'influence du métal yang dans une salle du palais impérial. Par la suite, quand la croyance en l'action destructrice des trois vers se répandit au sein de la population, les gens construisirent des pavillons dits du singe soumis à l'influence du métal yang (Kôshindô, 庚申堂) sur l'esplanade des temples bouddhiques et des sanctuaires shintoïstes puis ils prirent l'habitude de s'y réunir les soirs du singe soumis à l'influence du métal yang. Ces soirs-là, ils s'amusaient et ils priaient le dieu Sarutahiko (猿田彦) si le pavillon se trouvait dans un sanctuaire et le dieu Shômen Kongô (青面金剛) si le pavillon se trouvait dans l'enceinte d'un temple. Ils priaient ces dieux en particulier parce que le premier avait l'idéogramme signifiant « singe » (*saru*) dans son nom et le second avait l'idéogramme signifiant « métal » (*kon*) dans le sien. Les Pavillons du singe soumis à l'influence du métal yang sont aisément reconnaissables car leur entrée est souvent gardée par trois statues de singe. Le premier se cache les yeux, le second se bouche les oreilles et le troisième met ses mains devant sa bouche. Ces singes représentent le meilleur moyen de ne pas encourir les foudres du Dieu du Mont Taïzan : rester discret et ne pas voir ce que l'on ne doit pas voir, ne pas écouter ce que l'on ne doit pas écouter et ne pas dire ce que l'on ne doit pas dire.

Une scène de *L'histoire des neuf régents Hôjô* (*Hôjô Kyûdaï Ki* - 北条九代記 ; II), une chronique de l'époque Edo à l'historicité des plus douteuses, montre Abe no Seimei en train de présider une assemblée du singe soumis à l'influence du métal yang et faire, pour l'occasion, une étonnante démonstration de ses pouvoirs :

« Autrefois vivait un maître de la voie des astres qui s'appelait Abe no Seimei et qui était réputé pour l'exactitude de ses prédictions. En une certaine occasion, Seimei se rendit au palais impérial et, comme c'était un soir du singe soumis à l'influence du métal yang, il vit que l'empereur et un grand nombre de jeunes aristocrates s'étaient rassemblés pour s'amuser ensemble durant la nuit. L'empereur proposa à Seimei de se joindre à eux puis il lui dit :

- Faites donc quelque chose pour nous divertir !
- Bien, répondit Seimei. Je vais mettre un peu d'animation dans cette soirée et faire rire tout le monde aux éclats. Il ne faudra pas m'en vouloir. C'est vous qui l'aurez voulu...
- Vous n'arriverez jamais à nous faire rire avec vos baguettes de divination, même si vous jonglez avec elles ! Montrez-nous quelque chose de plus divertissant !
- J'ai compris, rétorqua Seimei.

Ceci dit, il sortit ses baguettes de divination de son habit et il les aligna devant lui. Il ne fit rien de spécial mais les membres de l'assemblée se sentirent soudain envahis d'un sentiment étrange et, l'instant suivant, ils rirent tous à gorge déployée. Certains essayèrent de se contrôler et d'arrêter de rire mais ils n'y arrivèrent pas. Ils riaient

sans raison particulière. Ils riaient tellement qu'ils n'arrivaient pas à parler et ils avaient l'impression que leur mâchoire allait se décrocher. Ils se roulaient sur le sol et ils avaient l'impression que leur estomac allait éclater. Les larmes aux yeux, ils tendirent les mains en direction de Seimei et ils le supplièrent de mettre un terme à son envoûtement.
- Vous êtes épuisés d'avoir autant ri ? S'il en est ainsi, je vais arrêter, fit Seimei.

A l'instant précis où Seimei rangea ses baguettes dans son habit, les gens s'arrêtèrent de rire et ils retrouvèrent leur calme. Ils étaient hébétés et stupéfaits par l'étendue des pouvoirs de Seimei. »

Abe no Seimei servit encore de longues années à la cour avant de décéder le 26 septembre 1005, à l'âge de 84 ans. Sa longévité, étonnante pour l'époque, ne manqua pas de susciter toutes sortes de rumeurs et d'inspirer de nouvelles légendes. L'une d'elles concerne le Shinnyodô (真如堂), un temple de Kyôto dans le cimetière duquel se trouvent les tombes d'une cinquantaine de membres de la famille de Seimei. Chaque année le 27 juillet, les prêtres du temple procèdent à de grands travaux de nettoyage puis ils exposent leurs trésors afin de les aérer et d'empêcher la formation de moisissure. Parmi les œuvres exposées ce jour-là, se trouve une tapisserie du 15e siècle qui s'intitule *La résurrection d'Abe no Seimei* (*Abe no Seimei sosei-zu*, 安部晴明蘇生図) et qui représente Seimei en train de comparaître au tribunal de justice des enfers. Ce jour-là, les prêtres du Shinnyodô vendent des amulettes faites avec un sceau que Seimei aurait rapporté des enfers. Ce sceau représente une fleur de lotus surmontée d'une flamme au milieu de laquelle on aperçoit l'étoile de Seimei. Voici l'histoire de ce sceau telle qu'elle est rapportée dans le prospectus du temple :

« On raconte que le maître du Yin-Yang Abe no Seimei venait régulièrement prier devant la statue de Fudô Myô-ô (不動明王), la divinité tutélaire du temple Shinnyodô. Quand Seimei vint à décéder, le dieu Fudô Myô-ô descendit en enfer et il s'adressa en ces termes à Emma, le roi des enfers :

- Personne sur Terre n'a accompli autant de miracles que lui. Je sais qu'il est arrivé au terme de son existence terrestre, que la maladie l'a affaibli et finalement emporté et que c'est la raison pour laquelle il comparait aujourd'hui devant vous. Toutefois, je vous prie de bien vouloir le renvoyer encore une fois sur Terre.

Puisque Fudô Myôô était venu personnellement lui réclamer la vie de Seimei, le roi des enfers accepta de le renvoyer dans le monde des vivants.

- Ceci est mon sceau, fit le roi Emma en montrant un sceau à Seimei. Ce sceau allège les souffrances des hommes durant leur existence terrestre et, lorsqu'ils décèdent et comparaissent devant moi à la cour de justice des enfers, il leur permet de renaître au paradis. Ce sceau s'appelle « le sceau de la renaissance au paradis. » Je vous le donne mais sachez que vous ne devez pas être le seul à l'utiliser. Vous allez retourner sur Terre avec ce sceau et vous allez l'utiliser pour confectionner des amulettes que vous distribuerez aux gens.

Le sceau de la renaissance au paradis (temple Shinnyodô, Kyôto).

Après avoir ainsi parlé, le roi Emma tendit le sceau à Seimei. Celui-ci le prit puis il revint à la vie dans le monde des hommes. Ce sceau étrange est le sceau enveloppé d'une étoffe qui est aujourd'hui exposé dans la salle du temple Shinnyodô. Ce sceau montre à quel point la clémence des dieux peut être grande. Après être revenu sur Terre, Seimei vécut encore de longues années puis il mourut à l'âge de 84 ans. Durant les dernières années de sa vie, il se servit du sceau, il fabriqua des amulettes et il les distribua aux gens. A sa mort, le sceau fut offert au Shinnyodô. »

De quoi mourut Abe no Seimei ? Où fut-il enterré ? Mystère. Il est d'autant plus difficile de répondre à ces questions qu'il existe une quinzaine de tombes présumées d'Abe no Seimei à travers le pays. Rien qu'à Kyôto, il y en avait trois. La première tombe se trouvait à proximité d'un pont sur lequel passait le Fushimi-Kaïdô (伏見街道),

un axe routier reliant Kyôto à Fushimi, mais elle a été détruite au début du 20ᵉ siècle... La seconde tombe se trouvait près du Pont de la Cinquième Avenue, sur un îlot au milieu de la rivière Kamo-gawa. Un ouvrage du 17ᵉ siècle intitulé *L'histoire de la région de Kyôto* (*Yôshû Fushi*, 雍州府志 ; 10), raconte les prétendues circonstances de son érection ainsi : « Autrefois, les eaux de la Kamo-gawa débordaient tous les ans, elles détruisaient et elles emportaient les habitations. En une certaine occasion, Abe no Seimei alla au bord de la Kamo-gawa, il récita une incantation et il mit fin à la crue de la rivière. Par la suite, Seimei construisit un temple au nord du Pont de la Cinquième Avenue afin d'empêcher de futures crues et il lui donna le nom d'Hôjôji (法城寺), c'est-à-dire 'le temple qui fait partir les eaux et qui fait revenir la terre.' Un moine de la secte de la Parole Véritable s'y installa et, quand Abe no Seimei décéda et fut enterré dans l'enceinte du temple, il érigea un pilier *sotoba* à sa mémoire. Par la suite, quand les crues de la rivière reprirent et menacèrent la tranquillité des moines, le temple fut démonté et reconstruit près du pont de la troisième avenue. Cette fois-ci, un moine de la secte de la Terre Pure s'y installa et il renomma le temple Shinkôji (心光寺). La tombe de Seimei fut aussi transférée à cet endroit. » Le temple Shinkôji existe toujours mais on n'y trouve aucune trace de la tombe de Seimei prétendument reconstruite dans son enceinte... La troisième tombe est celle, parmi toutes les tombes présumées de Seimei, à propos de laquelle il existe la plus vieille référence. Elle est en effet mentionnée dans *Notes journalières sous les nuages*, le journal d'un moine zen du 15ᵉ siècle. A l'origine, la tombe se trouvait dans l'enceinte du Tenryûji (天龍寺), un temple situé à proximité du très célèbre pont Togetsukyô (渡月橋). Elle fut laissée à l'abandon pendant très longtemps puis, finalement en 1972, le recteur du sanctuaire Seimei Jinja de Kyôto achèta du terrain près du Tenryûji, il y déplaça la tombe et il fit ériger une nouvelle pierre tombale frappée de l'étoile à cinq branches, l'emblème de Seimei.

    Il est cependant peu probable que les mânes d'Abe no Seimei, mort à une époque où les enterrements des gens de sa classe étaient encore rares, reposent dans l'une de ses tombes. Ces tombes furent construites des décennies après sa mort, vraisemblablement par des maîtres du Yin-Yang indépendants. Ces derniers se réclamaient de Seimei pour appâter leurs clients, ils le révéraient comme un dieu, ils érigeaient autels et tombes afin de pouvoir mieux l'honorer et ils colportaient toutes sortes d'histoires à son propos, des histoires affirmant par exemple qu'il était le fils d'une renarde ou qu'il avait mit fin à une crue de la rivière Kamo-gawa. Les tombes de Seimei que l'on trouve à Kyôto, ainsi que le sanctuaire Seimei Jinja pourrait-on ajouter, ont toutes en commun le fait de se trouver à proximité de ponts, à proximité de lieux où officiaient ces maîtres du Yin-Yang indépendants. Les autres tombes de Seimei disséminées dans différentes préfectures du Japon furent également érigées par des maîtres du Yin-Yang indépendants. Leur existence permet de comprendre que ces derniers diffusèrent le « culte » de Seimei et qu'ils contribuèrent grandement à la notoriété du personnage à travers le pays.

La tombe d'Abe no Seimei (Kyôto).

A Kyôto, les fils d'Abe no Seimei entretinrent également le souvenir de leur père. Ils devinrent eux aussi des maîtres du yin-yang puis ils fondèrent l'école Tsuchimikado (土御門), du nom de l'avenue qui passait devant la résidence de leur père. L'école Tsuchimikado et l'école Kamo, là où Abe no Seimei avait étudié les sciences du Yin-Yang, se répartirent les tâches, le calendrier pour la première, l'astrologie pour la seconde, et elles coexistèrent durant près de 500 ans. Par la suite, l'école Kamo alla en s'étiolant et elle reçut un coup fatal en 1565 quand son dernier représentant, Kamo Akitomi (賀茂在富), fut assassiné. Les membres de l'école Tsuchimikado récupérèrent les tâches jadis confiées aux Kamo et, à la même époque, ils prirent sous leur aile les maîtres du Yin-Yang indépendants en leur fournissant des titres et en leur délivrant des autorisations officielles d'exercer. Le roman *Le dit d'Abe no Seimei* se fait d'une certaine manière l'écho de la fusion de ces deux courants. Cette biographie romancée d'Abe no Seimei combine en effet des anecdotes issues des vieux recueils de nouvelles tels que *Les histoires qui sont maintenant du passé* et des légendes plus tardives colportées par les maîtres du Yin-Yang indépendants.

En 1868, l'empereur Meiji (明治天皇, 1852- 1912) se lança dans une vaste modernisation du pays et il déploya de grands efforts pour diminuer l'influence des groupes religieux : destruction des temples bouddhiques, contrôle du shintoïsme d'état et disparition pure et simple de la Voie du Yin-Yang sous prétexte que c'était une « hérésie vouée au culte de divinités malfaisantes. » En dépit de ces mesures, la Voie du Yin-Yang ne disparut jamais complètement car elle s'était immiscée dans quantité d'aspects de la vie quotidienne des Japonais, du Fengshui aux almanachs, en passant par les oracles rendus avec des baguettes, les horoscopes, les superstitions et nombre de rituels subsistant aujourd'hui sous la forme de fêtes traditionnelles. De même, les mesures coercitives prises à l'encontre des maîtres du Yin-Yang ne réussirent ni à diminuer l'aura ni à faire disparaître le souvenir de celui qui, des siècles durant, avait suscité l'engouement des foules par sa capacité à guérir la maladie et à vaincre la mort.

5. Comment Abe no Seimei manipulait des génies et affrontait des maîtres du Yin-Yang indépendants...

« Le Pont du Retour » (Modori-bashi, 戻り橋), baptisé ainsi après que le moine Jôzô (浄蔵, 891-964) y eut ramené son père à la vie, se trouve à quelques pas du Seimei Jinja (晴明神社), ce sanctuaire prétendument édifié à l'emplacement de la résidence du maître du Yin-Yang Abe no Seimei (安部晴明, 921-1005). En 1996, la municipalité de Kyôto procéda à l'élargissement de la Première Avenue, elle démolit le fameux Pont du Retour et elle le remplaça par un autre, plus large, afin de permettre le passage de deux voitures côte à côte. Les piliers du vieux pont sur lesquels étaient sculptés les mots « Pont de la première avenue » et « Pont du retour » furent démontés et installés sur l'esplanade du sanctuaire Seimei Jinja. En 2005, à l'occasion de la commémoration du 1 000e anniversaire de la disparition d'Abe no Seimei, ces quatre piliers furent ajoutés à une structure bétonnée ayant la forme d'un pont et la statue d'un homme agenouillé et tenant une torche dans les mains, œuvre d'un artiste local, érigée à proximité. Depuis lors, cette réplique en miniature du Pont du Retour est devenue un lieu de passage obligé pour les *seimeira*, les fans d'Abe no Seimei, qui ne manquent pas d'y prendre la pose et d'immortaliser la scène par une photo...

Les piliers de ce célèbre pont ne furent pas démontés et installés dans un coin de l'esplanade du sanctuaire pour la seule et unique raison que le Seimei Jinja se trouvait près du Pont du Retour. Ils y furent transférés parce que le Pont du Retour était considéré comme un pont sur lequel toutes les questions trouvaient des réponses et parce que le maître du Yin-Yang Abe no Seimei était partiellement responsable de cet état de fait. Au Japon, les ponts étaient considérés comme des seuils qui permettaient de passer d'une rive à l'autre, d'un monde à un autre. Sous l'influence du bouddhisme qui affirmait que le passage dans l'au-delà se faisait, pour les justes, en franchissant un pont, les gens pensaient que les ponts étaient aussi des seuils qui conduisaient du monde des vivants à celui des morts, des seuils qui marquaient la frontière entre leur vie actuelle et leur vie future. C'est pour cela qu'ils avaient coutume de se rendre sur un pont et de s'y livrer à des pratiques divinatoires à chaque fois qu'ils désiraient connaître leur avenir. Cette forme de divination consistait à se tenir au milieu d'un pont et à considérer la première idée qui leur venait à l'esprit ou les premiers mots qu'ils entendaient comme la réponse à leur question.

La réplique en miniature du Pont du Retour (Seimei Jinja, Kyôto).

Certains ponts avaient la réputation d'être plus efficaces que d'autres et, à Kyôto, le Pont du Retour était considéré comme le lieu où toutes les questions trouvaient des réponses. La réputation du pont était telle que certains n'hésitaient pas à s'y rendre régulièrement afin de procéder à une « divination sur le pont. » Ce fut par exemple le cas de l'aristocrate Fujiwara no Yorinaga (藤原頼長, 1120-1156). Celui-ci raconte dans son journal (*Daïki*, 台記) comment, après avoir marié sa fille à l'empereur Konoe (近衛天皇, 1139-1155) et vainement escompté une promotion, il alla à trois reprises sur le Pont du Retour pour procéder à une divination sur le pont et savoir s'il retirerait, en fin de compte, quelque bénéfice de cette union. Un rituel de divination sur le Pont du Retour est décrit dans une œuvre littéraire intitulée *Le dit de l'Ascension et de la Chute des Minamoto et des Taïra* (*Gempeï Suitaïki*, 源平盛衰記 ; X). L'auteur anonyme de cette chronique guerrière composée en 1250 révèle également au passage les raisons pour lesquelles les oracles obtenus sur ce pont étaient toujours corrects et en quoi Abe no Seimei était responsable de cet état de fait :

« L'impératrice ressentit les premières douleurs précédant l'accouchement le 17 octobre 1178 à l'heure du tigre (entre trois et cinq heures du matin). Les heures passèrent mais elle n'arriva pas à mettre au monde son enfant. Inquiète, la Dame de Second Rang (la mère de l'impératrice) se rendit au Pont de la Première Avenue, celui que l'on appelait aussi le Pont du Retour. Elle fit arrêter sa voiture au niveau du pilier oriental du pont puis elle ordonna à ce que l'on procède à une divination sur le pont. A ce moment-là, douze enfants qui mesuraient 1,45m et qui avaient le crâne rasé apparurent. Ils se mirent à courir et à traverser le pont d'est en ouest. Tout en courant, ils frappaient des mains et ils chantaient une ritournelle : « un escabeau ! Quel est donc cet escabeau ? C'est l'escabeau de la voiture du roi du pays ! C'est un escabeau qui conduit à l'endroit où se croisent huit courants marins ! » Les enfants traversèrent le pont, ils passèrent devant le pilier oriental puis ils disparurent comme par enchantement. La Dame de Second Rang retourna vite au palais et elle demanda son avis au conseiller Taïra no Tokitada (平時忠, 1127-1187). Ce dernier ne sut pas que penser du passage à propos des courants marins mais il répondit qu'il devait s'agir d'un bon présage et que « l'escabeau » voulait sans doute dire qu'un prince allait bientôt naître.

Tokitada avait compris que « l'escabeau de la voiture du roi du pays » annonçait effectivement la naissance imminente d'un prince mais il n'avait pas réussi à comprendre que « l'escabeau conduisant à l'endroit où se croisaient les huit courants marins » faisait allusion à la mort de l'enfant, quand, à l'âge de huit ans, celui-ci, alors connu sous le nom d'Antoku (安徳天皇, 1178-1185), se suiciderait en se jetant dans les flots de la baie de Dan-no-Ura.

Quand on parle du Pont du Retour, il convient d'évoquer Abe no Seimei, un maître du Yin-Yang du temps jadis qui avait étudié l'astrologie et qui commandait à 'douze généraux célestes.' Ces créatures étaient si affreuses qu'elles faisaient peur à sa femme et qu'il était obligé de les enfermer grâce à un sortilège sous le Pont du Retour et de les invoquer uniquement quand il avait besoin d'elles. C'est pour cette raison que l'on raconte que, lorsqu'on se livre à un rituel de divination sur le Pont du Retour, les génies de Seimei s'emparent systématiquement du corps de l'officiant et ils délivrent des oracles par sa bouche. Les douze enfants apparus sur le pont lors du rituel de divination de la mère de l'impératrice n'étaient autres que les douze génies de Seimei.»

Les oracles obtenus sur le Pont du Retour étaient toujours corrects parce qu'ils étaient délivrés par des créatures surnaturelles présentées comme étant les «génies» d'Abe no Seimei. Depuis la mort de leur maître et la levée du sortilège qui les retenait prisonniers sous le pont afin de les dissimuler à la vue de son épouse, ces douze génies sortaient quelquefois de leur cachette, ils prenaient l'apparence d'enfants ou ils empruntaient le corps d'un passant et ils délivraient des oracles par sa bouche ; La statue armée d'une torche qui se dresse devant la réplique en miniature du Pont du Retour sur l'esplanade du Seimei Jinja représente justement un des génies que l'on disait servir Seimei. *Le dit de l'Ascension et de la Chute des Minamoto et des Taïra* et cette statue se font l'écho d'une croyance qui apparut une centaine d'années après la mort de Seimei et qui attribue l'origine de ses pouvoirs au fait qu'il commandait à des génies invisibles appelés «dieux manipulés» (*shokugami*, 職神), «dieux de la table de divination» (*shikigami*, 式神) ou encore «douze généraux célestes» (*jûni-jinshô*, 十二神将).

Les maîtres du Yin-Yang tels qu'Abe no Seimei étaient des fonctionnaires qui étudiaient les mouvements des astres, reportaient leurs observations sur une table de divination (*rikujinshiki-ban*, 六壬式盤) et prononçaient des oracles. Cette table de divination avait la forme d'un plateau en bois couvert de graduations complexes (l'échiquier de la terre) et surmonté, en son centre, d'une demi-sphère mobile (l'échiquier du ciel). Parmi les graduations de l'échiquier du ciel s'en trouvaient douze qui indiquaient les points cardinaux et qui portaient le nom de douze généraux célestes : Seiryû (青龍), Kôchin (勾陣), Rikugô (六合), Suzaku (朱雀), Tôda (騰蛇), Kijin (貴人), Tenkô (天后), Daïon (大陰), Gembu (玄武), Taïmô (大掌), Byakko (白虎) et Tenkû (天空). L'origine des légendes à propos des génies au service des maîtres du Yin-Yang n'est pas connue avec précision mais il est possible qu'en les voyant manipuler leurs tables de divination et prononcer des oracles, les gens en vinrent progressivement à utiliser le terme « dieux de la table de divination » pour désigner le pouvoir de divination des maîtres du Yin-Yang puis leurs pouvoirs en général. En somme, les génies au service des maîtres du Yin-Yang seraient la personnification de leurs pouvoirs. Le processus consistant à donner une forme concrète à une chose invisible ou à un phénomène naturel était fréquent dans l'ancien Japon. A l'époque de Seimei, les gens avaient par exemple coutume d'imputer les épidémies à l'action de créatures cornues (*oni*, 鬼) et le bruit du vent à des éventails agités par des monstres volants au grand nez (*tengu*, 天狗)…

La première référence à des *shikigami* dans un ouvrage non littéraire se trouve dans la table des matières du *Journal du ministre de la droite du palais d'Ono* (*Shôyûki*, 小右記), un journal dans lequel un contemporain de Seimei, Fujiwara no Sanesuke (藤原実資, 957-1046), raconte les événements survenus à la cour entre les années 982 et 1032 : « 8 mai 1000 : on raconte que la maladie du Ministre de la Gauche (Fujiwara no Michinaga) est provoquée par un *shikigami*… 9 mai 1000 : découverte d'un objet magique dans la maison du Ministre de la Gauche… 11 mai 1000 : un maître du Yin-Yang 'indépendant' nommé Anshô est arrêté et accusé de pratiques magiques… 5 juin : le jeteur de sorts Anshô meurt en prison. »

De toute évidence, à l'époque de Seimei, le terme *shikigami* n'était pas encore utilisé pour désigner un génie au service d'un maître du Yin-Yang. Il servait à désigner son pouvoir, en l'occurrence dans le cas présent le sortilège qu'il avait placé sur un objet, peut-être une amulette, un vieil ustensile ou une poupée, afin de rendre malade Fujiwara no Michinaga (藤原道長, 966-1027). Toutefois, le passage des *shikigami* symboles des pouvoirs des maîtres du Yin-Yang aux *shikigami* génies invisibles se fit relativement vite car, dès le 12ᵉ siècle, des histoires commencèrent à circuler et à raconter comment Abe no Seimei et les maîtres du Yin-Yang commandaient à de mystérieuses entités surnaturelles capables d'assumer toutes les formes possibles et imaginables afin de les servir ou de jeter des sorts.

La formation de telles histoires fut très certainement facilitée par l'existence de récits similaires qui affirmaient que les ascètes *yamabushi* et les moines versés dans l'ésotérisme bouddhique commandaient à des génies invisibles aux non-initiés qui leur procuraient eau, nourriture et bois de chauffage durant leurs ascèses au sommet des montagnes. On racontait que ces génies étaient d'anciens démons qui s'étaient convertis au bouddhisme et qui se chargeaient depuis lors de la protection de ses trois trésors, à savoir le bouddha, la loi bouddhique et les moines. Comme ils prenaient l'apparence d'animaux, de monstres et, peut-être sous l'influence de la représenta-

L'ascète En no Gyôja et ses génies
(temple Seishin-in, Kyôto).

tion des serviteurs de la divinité ésotérique Fudô Myô-ô (不動明王), de jeunes enfants, ces génies étaient généralement connus sous le nom d'« enfants gardiens de la loi bouddhique » (gohô-dôji, 護法童子).

En no Gyôja (役行者, 7ᵉ siècle), le fondateur du mouvement des ascètes des montagnes *yamabushi* et le descendant présumé de Kamo no Tadayuki (賀茂忠行, ?- 960), celui-là même auprès duquel le Seimei historique étudia les sciences du Yin-Yang, est sans aucun doute le plus célèbre de ces moines capables de commander à des

« gardiens de la loi. » Son histoire est racontée dans *La chronique des événements naturels et surnaturels du Japon (Nihon Ryôiki,* 日本霊異記 ; I-28), le plus vieux recueil japonais de nouvelles. On y apprend qu'il se livra à des ascèses au sommet des montagnes sacrées de la région de Nara et qu'il obtint ainsi le pouvoir de manipuler des génies. On y apprend également qu'il récitait des incantations et emprisonnait dans la pierre les génies qui refusaient de lui obéir.

La fusion de ces deux entités, à savoir la personnification des pouvoirs de divination et de magie noire des maîtres du Yin-Yang et les serviteurs hideux et invisibles des ascètes des montagnes est perceptible dans les premiers récits faisant intervenir des dieux de la table de divination. Pour preuve, voici trois anecdotes provenant de recueils parus aux alentours du 12e siècle. La première est tirée des *Histoires qui sont maintenant du passé (Konjaku Monogatari -* 今昔物語 ; XXIV-16) :

« Un jour, à une époque qui est maintenant du passé, Seimei s'en alla rendre visite à Kanchô (寛朝, 916-998), le supérieur général du Temple Henjôji (遍照寺), près de l'étang Hirosawa (広沢池). Des aristocrates et des moines qui visitaient le temple à ce moment-là interpellèrent Seimei.

- Il paraît que vous commandez à des génies, lui dirent-ils. Pourriez-vous les utiliser pour tuer quelqu'un sur le coup ?

- Vous répondre me contraindrait à révéler des secrets de la Voie du Yin-Yang... Quoiqu'il en soit, sachez qu'il n'est pas chose facile de tuer quelqu'un. Toutefois, si j'utilisais mes pouvoirs, je pourrais effectivement tuer quelqu'un. Rien qu'en faisant un petit quelque chose, je pourrais très facilement tuer un insecte mais, comme j'ignore la manière de procéder au rituel de retour à la vie, cela constituerait un crime pur et simple.

Tandis que Seimei parlait, cinq ou six grenouilles apparurent dans un coin du jardin et bondirent vers l'étang.

- Et si vous tuiez une de ces grenouilles ? fit un jeune aristocrate en montrant les grenouilles dans le jardin.

- Vous voulez me contraindre à commettre un crime, répondit Seimei. Mais puisque vous me mettez au défi...

Seimei se baissa et ramassa une feuille d'arbre. Il récita une incantation puis il lança la feuille en direction d'une grenouille. La feuille s'envola et se posa sur une grenouille. L'instant suivant, la grenouille explosait. En voyant cela, les moines et les aristocrates devinrent tout pâles et ils se mirent à trembler de tous leurs membres. Seimei commandait à des génies. Etait-ce à cause de ces génies, nul ne le sait mais toujours est-il que les volets de sa résidence s'ouvraient et se fermaient sans qu'il n'y ait personne dans la maison et la porte d'entrée se fermait d'elle-même sans qu'il n'y ait personne pour la fermer. On raconte qu'il se produisait de nombreux phénomènes étranges dans sa résidence. De nos jours, les descendants de Seimei sont respectés et ils servent, aujourd'hui encore, la cour. Depuis des générations, ils habitent dans la maison de Seimei, sur l'avenue Tsuchimikado. Cette histoire montre que, décidément, Abe no Seimei n'était pas un homme comme les autres. »

La seconde histoire est tirée du *Grand Miroir* (*Ôkagami*, 大鏡), un recueil d'anecdotes du 12e siècle. Elle met en scène Kazan (花山法皇, 968-1008), cet empereur dont Seimei avait guéri les maux de tête en révélant que le crâne de son corps dans une vie précédente était coincé entre deux rochers. Kazan monta sur le trône à l'âge de 17 ans et il contracta un mariage avec une fille issue du clan tout puissant des Fujiwara mais, quand cette dernière décéda, il fut contraint à abdiquer et à se retirer dans un temple bouddhique. Notre histoire commence quand Fujiwara no Kaneie (藤原兼家, 929-990), le père de la défunte impératrice, se rend au palais pour l'escorter jusqu'au temple :

« L'incident se produisit la nuit où l'empereur Kazan fut contraint à renoncer au pouvoir. L'empereur fit son apparition par une petite porte du Fujitsubo-ue no Mitsubone, cette partie du Pavillon de la Fraîcheur Pure qui était réservée à l'impératrice et aux dames de compagnie. Cette nuit-là, la lune brillait dans le ciel.

- Je suis triste de laisser une lune si belle, déclara l'empereur en levant les yeux au ciel.

- C'est un peu tard pour parler de la sorte parce que vous avez déjà rendu les insignes du pouvoir et donné le miroir et l'épée sacrés au prince héritier, s'empressa de répondre Kaneie.

Ce dernier était inquiet car il était allé lui-même chercher ces objets sacrés pour les remettre à son petit-fils (le futur empereur Ichijô, 一条天皇, 968-1008) et il craignait maintenant de voir Kazan revenir sur sa décision. Tandis qu'ils parlaient, des nuages apparurent dans le ciel et dissimulèrent la lune. Il faisait un peu noir.

- Je vais me faire moine, se disait Kazan tout en marchant.

Soudain, l'empereur Kazan se rappela certaines lettres qu'il avait précieusement conservées durant de longues années. C'était les lettres de sa défunte épouse.

- Attendez-moi un instant...

Kazan voulut retourner au palais pour prendre les lettres mais Kaneie l'en empêcha et lui raconta des mensonges.

- Où allez-vous ? Si vous ne fuyez pas maintenant, vous risquez d'avoir des ennuis...

Kaneie et ses gardes escortèrent Kazan. Ils empruntèrent l'avenue Tsuchimikado en direction de l'est et ils passèrent devant la résidence de Seimei. Ce dernier habitait en effet près du croisement des avenues Tsuchimikado-ôji et Machikuchi-kôji. A l'instant où ils passèrent devant sa résidence, ils entendirent le bruit d'un claquement de mains puis la voix de Seimei qui disait :

- L'empereur va abdiquer ! J'ai observé les astres et j'ai compris qu'il allait abdiquer et que le processus était inévitable. Allons vite au palais pour le prévenir ! Faites atteler ma voiture !

Même s'il avait déjà décidé d'abdiquer, l'empereur Kazan fut néanmoins touché par les paroles de Seimei.

- Envoyons d'abord un génie au palais...

Les membres de l'escorte entendirent Seimei parler de la sorte puis ils virent la porte de sa résidence s'ouvrir alors qu'il n'y avait personne. Un être invisible avait très certainement dû sortir et voir la silhouette de l'empereur qui s'éloignait car, quelques instants plus tard, ils entendirent une voix qui disait :

- L'empereur vient juste de passer devant votre résidence !

La procession poursuivit sa route et, quand elle arriva au temple Kazanji (花山寺), l'empereur se rasa la tête et se fit moine... »

La troisième histoire est tirée des *Contes d'Uji* (Ujishûi

Monogatari, 宇治拾遺物語 ; II-8), un recueil qui contient quatre histoires d'Abe no Seimei, quatre histoires à propos des *shikigami* :

« Un jour, alors qu'il se trouvait devant le poste de garde de l'est, Seimei aperçut un groupe d'aristocrates élégamment vêtus qui se rendaient au palais intérieur. Parmi eux se trouvait un jeune capitaine élégant et bien fait de sa personne. Juste au moment où celui-ci descendait de voiture, un corbeau apparut dans le ciel et lâcha de la fiente sur son épaule.

- Voilà pourtant un capitaine promis à un bel avenir..., se dit Seimei en assistant à la scène. Il est jeune et beau mais un génie vient de lui jeter un sort. Je suis certain que cet oiseau était un génie...

« *Un dieu de la table de divination* »
(sanctuaire Seimei Jinja à Kyôto).

Abe no Seimei était ému parce qu'il savait qu'en raison des actions charitables qu'il avait accomplies dans une existence précédente, ce jeune capitaine aurait dû vivre pendant encore très longtemps.

Le maître du Yin-Yang s'approcha du capitaine et il lui dit :
- Vous vous rendez au palais ? Je m'excuse de me mêler ainsi de vos affaires mais je pense que le moment est mal choisi. J'ai entrevu votre destin et je suis au regret de vous dire que vous ne survivrez pas à cette nuit. Je ne sais pas si c'est grâce aux actions charitables que vous avez accomplies dans une vie précédente mais j'ai entrevu votre destin. Venez avec moi. Je vais faire mon possible pour vous aider...

Seimei monta dans la voiture du jeune capitaine qui tremblait maintenant de tous ses membres.

- Ce que vous dites est terrible. Aidez-moi, je vous en prie...

Ils sortirent du palais et ils se dirigèrent vers la résidence du capitaine. Ils quittèrent le palais à quatre heures. Ils arrivèrent à la résidence à la tombée de la nuit. Seimei prit le capitaine dans ses bras et il récita l'incantation permettant d'écarter les influences maléfiques. Seimei ne ferma pas l'œil de la nuit. Il passa la nuit à murmurer des incantations, former des gestes cabalistiques avec les doigts, réciter des incantations bouddhiques et conduire des rituels de protection. Durant toute cette longue nuit d'automne, Seimei protégea le capitaine. A l'aube, quelqu'un vint frapper à la porte de la maison du capitaine.

- Demandez à vos gens d'aller ouvrir la porte et de voir ce qui se passe ! fit Seimei au capitaine.

Voilà ce qui c'était passé : le capitaine avait un gendre qui était secrétaire de cinquième rang et qui habitait dans une autre partie de la résidence. Tous les postes de secrétaire de cinquième rang étant pourvus, ce gendre se trouvait sans emploi et il jalousait pour cette raison le capitaine qui, lui, avait un emploi. Ce gendre avait engagé un maître du Yin-Yang et il l'avait payé pour faire usage de ses génies et jeter un sort au capitaine. Le maître du Yin-Yang avait envoyé un génie sous l'apparence d'un corbeau pour tuer le capitaine mais Seimei avait assisté à la scène et il avait fait échouer le sortilège en passant la nuit à célébrer des rituels de protection.

L'homme venu frapper à la porte de la résidence ce matin-là n'était autre que le serviteur du maître du Yin-Yang qui avait essayé de tuer le capitaine.

- Hier soir, expliqua l'homme, mon maître a envoyé son génie pour tuer le capitaine mais ce dernier était protégé par quelqu'un de très puissant. Le génie est rentré bredouille. Il s'est retourné contre mon maître et il l'a tué. Vous avez fait quelque chose de terrible !

- Vous avez compris ? demanda Seimei au jeune capitaine. Si je ne l'avais pas vu en train de vous jeter un sort, c'est vous que ce génie aurait tué.

Le capitaine chassa aussitôt son gendre de sa résidence puis, les larmes aux yeux, il remercia Seimei et lui dit que sa gratitude était telle qu'il ne pouvait l'exprimer avec des mots. On ne connaît pas le nom de ce capitaine mais on raconte qu'il fut, par la suite, promu au rang de chancelier… »

Ces histoires présentent deux types de « dieux de la table de divination. » Dans la première histoire, Seimei insuffle la vie à une feuille d'arbre et il la transforme en une arme qui fait exploser une grenouille. De toute évidence, ce dieu de la table de divination n'est pas une entité surnaturelle mais le symbole du pouvoir de Seimei, en l'occurrence sa capacité à insuffler la vie à une chose inanimée. Seimei et les maîtres du Yin-Yang avaient coutume de mettre ce talent à profit pour soigner leurs patients. Ils fabriquaient des poupées à leur image, ils transféraient les effluves à l'origine de la maladie dans ces corps de substitution et ils guérissaient leurs patients en détruisant les poupées. Cette curieuse méthode de guérison est à l'origine d'un rituel qui est encore observé de nos jours dans de nombreux sanctuaires shintoïstes : les fidèles achètent une poupée de papier sur laquelle ils inscrivent leur nom afin de fabriquer un corps de substitution, ils y soufflent dessus à deux ou trois reprises afin d'y transférer leurs maux puis ils la jettent dans un cours d'eau afin de guérir. Même si l'intention est différente, la méthode ne diffère en rien de celle mise en œuvre par Seimei pour insuffler la vie à une feuille d'arbre…

Dans les deux autres histoires, les dieux de la table de divination sont clairement décrits comme des créatures capables d'assumer une apparence animale ou humaine. Ils ressemblent donc aux « gardiens de la loi » des moines et des ascètes bouddhistes. Ces dieux de la table de divination restent invisibles aux non-initiés. Les gardes de l'escorte de l'empereur Kazan peuvent entendre le dieu de la table de divination de Seimei mais ils ne peuvent pas le voir. Cette particularité des *shikigami* nous amène à en conclure que la femme de Seimei possédait un certain talent en matière de Yin-Yang car elle était capable de voir les hideuses créatures au service de son mari.

L'histoire du jeune capitaine de la garde nous apprend d'autre part que Seimei n'était pas le seul à commander à des dieux de la table de divination et elle donne également l'impression que les maîtres du Yin-Yang se livraient une véritable guerre par génies interposés. En fait, il n'existe aucun document historique décrivant Seimei ou un maître du Yin-Yang de la cour en train de jeter ou de conjurer un sort. Cela ne veut pas dire pour autant que cette histoire n'est que pure fiction et que les maîtres du Yin-Yang se contentaient d'observer les astres et d'invoquer le Dieu du Mont Taïzan. Les journaux tenus par des contemporains de Seimei confirment le fait que les nobles avaient recours aux services de maîtres du Yin- Yang pour jeter des sorts ou appeler le malheur sur leurs rivaux. Toutefois, à en juger par le contenu de ces journaux, les maîtres du Yin-Yang qui se chargeaient de l'accomplissement de leurs basses œuvres n'étaient pas des fonctionnaires (*Kyûtei Onmyôji*, 宮廷陰陽師) comme Seimei mais des maîtres « indépendants » (*Minkan Onmyôji*, 民間陰陽師).

Ces maîtres indépendants vivaient en communautés dans les villes, ils étaient quelquefois rattachés à des temples où ils effectuaient de modestes travaux d'entretien en échange du manger et du coucher. Certains parcouraient le pays en se donnant en spectacle et en louant leurs services aux gens ou aux aristocrates de basse condition. Ils faisaient de la voyance, récitaient des prières à la demande, célébraient des rituels de prolongation de la vie et étaient pour cette raison appelés « ceux qui récitent des incantations » (*Shômonji*, 唱聞師 ; 声聞師). A l'époque de Seimei, une importante communauté de maîtres du Yin-Yang indépendants vivait dans la province d'Harima (播磨国), dans ce qui correspond aujourd'hui au sud-ouest de la préfecture de Hyôgô. Ils vivaient au milieu de la population, ils se consacraient à l'étude de la Voie du Yin-Yang et ils possédaient, disait-on, de grands pouvoirs. Une des *Histoires qui sont maintenant du passé* (XIV-44) raconte même comment un moine du monastère Enryakuji fut si impressionné par les pouvoirs de guérison d'un maître du Yin-Yang d'Harima qu'il décida de devenir son disciple. Même s'ils jouèrent, comme nous l'avons vu dans le chapitre précédent, un rôle déterminant dans la diffusion de la voie du Yin-Yang au sein de la population, rares sont les maîtres du Yin-Yang d'Harima dont les noms nous sont parvenus et dont l'existence est historiquement établie. C'est le cas du maître de la loi Chitoku (智徳法師, ?- ?). Comme l'indique son titre de « maître de la loi », Chitoku était à la fois un moine bouddhiste et un maître du Yin-Yang. Rien ne prouve qu'il a réellement existé mais ses miracles sont rapportés dans plusieurs recueils de nouvelles, à commencer par les *Histoires qui sont maintenant du passé* (XXIV-19) :

« A une époque qui est maintenant du passé, un moine versé dans les sciences du Yin-Yang vivait dans la province d'Harima. Il s'appelait Chitoku. Pendant de longues années, il habita dans cette province et il y étudia la voie du Yin-Yang. Ce moine n'était pas un moine comme les autres.

Un jour, un navire quitta une certaine province et remonta jusqu'à la Capitale en emportant une grosse cargaison. Or, des pirates attaquèrent ce bateau dans la baie d'Akashi, ils s'emparèrent de la cargaison, tuèrent quelques hommes d'équipage et prirent la fuite. Le capitaine du navire et quelques marins échappèrent au massacre en se jetant à l'eau. Après le départ des pirates, ils remontèrent sur leur navire et ils ramèrent jusqu'au rivage. Juste au moment où ils débarquèrent sur la plage et se mirent à pleurer, le moine Chitoku fit son apparition en s'appuyant sur sa canne.

- Pourquoi pleurez-vous ainsi ? leur demanda-t-il.

- Hier, tandis que nous nous dirigions vers la Capitale, nous avons été attaqués dans la baie par des pirates, expliqua le capitaine. Ils ont volé ma cargaison et tué quelques-uns de mes hommes. Nous sommes les seuls survivants...

- Voilà qui est bien triste, fit Chitoku. Je vais capturer ces pirates et récupérer votre cargaison...

Le capitaine du navire pensa que le moine faisait de vaines promesses mais il répondit néanmoins :

- Si vous parvenez effectivement à récupérer ma cargaison, je serai très heureux, fit-il en pleurant.

- A quelle heure avez-vous été attaqués ? demanda Chitoku.

Le capitaine répondit qu'il avait été attaqué à telle heure. Après avoir écouté sa réponse, Chitoku monta dans une barque et il se fit conduire au large. Il ordonna aux rameurs de s'arrêter à un certain endroit. Là, il traça avec la main des signes cabalistiques au-dessus de la mer, il récita une incantation puis il demanda à rentrer. De retour sur la plage, il fit des gestes qui ressemblaient à ceux d'une personne en train de procéder à une arrestation puis il appela des moines versés dans la voie du Yin-Yang et il leur demanda de surveiller la baie pendant quelques jours.

Sept jours après l'attaque et le vol de la cargaison, un navire en perdition apparut dans la baie. Les villageois sortirent leur barque, ramèrent jusqu'au navire et découvrirent à bord des hommes armés qui avaient l'air d'être abrutis par l'alcool. Ils étaient affalés sur le pont et ils n'essayèrent même pas de s'enfuir. C'était les pirates qui avaient attaqué le navire du capitaine quelques jours plus tôt ! La cargaison volée était toujours là. Le capitaine demanda aux villageois de charger la cargaison dans leurs barques et de lui restituer son bien. Quand les habitants voulurent ligoter les pirates, Chitoku demanda à s'en voir confier la charge. Il s'adressa aux pirates en ces termes :

- Vous ne devez plus recommencer. Je devrais vous exécuter mais je ne le ferai pas parce que cela reviendrait à commettre un péché. Vous m'avez compris ? N'oubliez jamais qu'il y a d'autres moines comme moi dans cette province !

Ceci dit, il les libéra. Le capitaine remercia Chitoku puis il reprit la mer. Voilà comment Chitoku fit usage de la Voie du Yin-Yang pour capturer une bande de pirates. Voilà pourquoi il devint un homme particulièrement redouté. Toutefois, en une certaine occasion, il alla voir Seimei et il se fit prendre ses génies parce qu'il ne connaissait pas le sortilège permettant de cacher des génies. Cela ne veut pas dire pour autant qu'il ne disposait pas de grands pouvoirs. Un tel homme vécut jadis dans la province d'Harima. »

Sa confrontation avec Seimei, évoquée brièvement à la fin de l'histoire, est racontée plus en détail dans *Les contes d'Uji* (XI-3) :

« Un jour, un vieux moine se présenta à la résidence de Seimei, sur l'avenue Tsuchimikado. Il était accompagné de deux enfants âgés d'une dizaine d'années.

- Que me voulez-vous ? demanda Seimei.

- Je viens d'Harima, répondit le visiteur. Je voudrais étudier la voie du Yin-Yang. J'ai entendu dire que vous excelliez dans ce domaine. C'est pourquoi je voudrais étudier sous votre direction...

- Ce vieillard se joue de moi, se dit Seimei. Il est venu pour se mesurer à moi... Les gens riront de moi si je me laisse ridiculiser par ce genre d'individus. Je vais lui donner une leçon... Les enfants qui l'accompagnent ont tout l'air d'être des génies à son service. S'ils sont des génies, je vais les faire disparaître...

Tout en dissimulant ses mains dans les manches de son habit, Seimei composa une série de signes cabalistiques avec ses doigts, il récita une prière muette puis il dit au vieux moine :

- Repassez une autre fois. Choisissez un jour propice pour revenir et je vous enseignerai la voie du Yin-Yang.

- Je vous remercie infiniment, répondit le vieux moine en mettant la main à son front.

Les serviteurs de la divinité bouddhique Fudô Myô-ô ont peut-être influencé la représentation des génies de Chitoku sous l'apparence d'enfants (Temple Yata Dera, Yamato Kôriyama).

Le vieux moine quitta la résidence de Seimei et prit le chemin du retour. Tout à coup, il s'arrêta. Il regarda autour de lui et sous les attelages qui passaient puis il retourna à la résidence de Seimei.

- Les garçons qui m'accompagnaient ont disparu ! fit le vieux moine à Seimei. Je voudrais les reprendre avant de rentrer.

- Moine, vous dites là des choses bien curieuses. Pourquoi moi, Abe no Seimei, aurais-je pris ces enfants ?

- Maître Seimei, je m'excuse. Pardonnez-moi...

- Cela suffit ! Vous êtes venu chez moi avec deux génies parce que vous vouliez me défier. Vous m'avez impressionné par vos pouvoirs mais vous m'avez aussi procuré une mauvaise impression.

Cela ne me dérange pas que des gens viennent se mesurer à moi mais je n'ai pas apprécié vos manières.

Quelques instants plus tard, les deux enfants surgirent en courant de derrière la résidence de Seimei et ils allèrent rejoindre leur vieux maître.

- J'étais effectivement venu pour vous mettre à l'épreuve, reconnut le vieux moine. Commander à des génies est une chose relativement facile à accomplir mais faire disparaître les génies de quelqu'un est une chose qui dépasse mes compétences. Prenez-moi comme disciple !

Pour prouver son intention de devenir l'élève de Seimei, le vieux moine sortit de sa manche sa carte indiquant son rang et il la tendit à ce dernier. »

D'autres récits nous apprennent que le Seimei de la légende avait un autre disciple originaire d'Harima, un certain Ashiya Dôman (芦屋道満, ?- ?). On sait très peu de choses sur lui et, même s'il existe une tombe de Dôman et une stèle érigée à l'emplacement supposé de sa résidence dans l'enceinte du temple Seiganji (正岸寺) à Kakogawa, rien ne prouve qu'il a réellement existé. Un recueil du 14e siècle intitulé *Les notes du Mont Mineaï* (*Hôshôki*, 峰相記) explique qu'Ashiya Dôman, « le maître de la Voie (du Yin-Yang) originaire d'Ashiya », naquit dans un village de la province d'Harima, qu'il y étudia la Voie du Yin-Yang, qu'il devint le chef d'un groupe de maîtres du Yin-Yang indépendants et qu'il quitta sa région natale pour devenir le disciple de Seimei. Une histoire tirée des *Contes d'Uji* (XIV-10) se situe précisément à l'époque où Dôman, appelé ici Dôma (道魔法師), « le maître de la voie maléfique », était l'élève de Seimei :

« A une époque qui est maintenant du passé, Fujiwara no Michinaga, « le chancelier du Vénérable Pavillon », fit construire le Temple Hôjôji (法成寺) et il prit l'habitude de s'y rendre tous les jours en pèlerinage. Ce chancelier avait un chien blanc qui restait toujours près de lui et qui le suivait en toutes occasions. Un jour, le chancelier alla faire, comme d'habitude, sa promenade quotidienne avec son chien mais, au moment où il voulut franchir la porte d'entrée du temple Hôjôji, l'animal bondit devant sa voiture et se mit à aboyer.

- Qu'est-ce que cela veut dire ? se demanda le chancelier en voyant ce chien qui, de toute évidence, voulait l'empêcher d'entrer.

Quand le chancelier descendit de voiture et voulut franchir la porte du temple, le chien attrapa dans sa gueule un pan de son habit puis il fit tout pour le retenir.

- Il se passe quelque chose..., se dit le chancelier tout en s'asseyant sur le marchepied de sa voiture.

Michinaga demanda à un serviteur d'aller chercher Seimei. Le maître du Yin-Yang arriva quelques instants plus tard. Le chancelier lui expliqua la situation puis il lui demanda ce que cela voulait dire. Seimei consulta les oracles puis il dit :

- Quelque chose destiné à vous jeter un sort est enterré dans le chemin conduisant au temple. Si vous étiez passé au-dessus de cet objet, il vous serait arrivé un grand malheur. Votre chien a senti le danger et il vous a prévenu.

- Où est enterré cet objet ? Trouvez-le !

- Rien de plus facile, répondit Seimei en se livrant à une nouvelle divination. L'objet est là !

Quand les serviteurs creusèrent à l'endroit indiqué par Seimei, ils trouvèrent effectivement quelque chose à environ 1,50m sous terre : deux tasses en argile qui étaient attachées avec un ruban jaune et à l'intérieur desquelles le chiffre « un » était peint. Seimei défit le ruban et il regarda à l'intérieur. Il n'y avait rien. Il n'y avait que le chiffre « un » peint dans le creux des tasses.

- Je suis le seul à connaître ce sortilège, fit Seimei. Je me demande si le coupable ne serait pas Dôma. Nous allons voir...

Seimei sortit une feuille de papier de sa manche, il la plia de façon à lui donner la forme d'un oiseau, il récita une incantation puis, quand il la lança en l'air, elle se changea en un héron blanc qui s'envola en direction du sud.

- Suivez-le et voyez où il se posera ! ordonna Seimei.

Les serviteurs coururent après l'oiseau et arrivèrent devant une maison de la Sixième Avenue. Ils ouvrirent les portes coulissantes de la maison décrépite et entrèrent. Ils ligotèrent le propriétaire des lieux, un vieux moine décrépi, et ils l'emmenèrent avec eux.

- C'est le Ministre Fujiwara no Akimitsu (藤原顕光, 944-1021), celui de l'Avenue Horikawa, qui m'a demandé de le faire, avoua le moine quand on l'interrogea sur les motifs de son acte.

- Doma, vous devriez être puni et condamné à l'exil mais vous n'êtes pas entièrement fautif... Pour que vous ne soyez plus tenté de recommencer, je vous chasse et je vous ordonne de retourner dans votre province natale d'Harima.

Akimitsu décéda quelque temps plus tard. Il devint un esprit vengeur, il poursuivit de sa malédiction les proches du chancelier et il se vit attribuer à cause de cela le surnom de « Ministre Maudit. » Le chancelier Michinaga, quant à lui, prit grand soin de ce chien qui lui avait sauvé la vie... »

Le Fujiwara no Michinaga historique était l'homme le plus puissant de son époque. Comme nombre de ses contemporains, il tint un journal (*Le journal du chancelier de Midô - Midô Kampakuki*, 御堂関白記) qui nous est parvenu et qui nous apprend qu'il fit souvent appel à Seimei et qu'il observa plus de 300 périodes d'isolement (*mono-imi*, 物忌み) sur une période de vingt ans. En ce temps-là, un aristocrate qui faisait un cauchemar, avait un mauvais pressentiment ou se voyait annoncer une mauvaise nouvelle par un devin s'enfermait chez lui pour une période plus ou moins longue et passait ses journées à prier et à lire des soutras. Dans les cas particulièrement graves, il faisait appel à des moines, des maîtres du Yin-Yang ou des guerriers pour assurer sa protection. L'histoire présentée dans l'introduction du présent ouvrage montrait justement Seimei déjouant une tentative d'ensorcellement durant une période d'isolement de Michinaga.

Michinaga se sentait menacé, et à juste titre d'ailleurs. Les journaux de ses contemporains révèlent en effet que lui et les siens firent l'objet d'un nombre particulièrement élevé de tentatives d'assassinat au moyen d'un sortilège. Qu'on se rappelle la table des matières du *Journal du ministre de la droite du palais d'Ono* et la mention de l'arrestation d'un maître du Yin-Yang indépendant nommé Anshô et son inculpation dans une affaire de sorcellerie destinée à tuer Michinaga. De même, dans son *Journal du chancelier honoraire* (*Gonki*, 権記), Fujiwara no Yukinari (藤原行成, 972-1011) rapporte les événements survenus à la cour entre 991 et 10011 et mentionne une autre affaire de sorcellerie :

« 30 janvier 1009 : découverte au palais impérial d'un objet magique destiné à appeler le mauvais sort sur le prince Atsuhira (petit-fils de Michinaga)... 4 février 1009 : un maître du Yin-Yang indépendant nommé Ennô (円能) est arrêté et accusé de pratiques magiques destinées à provoquer la mort du prince Atsuhira, de l'impératrice Shoshi (fille de Michinaga) et du chancelier Michinaga. Son témoignage incrimine les neveux de Michinaga et fait d'eux les commanditaires du complot. »

Génie de l'ascète En no Gyôja (temple Seishin-in, Kyôto).

Les similitudes (l'objet enterré pour jeter un sort, le maître du Yin-Yang indépendant, un proche parent à l'origine de la tentative d'assassinat) entre ces incidents et l'histoire du chien blanc de Michinaga sont frappantes. Il est possible que ces incidents authentiques aient servi de base à cette histoire et que les maîtres du Yin-Yang indépendants Anshô et Ennô aient servi de modèle au personnage d'Ashiya Dôman. Quoiqu'il en soit, ces incidents se font l'écho du climat troublé qui régnait en ce temps-là et aussi et surtout du rôle ambigu que jouaient les maîtres du Yin-Yang, en particulier les indépendants, dans les coulisses du pouvoir. Ces incidents permettent également de mieux comprendre pourquoi les Japonais d'alors redoutaient le pouvoir des maîtres du Yin-Yang et en vinrent à le représenter sous l'apparence de génies invisibles ou de petits monstres.

6. Comment la légendaire épée des Seiwa-Genji fut forgée et comment elle servit à trancher le bras d'un démon sur le Pont du Retour...

Le Tada Jinja (多田神社) est un imposant sanctuaire shintoïste qui s'élève sur l'une des collines de Kawanishi, une ville située à quelques kilomètres à l'ouest d'Ôsaka. Une stèle érigée à côté de l'escalier qui conduit à son esplanade rappelle qu'au 10e siècle, Kawanishi était le fief du plus puissant clan guerrier du Japon, celui des Seiwa-Genji (清和源氏). Comme l'indique leur patronyme qui signifie « Descendant de Seiwa », ses membres descendaient en ligne directe de l'empereur Seiwa (清和天皇, 850-880) et ils étaient de puissants guerriers qui marquèrent l'histoire du Japon et inspirèrent quantité de contes et légendes. La grande fête annuelle du sanctuaire, « la fête du clan Genji » (*Genji Matsuri*, 源氏まつり), leur est d'ailleurs consacrée. Chaque année le 10 avril, le jour anniversaire de la naissance du fondateur du clan des Seiwa-Genji, les paroissiens du sanctuaire Tada Jinja revêtent casque et armure pour incarner ces prestigieux guerriers et défiler dans les rues de la ville devant une foule toujours très nombreuse de spectateurs. En tête de la procession vient, bien sûr, celui qui a l'honneur d'incarner Minamoto no Mitsunaka (源満仲, 912-997), le fondateur du clan des Seiwa-Genji. Un guide touristique de la région d'Ôsaka publié en 1798, *Le recueil illustré des lieux célèbres du pays de Settsu* (*Settsu Meisho Zu-e*, 摂津名所図会 ; VI), raconte son histoire dans les termes suivants :

« Celui que l'on appelait Mitsunaka du canton de Tada vit le jour le 10 avril 912. Il grandit et il devint un maître en poésie *waka* et un fameux guerrier qui était aussi bien versé dans la voie des arts que dans celle des armes. Durant sa jeunesse, il se joignit aux troupes de son père et il participa à la destruction de la puissante armée de Taïra no Masakado (平将門, ?-940) dans le Kantô puis à celle des pirates de Fujiwara no Sumitomo (藤原純友, ?-941) dans le Kyûshû. En une certaine occasion, il se rendit en pèlerinage au sanctuaire Sumiyoshi Taïsha (住吉大社, dans la ville actuelle d'Ôsaka) et il y resta à prier durant sept jours et sept nuits consécutives. Après ce pèlerinage, il fut visité en rêve par le dieu du sanctuaire qui lui conseilla de partir pour le canton de Tada. Là, il terrassa un serpent venimeux à neuf têtes puis, le 15 mars 970, il construisit une résidence qu'il appela « la forteresse des nouvelles rizières » (Shindenjô, 新田城). Les mots ne suffisent pas à expliquer à quel point cette région placée depuis des temps immémoriaux sous la protection du dieu du sanctuaire Sumiyoshi Taïsha regorgeait de ressources naturelles et à quel point elle ressemblait à une forteresse avec ses montagnes que les chevaux ne pouvaient franchir et ses parois que les flèches ne pouvaient abattre. A l'âge de 24 ans, Mitsunaka fut le premier à être autorisé à porter le nom de Genji. C'est la raison pour laquelle le clan qu'il fonda par la suite fut appelé Seiwa-Genji. Pour commémorer l'événement, il sculpta une statue de lui-même tel qu'il était à l'âge de 24 ans et il l'exposa dans un temple qu'il construisit dans le canton de Tada. A l'âge de 65 ans, il se rasa la tête, prit le nom de religion de Mankeï et se fit moine. »

Minamoto no Mitsunaka
(tableau exposé au Tada Jinja, Kawanishi)

Mitsunaka était un aristocrate dont le grand-père était le sixième fils de l'empereur Seiwa mais qui, en dépit de ce prestigieux héritage, n'avait pas la moindre chance de faire carrière à la Capitale. Aussi, pour se faire un nom, choisit-il de mettre à profit sa science des armes et de participer aux expéditions militaires destinées à mater les rebellions du « Nouvel Empereur » Taïra no Masakado et du pirate Fujiwara no Sumitomo. Il y gagna le titre de « protecteur de l'empire » et le droit de porter le nom de Genji. N'ayant pas d'attaches particulières avec la Capitale, il demanda et obtint de l'empereur l'autorisation de se faire moine et de construire un temple dans le canton de Tada (l'ouest de l'actuelle préfecture d'Ôsaka) afin d'y installer une image le représentant tel qu'il était à l'âge de 24 ans. Guerrier paysan, Mitsunaka fit aussi construire des rizières, il exploita à son avantage les mines de la région et il amassa une fortune considérable. Les efforts qu'il déploya pour maîtriser une nature hostile et transformer les terres arides de la région en rizières furent très certainement à l'origine de la légende mentionnée dans sa biographie. Cette légende raconte comment la région reçut le nom de Tada, « Nombreuses Rizières », après que Mitsunaka terrassa un serpent géant qui y semait le chaos. Il est possible de reconstituer la trame des événements de cette célèbre légende grâce à la présentation des sites touristiques du canton de Tada que l'on trouve dans *Le recueil illustré des lieux célèbres du pays de Settsu* (VI) :

« Le village de Yatô-mura (矢問村), se trouve au sud-ouest du sanctuaire Tada Jinja. Après avoir été visité en rêve par le dieu du sanctuaire Sumiyoshi Taïsha, Mitsunaka tira une flèche sifflante en direction du nord. Il suivit la flèche et arriva ainsi dans un village de montagne. Quand il s'enquit de l'endroit où était tombée sa flèche, un vieillard, à la vérité le dieu du sanctuaire Sumiyoshi Taïsha sous une apparence humaine, le renseigna. C'est la raison pour laquelle le village (où eut lieu cette rencontre) fut rebaptisé Yatô-mura , 'le village où Mitsunaka posa des questions à propos de sa flèche.'

Le Sanctuaire des Neuf Têtes Kuzu Daïmyôjin (九頭大明神) se trouve à l'est du village de Tada. Après avoir été visité en rêve par le dieu du sanctuaire Sumiyoshi Taïsha et être parti à la recherche de sa flèche, Mitsunaka franchit le col Satsuki, une montagne située au nord de Namba (Ôsaka), et il rencontra un vieillard aux cheveux blancs qui lui parla en ces termes :

- Il y a quelques années, le guerrier Fujiwara no Hidesato

(藤原秀郷), celui que l'on surnommait Tawaratôda (俵藤太), terrassa un mille-pattes géant qui habitait au sommet du Mont Mikami-yama, dans la province d'Ômi (l'actuelle préfecture de Shiga). Par la suite, l'esprit de ce mille-pattes se transforma en un serpent géant à neuf têtes qui vint s'installer dans un lac du canton de Tada et qui, depuis lors, n'eut de cesse de faire du mal aux habitants de la région. Ce matin, une flèche sifflante venant du sud est apparue dans le ciel, elle a frappé ce serpent et elle l'a tué sur le coup.

Comprenant qu'un tel prodige avait été rendu possible grâce à la protection du dieu du sanctuaire Sumiyoshi Taïsha, Mitsunaka se mit à lui vouer un culte encore plus fervent. Comprenant également que ce prodige s'était produit dans la région où le dieu du Sumiyoshi Taïsha lui avait dit d'aller dans son rêve, Mitsunaka interpréta la chose comme un signe du ciel et il décida de se faire construire une résidence en ce lieu. Il trancha ensuite les neuf têtes du serpent, il construisit un sanctuaire, il y installa les neuf têtes puis il en fit les divinités protectrices de son domaine.

Le Temple Tada se trouve dans le canton de Tada. Le temple et le canton reçurent le nom de Tada, 'Nombreuses Rizières', parce qu'après la mort du serpent à neuf têtes, la terre jusqu'alors aride devint irriguée et qu'il fut possible d'y construire grand nombre de rizières et parce que Mitsunaka construisit sa résidence au sommet d'une colline qui était entourée d'eau dans les quatre directions.»

Le recueil illustré des lieux célèbres du pays de Settsu continue en proposant une description des différents bâtiments du temple et en dressant la liste des objets exposés dans sa salle des trésors. L'un d'eux ne manque pas d'attirer l'attention des visiteurs d'aujourd'hui comme d'autrefois car il joue un rôle prépondérant dans les contes et légendes mettant en scène le fils aîné de Mitsunaka. Cet objet en question n'est autre qu'une épée qui fut, dit-on, forgée à l'époque où Mitsunaka se vit décerner le titre de protecteur de l'empire. Sa fabrication est évoquée dans la version dite Yashirobon du *Dit du Heike* (屋代本・平家物語 ; XI-12) :

« Pensant qu'un homme chargé de la protection de l'empire se devait de posséder des armes à la hauteur de sa tâche, Mitsunaka assembla de grandes quantités de métal, il convoqua des forgerons et il leur demanda de fabriquer deux épées. Tandis qu'ils discutaient et se demandaient comment procéder, l'un d'eux prit la parole et dit :

- J'ai entendu parler d'un forgeron venu d'un pays étranger qui travaille le fer et qui vit depuis quelques années dans un village près du Mont Mikasa, dans le pays de Chikuzen (nord de Kyûshû).

Mitsunaka invita le forgeron dans son fief et il lui fit faire des épées mais il n'y en eut aucune qui trouva grâce à ses yeux.

- Je suis venu de très loin depuis le pays de Chikuzen, se dit le forgeron mais j'ai été humilié et maintenant, je risque de perdre ma réputation en tant que forgeron. Puisque les dieux ont toujours écouté mes prières, je vais invoquer leur aide...

L'homme se rendit en pèlerinage dans un sanctuaire voué au culte du dieu guerrier Hachiman et il pria.

- Hachiman ! Ecoutez ma prière et faites que je puisse forger des épées ! demanda-t-il avec ferveur.

Le soir du septième jour, le forgeron fit un rêve dans lequel le dieu lui apparaissait et disait :

- Si tu travailles le fer pendant soixante jours d'affilée, tu réaliseras deux magnifiques épées !

Le forgeron tout content sortit du sanctuaire, il assembla du métal et il le travailla durant soixante jours. Il parvint ainsi à forger deux magnifiques épées de trois pieds de long. Mitsunaka était satisfait. Il prit les épées et il les essaya aussitôt sur des condamnés à mort. Comme il parvint, avec la première épée, à trancher les poils de la barbe du premier condamné, il lui donna le nom de Tranche Barbe (*Hige Kiri*, 鬚切). Comme il parvint, avec la seconde épée, à trancher les genoux du second condamné, il lui donna le nom de Tranche Jarret (*Hiza Maru*, 膝丸). Mitsunaka avait maintenant deux épées à la hauteur de sa tâche ! Par la suite, ces épées devinrent la propriété de son fils aîné Yorimitsu gouverneur de Settsu et elles furent utilisées lors de bien étranges événements... »

Au 19e siècle, le temple bouddhique construit par Mitsunaka pour y installer son image fut transformé en sanctuaire shintoïste et consacré à lui-même, à ses fils Yorimitsu (源頼光, 948-1021) et

Yorinobu (源頼信, 968- 1048) et à ses petits-fils Yoriyoshi (源頼義, 988-1075) et Yoshiie (源義家, 1039-1106). Ces derniers suivirent les traces de leur prestigieux ancêtre et ils marquèrent à leur manière l'histoire et les légendes du Japon :

Yorinobu servit dans la milice du chancelier Fujiwara no Michinaga (藤原道長, 966-1027), il mata une révolte dans une province de l'est et, en anticipant un peu, on pourrait ajouter que ses petits enfants gouverneront le Japon durant des siècles... Yoriyoshi mata une révolte dans une province du nord... Yoshiie, surnommé « Hachiman incarné » (Hachiman Tarô, 八幡太郎) en raison de ses innombrables prouesses guerrières, mata lui aussi une révolte et finit d'asseoir la réputation de clan guerrier de sa famille.

Minamoto no Yorimitsu (détail d'un tableau exposé au Tada Jinja, Kawanishi)

Et qu'en est-il de Yorimitsu, le fils aîné de Mitsunaka, celui dont le souvenir est célébré ici et là dans le sanctuaire Tada Jinja ? C'est en effet sa tombe qui se trouve à côté de celle de son père... C'est son portrait qui trône à côté de celui de son père dans la salle aux trésors du sanctuaire... C'est suite à un fait d'armes d'un de ses vassaux que la légendaire épée *Tranche Barbe*, exposée sur un dais dans cette même salle aux trésors, fut renommée *Tranche Démon* (*Oni Kiri-maru*, 鬼切丸)... L'étang du sanctuaire Tada Jinja doit son nom quelque peu inquiétant, « l'étang dans lequel fut lavé la tête d'un *démon* » (鬼首洗池), au fait que ce même Yorimitsu aurait massacré des *démons* au sommet du Mont Ôe, décapité leur chef et lavé sa tête dans cet étang avant de la rapporter à Kyôto...

Des *démons* amputés ou décapités ? Peut-être s'agit-il là de légendes inspirées par des faits d'armes du Minamoto no Yorimitsu historique ? Hélas pour lui, il n'en est rien.

En effet, les divers documents et les notes journalières de ses contemporains qui nous sont parvenus nous apprennent que le Minamoto no Yorimitsu historique servit cinq empereurs successifs, occupa divers postes au palais (directeur de l'office des magasins, directeur surnuméraire de l'office des chevaux de gauche...) et termina sa carrière au grade de courtisan de quatrième rang supérieur mineur. Yorimitsu noua d'autre part des contacts avec les puissants Fujiwara en leur donnant sa fille en mariage, en leur offrant des chevaux et en réglant la note de l'aménagement intérieur de la résidence de l'un d'eux. Il obtint ainsi des gouvernements provinciaux et il en profita pour amasser une fortune considérable qui lui permit de vivre à l'abri du besoin jusqu'à la fin de ses jours.

Minamoto no Mitsunaka, ses fils et ses petits-fils devinrent tous, pendant une période plus ou moins longue, des héros de contes et de légendes mais aucun d'entre eux n'atteignit la célébrité de celui qui, ironiquement, s'était fait le moins remarquer du groupe : Minamoto no Yorimitsu. Ce fonctionnaire arriviste qui s'était plus distingué par ses talents artistiques dans les palais de la Capitale que par ses prouesses guerrières sur les champs de bataille devint en effet le héros d'œuvres qui ne cessèrent de prendre de l'ampleur au fil des siècles et qui firent progressivement de lui un intrépide guerrier pourfendant allègrement toutes sortes de créatures surnaturelles en compagnie de ses fidèles vassaux.

La toute première histoire à propos de Yorimitsu se trouve dans un recueil de nouvelles compilé près de 120 ans après sa mort, *Les histoires qui sont maintenant du passé* (*Konjaku Monogatari* - 今昔物語 ; XXV-6). Dans cette histoire, un Yorimitsu vieillissant reçoit l'ordre d'abattre un renard qui a pénétré dans les jardins du palais impérial mais il refuse en arguant du fait qu'il n'a plus l'habitude de tirer à l'arc. Finalement, après s'être fait prier et avoir imploré l'aide de toutes les divinités protectrices de son clan, il tire et réussit à tuer l'animal. Cette nouvelle ne présente pas vraiment Yorimitsu sous un jour des plus favorables mais elle est certainement l'œuvre qui donne de lui la description la plus réaliste.

Les histoires qui sont maintenant du passé contient d'autre part des nouvelles qui mettent en scène trois guerriers présentés comme étant les vassaux de Minamoto no Yorimitsu. Ces guerriers n'ont probablement jamais existé dans la réalité parce qu'aucun document à valeur historique ne les mentionne mais, dans le monde des contes et légendes, ils sont de véritables héros spécialisés chacun dans un domaine précis. Le premier vassal de Yorimitsu se nommait Usui no Sadamitsu (碓氷貞光). Géant de 2,10m que la légende fait naître en 954 dans le pays de Shinano (l'actuelle préfecture de Nagano) et mourir en 1021, Sadamitsu excellait dans le maniement de toutes les armes. L'anecdote rapportée à son propos dans *Les histoires qui sont maintenant du passé* (XXV-10) raconte justement comment il utilise son arc pour décocher une flèche sur un grossier personnage et son épée pour le décapiter.

Le second vassal s'appelait Urabe no Suetake (卜部季武). La légende affirme qu'il naquit en 950 dans une famille de guerriers au service des Seiwa-Genji depuis des générations, qu'il devint donc tout naturellement un vassal de Yorimitsu et qu'il mourut en 1022. Urabe no Suetake avait peut-être des dons de voyance. C'est ce que semble suggérer son nom de famille. Urabe est en effet un vieux terme qui servait à désigner les devins qui pratiquaient la voyance en jetant des carapaces de tortue dans un feu et qui interprétaient les fissures apparues à la surface. C'est aussi ce que semble suggérer *Les histoires qui sont maintenant du passé* (XXVII-43) : l'histoire qui met en scène Urabe no Suetake raconte comment celui-ci déjoue le piège d'un renard monstrueux en reconnaissant à l'avance sa nature maléfique.

Le troisième vassal se nommait Sakata no Kintoki (坂田金時 ; 坂田公時). Une des *Histoires qui sont maintenant du passé* (XXVIII-2) raconte comment, au mois de mai d'une certaine année, Kintoki et ses camarades prirent place à bord d'un chariot tiré par un bœuf, le moyen de transport des aristocrates en ce temps-là, et allèrent assister au passage de quelque procession en bordure d'une avenue. N'étant guère habitués à voyager dans ce genre de véhicule, les trois guerriers cabossèrent leur chapeau, vomirent sur leurs beaux habits et choquèrent les gens en proférant moult jurons. Pour couronner le tout, ils s'endormirent quand ils arrivèrent à destination et ils se réveillèrent des heures après le passage de la procession... Cette nouvelle est intéressante dans la mesure où elle se fait l'écho des sentiments des très raffinés habitants de la capitale à la vue de ces guerriers aux manières frustes recrutés dans les lointaines provinces du pays mais elle ne nous apprend rien quant aux origines et au talent de Sakata no Kintoki. Des œuvres plus tardives se chargeront de répondre à ces questions et d'expliquer que Kintoki était un garçon doté d'une force physique hors du commun et un redoutable lutteur de *sumô*. Ces œuvres diffèrent cependant dans la manière d'expliquer l'origine de sa force. *Le prologue à l'histoire de la grande paix* (*Zen Taïheïki*, 前太平記 ; XVI), une geste guerrière publiée en 1681, l'attribue par exemple au fait qu'il était le fils d'un dragon rouge tandis que *La vieille des montagnes* (*Komochi Yamamba*, 嫗山姥), une pièce de théâtre de 1712, fait de lui le fils d'une prostituée d'Ôsaka venue se cacher dans les forêts du Mont Ashigara (足柄山) après la mort de son amant et révèle qu'il acquit une force physique hors du commun en vivant au contact de la nature, en abattant des arbres d'un seul coup de hache et en faisant du *sumô* avec les ours, les singes et les cerfs.

  La représentation de Sakata no Kintoki sous les traits d'un guerrier doté d'une force physique hors du commun pourrait être due au fait qu'un individu ayant réellement existé ait servi de modèle à l'élaboration de son personnage. L'individu en question se nommait Shomotsukeno no Kintoki (下毛野公時) et il commandait la milice privée du chancelier Fujiwara no Michinaga. A l'entrée du 24 août 1017 de son journal (*Le journal du chancelier de Midô - Midô Kampaku Ki*, 御堂関白記), le chancelier Michinaga mentionne le décès de Shomotsukeno no Kintoki, un puissant jeune homme de 18 ans qu'il avait « envoyé parcourir le pays afin de recruter des lutteurs de *sumô* », et explique qu' « il sera regretté par beaucoup. »

  Quoiqu'il en soit, Sakata no Kintoki, plus connu de nos jours sous son nom de jeunesse de Kintarô (金太郎), a inspiré des romans, des pièces de théâtre et des estampes et il est devenu un personnage extrêmement populaire des contes pour enfants. Il a aussi inspiré une coutume qui, significativement, débuta à l'époque où les récits retraçant sa jeunesse commencèrent à apparaître et qui est, aujourd'hui encore, observée par de nombreuses familles japonaises. C'est en effet à partir du 17ᵉ siècle que les gens se mirent à célébrer le 5 mai, une fête traditionnellement consacrée aux petits garçons, en exposant dans l'alcôve de la pièce principale de leur maison une poupée de Kintarô qui est représenté comme une véritable boule de muscles et qui a un plastron rouge frappé de l'idéogramme signifiant « argent » (le « *kin* » de Kintarô) pour unique vêtement. En exposant de telles poupées, les parents exprimaient et expriment encore le désir de voir leurs fils devenir aussi forts et aussi bien portants que le Kintarô de la légende. Le même jour, les moines du Manganji (満願寺), un temple de la ville de Kawanishi, célèbrent un service religieux à la mémoire de Kintarô (*Kintoki Matsuri*, 金時祭) et, curieusement, vont réciter des prières devant une tombe qui se trouve dans la forêt du lieu et qui serait celle de ce puissant mais fictif vassal de Yorimitsu.

Tuile représentant Kintarô avec une hache et un ours (Kyôto)

Au 13ᵉ siècle, soit près de cent ans après la publication des *Histoires qui sont maintenant du passé*, parurent de nouveaux recueils de nouvelles qui faisaient aussi intervenir Minamoto no Yorimitsu et ses vassaux mais qui en parlaient de manière fort différente. Yorimitsu n'était plus un aristocrate affolé à la pensée de rater sa cible mais un chef de milice chargé du maintien de l'ordre dans la Capitale. Ses fidèles vassaux n'étaient plus des rustres mal dégrossis mais d'impitoyables guerriers aux méthodes quelque peu expéditives. C'est ce que révèle par exemple cette anecdote tirée d'un recueil de l'époque, *Les histoires sur le passé* (*Kojidan,* 古事談 ; II-58) :

« En une certaine occasion, Yorimitsu ordonna à ses Quatre Rois Célestes de se rendre chez le gouverneur Kiyohara Munenobu (清原致信, ?- 1017) et de l'occire. A cette époque-là, Munenobu habitait avec sa jeune sœur, la poétesse Seï Shônagon (清少納言, 10ᶜ siècle). Quand les Quatre Rois Célestes la virent, ils pensèrent qu'elle était un moine et ils voulurent la tuer. Pour prouver de manière indubitable qu'elle n'était pas un homme, Seï Shônagon releva vite sa robe et elle leur montra son endroit le plus intime. »

Cette anecdote est inspirée d'un fait-divers authentique. Munenobu fut vraiment tué en mars 1017 non pas par Yorimitsu mais par l'un de ses frères. Cette histoire semble donc suggérer la mise en place d'un processus littéraire consistant à attribuer des faits d'armes d'autres membres du clan Seiwa-Genji à Yorimitsu. Pourquoi ? Mystère. Peut-être parce qu'il était l'aîné des fils de Mitsunaka, le fondateur du clan Seiwa-Genji... Peut-être aussi parce que son prénom était plus théâtral, plus dramatique. Yorimitsu peut en effet se lire Raïkô et rimer ainsi de manière avantageuse avec Raïkô (雷公), le dieu de la foudre. Il est vrai que les œuvres qui le mettent en scène lisent toujours son prénom Raïkô et non pas Yorimitsu...

Cette anecdote est aussi célèbre parce qu'elle est la première à mentionner le nom de la milice de Yorimitsu, surnommée « Quatre Rois Célestes » en référence aux Quatre Rois Célestes bouddhistes (*Shiten-ô,* 四天王) qui assurent la protection des points cardinaux, et à suggérer du coup l'existence d'un quatrième vassal. Ce quatrième vassal n'est pas un personnage de fiction. Il se nommait Watanabe no Tsuna (渡辺綱, 953-1024) et il naquit dans le canton de Minota du pays de Musashi (武蔵国美田, l'actuel quartier Minato-ku de Tôkyô). Tsuna descendait de l'empereur Saga (嵯峨天皇, 785-842) mais il fut adopté par Minamoto no Mitsunaka et il le servit durant des années, lui et son fils Yorimitsu. Vers la fin de sa vie, il fonda son propre clan, celui des Minota Genji, et il s'installa dans les environs de la ville actuelle d'Ôsaka. Il fut celui qui, parmi les Quatre Rois Célestes, suscita la plus importante littérature et qui devint le héros de pièces de théâtre qui comptent aujourd'hui parmi les plus célèbres du nô et du kabuki. L'une de ses toutes premières aventures est rapportée dans un autre recueil de nouvelles du 13e siècle, *Le recueil des contes anciens et modernes* (*Kokon Chômon-shû*, 古今著聞集 ; 335) :

« Un soir où il faisait très froid, Minamoto no Yorimitsu se rendit en quelque lieu parce qu'il avait à y faire puis, au retour, il passa à proximité de la maison de son frère cadet Yorinobu. Il envoya son vassal Kintoki pour voir si son frère était chez lui.

- Nous sommes sur le chemin du retour, expliqua Kintoki quand Yorinobu vint lui ouvrir. Il fait très froid dehors. Vous n'auriez pas du bon saké à nous offrir ?

- Bien sûr, répondit Yorinobu, amusé par les manières quelque peu rustres de Kintoki. J'ai du saké. Entrez et venez donc vous réchauffer !

Yorimitsu et ses quatre vassaux entrèrent, ils s'installèrent et ils commencèrent à échanger des coupes de saké. Tout en buvant, Yorimitsu jeta un coup d'œil à l'extérieur. Il aperçut un homme ligoté à un pilier de l'écurie.

- Qui est cet homme attaché au pilier de l'écurie ? demanda-t-il, intrigué.

- C'est Kidômaru (鬼同丸), répondit Yorinobu.

- Kidômaru ! s'exclama Yorimitsu. Vous avez capturé Kidômaru et vous ne l'attachez qu'avec des cordes ! Des criminels de son espèce, il vaut mieux ne pas les attacher avec de simples cordes !

Kidômaru était en effet un dangereux individu. On racontait que c'était un ancien moine qui avait été expulsé du monastère du Mont Hiei parce qu'il avait assassiné des religieux et brûlé des textes sacrés. On racontait aussi qu'il possédait des pouvoirs magiques. C'était pourquoi les habitants de la Capitale l'avaient surnommé Kidômaru, « l'homme pareil à un *démon*. »

- Vous avez raison, fit Yorinobu qui appela ses gens et leur ordonna de remplacer les cordes par de lourdes chaînes.

Les gens de Yorinobu apportèrent de grosses chaînes et ils s'en servirent pour ligoter Kidômaru au pilier. Ils serrèrent très fort afin que le prisonnier ne puisse pas s'échapper.

- Messire Yorimitsu, vous avez dit-là une bien mauvaise chose, pensa Kidômaru. Je vais me venger d'ici la fin de la soirée...

Yorimitsu, Yorinobu et les autres continuèrent à boire du saké. Yorimitsu finit par s'endormir. Yorinobu, quant à lui, retourna dans sa chambre et se coucha. Au beau milieu de la nuit, tandis que tous dormaient, Kidômaru, un homme doté d'une force physique que d'aucuns qualifiaient de surnaturelle, réussit à se libérer et à briser les chaînes qui le retenaient prisonnier au pilier de l'écurie. Il grimpa sur le toit de la résidence et il pénétra à l'intérieur en passant par une fenêtre du grenier. Il arriva ainsi au-dessus du plafond de la pièce où dormait Yorimitsu. Il décida de sauter dans la pièce, surprendre Yorimitsu dans son sommeil et se venger. Ce fut à cet instant-là qu'un grincement suspect au plafond réveilla Yorimitsu...

- Il y a quelque chose au grenier... Quelque chose de plus gros qu'une belette... Il y a quelqu'un ? s'écria Yorimitsu.

Réveillé par les cris, Watanabe no Tsuna accourut.

- Demain matin, nous irons faire un pèlerinage au temple du Mont Kurama (鞍馬寺), déclara alors Yorimitsu à son vassal. Il fait encore nuit mais entamez dès maintenant les préparatifs du départ !

Kidômaru avait tout entendu. Il avait eu l'intention d'attaquer Yorimitsu quand celui-ci était endormi, abruti par les grandes quantités d'alcool qu'il avait ingurgitées la veille mais, maintenant que le guerrier était réveillé, il jugea préférable de remettre sa vengeance à plus tard. Il attendit l'aube puis il prit le chemin qui conduisait au sommet du Mont Kurama. Quand il arriva au lieu-dit Ichihara (市原), il aperçut un troupeau de vaches qui paissait dans la plaine et il se dit que l'endroit convenait parfaitement pour tendre une embuscade à Yorimitsu. Il se précipita sur la plus grosse vache, la tua et la traîna en bordure du chemin. Il étripa ensuite l'animal, le vida de ses intestins, se glissa à l'intérieur de la carcasse et y pratiqua deux trous afin de pouvoir guetter la route. Yorimitsu vint comme prévu. Il avait revêtu la chasuble blanche des pèlerins et fiché une grande épée à sa ceinture. Tsuna, Kintoki, Sadamitsu et Suetake le suivaient.

— Quel beau paysage ! fit Yorimitsu en arrêtant son cheval et en désignant la plaine d'Ichihara qui s'étendait devant eux. De plus, regardez ce troupeau de vaches sauvages ! Et si nous les poursuivions et les prenions pour cible de nos flèches ?

Les Quatre Rois Célestes lancèrent leur cheval au triple galop et ils s'amusèrent à abattre les vaches. Soudain, les guerriers eurent la surprise de voir Tsuna sortir une flèche à quadruple empennage de son carquois, une de ces flèches qu'ils utilisaient d'ordinaire en situation de combat pour infliger des blessures mortelles à leurs ennemis, la mettre sur son arc et tirer sur le ventre d'une vache déjà morte. Ils furent encore plus surpris de voir cette vache qu'ils croyaient morte remuer d'étrange manière. L'instant suivant, un géant bondit hors de la carcasse de la vache en brandissant une hallebarde et se précipita sur Yorimitsu. C'était Kidômaru ! Les Rois Célestes s'empressèrent de mettre une flèche sur leur arc mais Yorimitsu fut le plus prompt à réagir. Avec la vitesse de l'éclair, il dégaina son épée et trancha la tête de Kidômaru. « L'homme pareil à un *démon* » ne mourut pas sur le coup. Il poursuivit son attaque, hallebarde en avant. Heureusement, l'arme se ficha dans la selle de Yorimitsu et n'atteignit pas le guerrier. Ce dernier décida d'annuler son pèlerinage à Kurama et de rentrer chez lui… »

La plaine d'Ichihara se trouve dans le nord de Kyôto. Ce n'est plus une plaine parcourue par des troupeaux de vaches sauvages mais une zone urbaine en pleine expansion. Le chemin qui conduit au sommet du Mont Kurama est, quant à lui, devenu une route qui, à Ichihara, enjambe une petite rivière, la Chôdaï-kawa (長代川), et passe sur un pont qui porte le nom de « Pont de Raïkô » (Raïkô Hashi, 頼光橋). Comme nous l'avons dit plus haut, Raïkô est une autre lecture possible des idéogrammes du prénom Yorimitsu. Le pont de Raïkô doit son nom au fait qu'une légende locale veut que ce soit là que « l'homme pareil à un *démon* » Kidômaru ait attaqué Minamoto no Yorimitsu/Raïkô…

Le Pont de Raïkô (Route de Kurama, Kyôto)

Ce récit tiré du *Recueil des contes anciens et modernes* montre Tsuna tirer une flèche sur un « homme pareil à un *démon* » mais d'autres œuvres parues à la même époque le dépeignent en train d'affronter, cette fois-ci, un véritable *démon*. C'est le cas de la version Yashirobon du *Dit du Heike* (XI-12) :

« A l'époque où il était gouverneur de la province de Settsu, Yoromitsu avait quatre vassaux qui s'appelaient Tsuna, Kintôki, Sadamitsu et Suetake et qui étaient connus collectivement sous le nom de Quatre Rois Célestes. Tsuna était le plus brillant d'entre eux. Comme il était né dans le canton de Minota du pays de Musashi, il se faisait aussi appeler Minota-Genji. En une certaine occasion, Yorimitsu, qui devait se rendre pour affaire en un lieu situé près du carrefour des avenues Ichijô et Ômiya, envoya Tsuna pour annoncer sa venue. Comme la nuit était déjà tombée, Yorimitsu dit à Tsuna de s'y rendre à cheval et, par sécurité, il lui prêta son épée *Tranche Barbe*.

Tsuna s'en alla annoncer la venue de son suzerain puis, sur le chemin du retour, à l'instant où il voulut franchir le Pont de la Première Avenue, celui que l'on surnommait « le Pont du Retour », il aperçut près du pilier est une très belle jeune fille. Elle ne devait avoir guère plus de vingt ans, elle avait une peau blanche comme neige qui

la faisait ressembler à un spectre, elle était vêtue d'un kimono décoré de motifs en forme de fleurs de pruniers, elle portait des soutras sous son bras et elle marchait toute seule en direction du sud. Tsuna s'avança jusqu'au pilier ouest du pont puis il l'interpella.
- Où allez-vous ainsi ?
- Je n'ai pas de mari pour m'accompagner mais une affaire urgente m'oblige à me rendre en quelque lieu sur la Cinquième Avenue. La nuit est tombée et j'ai peur. Pourriez-vous m'accompagner jusqu'à la Cinquième Avenue ? lui demanda-t-elle sans cérémonie.

Tsuna mit aussitôt pied à terre et lui dit :
- Je vous en prie, montez sur mon cheval.
- Que je suis heureuse, lui répondit-elle.

Tsuna s'approcha de la jeune fille, il la saisit par la taille et il la fit monter sur son cheval. Il monta en selle derrière elle. Ils descendirent l'avenue Horikawa en direction du sud puis, lorsqu'ils arrivèrent au carrefour avec la rue Ôgimachi no Koji (l'actuelle rue Nakadachi-uri Dôri), la jeune fille se tourna vers Tsuna et lui dit :
- A la vérité, je n'ai rien à faire du côté de la Cinquième Avenue. J'habite à l'extérieur de la ville. Acceptez-vous malgré tout de me raccompagner jusque chez moi ?
- Bien sûr. Où que vous habitiez, je vous raccompagnerai, répondit Tsuna.

L'instant suivant, la jeune fille changea d'apparence et se transforma en un *démon*.
- A la vérité, j'habite au sommet du Mont Atago (愛宕山) ! s'écria-t-elle avant de saisir Tsuna par les cheveux, s'élever dans les airs et s'envoler en direction du nord-ouest (la direction d'Atago).

Nullement effrayé car ayant subodoré le piège et ayant tenu prête son épée, Tsuna dégaina Tranche Barbe, fendit l'air au-dessus de lui, trancha le bras du *démon* et alla s'écraser sur le toit du sanctuaire Kitano Temmangû (北野天満宮). Pendant ce temps-là, le *démon* qui venait de se faire couper un bras prenait la fuite et s'envolait en direction du Mont Atago. Tsuna descendit du toit du sanctuaire, prit l'avant-bras du *démon* qui était resté accroché à sa coiffe et le regarda avec attention. Ce n'était plus un avant-bras de jeune fille blanc

comme neige mais un avant-bras de *démon* noir et pareil à un tronc d'arbre. Ce n'était plus un avant-bras couvert d'un fin duvet blanc mais un avant-bras couvert de poils noirs, drus et effilés comme des aiguilles de fer. Le guerrier repartit avec le bras tranché du monstre et il alla le montrer à Yorimitsu. Ce dernier fut très étonné. Il déclara qu'il s'agissait-là d'un objet peu commun puis il ajouta :
- Faisons venir Abe no Seimei !

Les deux guerriers convoquèrent Abe no Seimei (安部清明, 921-1005), gouverneur de la province d'Harima et maître du Yin-Yang à la cour, et ils l'interrogèrent.
- Maître, que devons-nous faire de pareil objet ?
- Tsuna doit obtenir un congé de sept jours durant lesquels il s'enfermera chez lui et récitera *Le soutra des rois Deva*.

Tsuna obtint un congé et il s'enferma chez lui. Le sixième et dernier soir, quelqu'un vint frapper à sa porte.
- Qui est là ? demanda-t-il.
- C'est moi, ta vieille nourrice. Je suis venue de ton fief de Watanabe jusqu'à la capitale pour te voir, lui répondit-elle.

La femme s'était présentée comme sa vieille nourrice mais, en fait, elle était sa tante. Craignant que les gens médisent de lui par la suite s'il ne lui répondait pas, Tsuna marcha jusqu'à la porte et il lui expliqua la situation.
- Je devrais vous ouvrir parce que vous êtes venue à la Capitale pour me voir mais je suis en train d'observer une période d'isolement de sept jours. Je ne peux vous laisser entrer. Aujourd'hui, c'est le sixième et dernier soir. Je ne peux rien faire jusqu'à demain matin. Allez vous mettre à l'abri quelque part pour la nuit et repassez demain matin ! Alors, je vous ouvrirai ma porte.

La nourrice écouta son explication en se tenant devant la porte puis elle éclata en sanglots et elle lui tint le discours suivant :
- Que j'ai de la peine en écoutant vos paroles ! Voilà donc toute la reconnaissance que vous montrez à celle qui, quand votre mère vous a donné le jour, vous a recueilli dans ses bras et vous a élevé ? Vous aviez bien une mère de lait mais c'est moi et moi seule qui vous ai donné le sein ! C'est moi qui vous ai élevé et qui ai

toujours fait en sorte que, jusqu'à l'âge de quatorze ou quinze ans, vous ne soyez jamais exposé à la tempête. Comme je désirais vous voir grandir, devenir un homme fort et bon, c'est moi qui ai passé mes jours et mes nuits à prier pour vous. Par la suite, vous êtes entré au service du seigneur Yorimitsu gouverneur de Settsu et, bien qu'il soit entouré de valeureux guerriers, il n'y en a pas un qui vous arrive à la cheville sitôt que l'on prononce le nom de Minota Genji ! Que je suis fière à chaque fois que votre suzerain fait votre éloge ! Je passe mes journées et mes nuits à penser à vous et je n'ai de cesse de vouloir vous rencontrer ! Hélas, vos obligations au palais vous occupent et ne vous laissent guère le temps de venir me voir. Je suis une femme et

Tsuna et le monstre du Pont du Retour (Détail d'un tableau exposé au Seimei Jinja à Kyôto).

ce sont des attentions qui sont très importantes pour moi. L'amour que je ressens pour vous me fait souffrir. Quand la mort sépare un fils de sa mère, il devient difficile de se voir. Je ne sais pas pourquoi mais, depuis plusieurs nuits, je ne cesse de faire le même cauchemar. Est-ce que cela veut dire que je vais mourir ou que vous allez mourir ? Je n'en sais rien mais c'est la raison pour laquelle j'ai décidé de venir vous voir et que j'ai marché du fief de Watanabe jusqu'à la Capitale ! Et voilà que vous me recevez avec la plus grande froideur, que vous ne me laissez pas entrer et que vous me dites d'aller passer la nuit ailleurs ! Je suis bouleversée. Moi qui n'ai jamais été traitée de la sorte par une personne que je considérais comme mon propre fils, puis-je encore vous considérer comme mon enfant ? Que les kamis et les bouddhas soient témoins de mon infortune !

- Elle a raison, se dit Tsuna en entendant parler sa vieille nourrice. Que deviendrais-je si je la laisse partir après avoir écouté un tel discours ? Je suis en train d'observer une période d'isolement de la plus haute importance mais ce que vous dites est raisonnable. Entrez !

Tsuna ouvrit sa porte et il laissa entrer sa vieille nourrice qui retrouva aussitôt le sourire et le pressa de questions.

- Quelle est donc cette histoire de période d'isolement de sept jours ? Que se passe-t-il ?

Comme il n'avait rien à cacher, il lui raconta toute l'affaire.

- C'est effectivement une période d'isolement de la plus haute importance. Je n'étais pas au courant. Je m'excuse de vous avoir dérangé et contraint à me laisser entrer en un pareil moment. Toutefois, cela ne doit pas pour autant vous faire oublier vos obligations envers vos parents… Eh bien, vous dites que vous avez un bras de *démon* en votre possession… Je serais bien curieuse de voir à quoi cela ressemble… Pourriez-vous me le montrer ?

- Rien de plus facile, répondit Tsuna. Cependant, le bras du *démon* est protégé par une amulette et il doit rester ainsi pendant sept jours. Je vous le ferai voir demain matin.

- Ah bon ? S'il en est ainsi, ne me le montrez pas ! Même si vous ne me le montrez pas, ça ne changera rien. Je vais repartir ce soir pour le pays et, comme je suis vieille, je ne reviendrai certainement jamais à la capitale. Adieu ! fit-elle en prenant un air éploré.

- Si je ne lui montre pas le bras, elle va encore me reprocher d'être un enfant ingrat, se dit Tsuna. Montrons-lui le bras et advienne que pourra… Puisque vous avez l'intention de repartir dès ce soir, je vais vous le montrer !

Tsuna prit le bras du *démon* qui était protégé par une amulette et il le posa devant sa vieille nourrice. Elle le saisit, le tourna dans tous les sens puis elle dit :

- Ce bras, il est à moi et je suis venu le reprendre !

L'instant suivant, la nourrice se changea en un *démon* dont le corps émettait une lumière étincelante. La chose s'éleva dans les airs et prit la fuite en passant par une fenêtre du toit de la maison. On raconte que, suite à cet incident, les membres du clan Watanabe ne firent plus jamais construire de fenêtre sur le toit de leur résidence et qu'ils se firent toujours construire des maisons à la mode *azuma*. Le *démon* avait récupéré son bras. Tsuna avait interrompu sa période d'isolement de sept jours mais, grâce à la protection du *Soutra des rois Deva*, il n'eut pas à souffrir outre mesure de l'incident. Par la suite, l'épée *Tranche Barbe* fut rebaptisée *Tranche Démon*. »

    Le recueil de contes anciens et modernes et *Le dit du Heike* racontent comment Minamoto no Yorimitsu décapite un homme pareil à un *démon* dans la plaine d'Ichihara et comment son vassal Watanabe no Tsuna tranche le bras d'un *démon* sur le Pont du Retour à Kyôto. Dans le texte original, ces démons sont appelés *oni* (鬼).

    Le *oni* est certainement la plus célèbre, la plus ancienne et la plus complexe de toutes les créatures surnaturelles japonaises. Sa représentation la plus populaire consiste à en faire une créature humanoïde à la puissante musculature, à la peau bleue ou rouge, au front surmonté de cornes de taureau, à la taille ceint d'un pagne en peau de tigre, aux bras pareils à des troncs d'arbre qui manipulent de curieuses armes et dont le contact est généralement synonyme de maladie ou de mort. Cette représentation du *oni* fut façonnée au fil des siècles et alimentée par toutes sortes d'influences venues du continent asiatique. A la voie du Yin-Yang, les anciens Japonais empruntèrent le concept de Yang, ce principe « négatif » associé au froid, à la nuit, à la maladie et à la mort, ils modifièrent sa prononciation en *oni* et ils prirent l'habitude de désigner par ce terme les épidémies et autres « influences néfastes. » Au culte chinois des morts, ils empruntèrent l'idéogramme servant à désigner l'âme des défunts ; Du coup, le mot *oni* s'écrivit avec l'idéogramme signifiant « âme de défunt » en chinois et il en vint à désigner également les défunts. Au bouddhisme, ils empruntèrent ses geôliers des enfers et ils s'inspirèrent de leur apparence pour représenter les *oni* sous les traits de créatures avec une peau bleue, rouge ou noire et une tête de cheval ou de taureau. Au Fengshui enfin, ils empruntèrent l'idée selon laquelle les influences néfastes provenaient du nord-est, un point du compas appelé porte des démons (*Ki-mon*, 鬼門) ou direction taureau-tigre (*Ushi-tora*, 艮), et ils firent des *oni* des monstres qui surgissaient du nord-est et qui avaient des cornes de taureau et un pagne en peau de tigre.

Les anciens Japonais se servaient du mot *oni* dans leurs recueils de nouvelles et leurs chroniques historiques pour désigner les défunts, les geôliers des enfers et les influences néfastes provenant de la porte des démons. Ils s'en servaient aussi pour désigner, de manière discriminatoire, tous les individus qui vivaient, pour une raison ou une autre, en marge de leur société : les étrangers, les personnes exerçant une profession étrange (mineurs, métallurgistes, bûcherons), les habitants des montagnes, les voleurs et les rebelles à l'autorité impériale. En raison de ce double rôle tenu par les *oni*, l'histoire de Watanabe no Tsuna affrontant un *démon* sur le Pont du Retour peut être lue, de manière métaphorique, comme celle d'un guerrier chassant le mal incarné mais aussi, de manière littérale, comme celle d'un guerrier affrontant un individu rebelle à

Statue de oni (village d'Ôe)

l'ordre impérial. Tout ceci pourrait paraître anecdotique si l'on oubliait de dire un mot sur l'époque à laquelle commencèrent à circuler les premiers récits faisant l'éloge de Yorimitsu, de son frère Yorinobu et de son vassal Watanabe no Tsuna.

Compilé aux alentours du 13ᵉ siècle par un auteur anonyme, *Le dit du Heike* retrace la guerre que se livrèrent les Taïra (appelé aussi Heike) et les Minamoto (Genji) durant cinq générations. Le conflit prit fin en 1185. Il se solda par la victoire des Minamoto et la fondation à Kamakura d'un gouvernement militaire qui se mit à diriger le pays au nom de l'empereur. Le chef de ce « gouvernement militaire sous la tente » se nommait Minamoto no Yoritomo (源頼朝, 1147-1199) et il descendait en ligne directe de Minamoto no Yorinobu, le frère cadet de Yorimitsu ! En somme, la publication des histoires dépeignant Yorimitsu, son frère Yorinobu et ses vassaux sous les traits de chasseurs de *oni* coïncide avec l'avènement du gouvernement militaire de Kamakura et la prise du pouvoir par les descendants à la sixième génération du frère de ce même Yorimitsu ! Curieuse coïncidence qui conduit inévitablement à voir plus que de simples récits fantastiques dans ces histoires de chasse aux *oni*, des démons qui, rappelons-le, symbolisaient, entre autres choses, les ennemis de l'Etat, les rebelles à l'ordre impérial.

Mais laissons cela pour l'instant et disons que, quel que fût le contexte historique qui lui donna naissance, l'histoire de la bataille livrée par le guerrier Watanabe no Tsuna sur le Pont du Retour devint extrêmement populaire et inspira de nombreuses variations dont les auteurs transposèrent l'action en divers endroits, à l'orée d'une forêt près de Nara dans *L'histoire de la grande paix* (*Taïheïki*, 太平記), devant la porte Rashômon dans la pièce de nô *Rashômon* (羅生門) ou au carrefour des avenues Shichijô et Horikawa dans le conte pour enfants *Shûtendôji* (酒呑童子). Au 19e siècle, le dramaturge Kawatake Mokuami (河竹黙阿弥, 1842-1910) adaptera à son tour l'histoire de Watanabe no Tsuna pour la scène et il en tirera deux pièces qui deviendront très vite des classiques du théâtre kabuki. En 1883, il s'inspirera de la fin de l'histoire (la récupération du bras) pour écrire *Ibaraki* (*Ibaraki*, 茨木) et raconter comment le *oni* Ibaraki-dôji prend l'apparence de la nourrice de Tsuna pour venir récupérer son bras gauche. Quelques années plus tard en 1890, il adaptera le début de l'histoire (la bataille sur le Pont du Retour) et écrira la pièce *Le Pont du Retour* (*Modori Bashi*, 戻り橋) dans laquelle il raconte comment Tsuna affronte Ibaraki-dôji et lui tranche le bras droit. Les lecteurs attentifs n'auront pas manqué de remarquer le problème : Watanabe no Tsuna tranche le bras droit d'Ibaraki-dôji dans *Le Pont du Retour* mais le monstre vient récupérer son bras gauche dans *Ibaraki*. Il ne s'agit pas d'une erreur de la part de Kawatake mais d'un changement imposé par des impératifs d'ordre théâtral. Comme la majorité des gens, les acteurs de kabuki sont droitiers et ils utilisent de préférence leur bras droit pour saisir les gens ou les objets. Kawatake décida donc de procéder à un changement de bras afin que l'acteur tenant le rôle d'Ibaraki-dôji puisse utiliser son bras droit pour saisir plus facilement la coiffure de Tsuna dans la pièce *Le pont du retour* et son bras gauche factice dans la pièce *Ibaraki*.

Un autre classique japonais fait indirectement allusion au combat de Watanabe no Tsuna sur le Pont du Retour. Il s'agit de *A cheval sur ses genoux le long de la route Tôkaïdô* (*Tôkaïdô-chû hisa kurige*, 東海道中膝栗毛). Ce roman écrit en 1802 par Jippensha Ikku (十返舎一九, 1765-1831) raconte le voyage à travers le Japon de deux joyeux lurons nommés Yaki (弥次) et Kita (喜多). Une fois arrivés à Kyôto, les deux compères visitent le Kitano Temmangû, ce sanctuaire sur le toit duquel Watanabe no Tsuna s'était prétendument écrasé après avoir tranché le bras d'Ibaraki-dôji, et ils font le commentaire suivant à propos de la lanterne de pierre qui se dresse devant le bâtiment principal du lieu :

« Cette lanterne de pierre nous rappelle, aujourd'hui encore, le nom de Tsuna. Son blason à trois étoiles nous rappelle, aujourd'hui encore, le temps jadis. »

Aujourd'hui encore, la lanterne se dresse sur l'esplanade du Kitano Temmangû et un écriteau planté à côté explique qu'il s'agit d'une offrande faite par Watanabe no Tsuna ! La légende veut en effet qu'après avoir tranché le bras d'Ibaraki-dôji et s'être écrasé sur le toit du sanctuaire Kitano Temmangû, Watanabe no Tsuna attribua sa survie miraculeuse à la protection de la divinité tutélaire du lieu et exprima sa reconnaissance en procédant à l'offrande d'une lanterne de pierre. Malheureusement pour la légende, cette lanterne néanmoins classée trésor national a été fabriquée près de 150 ans après sa mort...

Les visiteurs au Kitano Temmangû ne manqueront pas non plus d'être surpris par leur visite à la Salle aux Trésors du sanctuaire car, au milieu des objets de culte en relation avec sa divinité tutélaire, ils pourront voir, exposée bien en évidence dans une vitrine, *Tranche Démon*. La légendaire épée des Seiwa-Genji ! L'épée avec laquelle Watanabe no Tsuna aurait tranché le bras droit d'Ibaraki-dôji sur le

Pont du Retour ! Cette épée longue de 108 centimètres fut forgée à l'époque où vécut le Minamoto no Yorimitsu historique et le récit de sa fabrication explique qu'elle fut offerte à ce dernier par son père puis qu'elle devint la propriété des *shôgun* Ashikaga (足利) au 17ᵉ siècle et celle des membres du clan guerrier des Mogami (最上家) au 19ᵉ siècle. On raconte qu'à partir du jour où ils entrèrent en possession de *Tranche Démon*, les Mogami connurent toutes sortes de déboires qu'ils attribuèrent à la malédiction de l'épée, furieuse de ne plus être la propriété du clan Minamoto (Seiwa Genji). Ce serait la raison pour laquelle, en 1880, ils auraient décidé de se débarrasser de l'épée et de la confier à la garde des prêtres du Kitano Temmangû !

La lanterne de Tsuna
(sanctuaire Kitano Temmangû, Kyôto)

Un autre mystère à propos de cette épée réside dans le fait qu'une épée pareillement nommée et revendiquant la même origine est exposée dans la salle aux trésors du Tada Jinja, ce sanctuaire situé dans ce qui correspondait jadis au fief des Seiwa-Genji. Laquelle des deux est la véritable épée, la légendaire épée des Seiwa-Genji ? Mystère. Tout ce que l'on peut dire, c'est que l'existence de plusieurs épées *Tranche Démon* se fait l'écho de la popularité de l'histoire de la bataille livrée par Watanabe no Tsuna sur le Pont du Retour et le reflet du désir de leurs propriétaires de rattacher leurs armes à cette célèbre légende.

7. Comment Yorimitsu, Yasumasa et les Quatre Rois Célestes affrontèrent le roi des *oni* au sommet du Mont Ôe...

« Bienvenue dans le village où les dieux cohabitent avec les *oni* ! » C'est ce que proclame le *oni* grimaçant représenté sur l'énorme panneau qui se dresse à l'entrée de la gare d'Ôe (大江), une petite ville de campagne de la préfecture de Kyôto. Les visiteurs qui descendent du train à Ôe arrivent sur une place qui a une fontaine en forme de *oni* et qui est entourée de colonnes surmontées de tuiles représentant le visage grimaçant d'un *oni*. Ces 72 tuiles viennent des quatre coins du pays et elles témoignent de l'époque, pas si lointaine que cela, où les gens installaient des tuiles en forme de tête de *oni* sur le toit de leur maison afin de chasser le

Devanture de café (village d'Ôe).

mal par le mal et se protéger ainsi des influences néfastes. Après avoir dégusté des nouilles de *oni* dans un restaurant de la ville et acheté des masques de *oni*, des gâteaux de *oni* ou du saké de *oni* dans une des boutiques de souvenirs dont les vitrines sont décorées avec des images de *oni*, les visiteurs se lancent à l'assaut des pentes du Mont Ôe.

En bordure du chemin qui conduit au sommet de cette montagne qui culmine à 833 mètres d'altitude, ils découvriront des monuments et des lieux qui se font l'écho des incidents dramatiques qui survinrent à Ôe il y a plus de mille ans. Ils croiseront d'abord les statues de six guerriers déguisés en ascètes des montagnes, six guerriers dont les noms nous sont, pour la plupart, connus : Minamoto no Yorimitsu (源頼光, 948-1021), Watanabe no Tsuna (渡辺綱, 953-1024), Sakata no Kintoki (坂田金時), Usui no Sadamitsu (碓氷貞光), Urabe no Suetake (卜部季武) et Fujiwara no Yasumasa (藤原保昌, 958-1036). Ce dernier est lui aussi un personnage historique qui, dans le monde des contes et légendes du Japon, se joint à Yorimitsu pour donner la chasse aux *oni* et autres monstres de tout poil. De même que le prénom de Minamoto no Yorimitsu est souvent lu Raïkô afin de rimer avantageusement avec le dieu du tonnerre Raïkô (雷公), celui de Fujiwara no Yasumasa est souvent lu Hôshô en raison de la ressemblance phonétique avec le mot *hôsôshi* (方相氏). Ce terme servait à désigner les aristocrates qui, dans le Japon du 10e siècle, se déguisaient en une sorte de bon démon chasseur d'influences néfastes lors des rituels d'exorcisme célébrés à la cour à la veille du printemps. En mettant à profit cette autre lecture possible de son prénom, les auteurs dramatiques permettaient ainsi aux spectateurs ou aux lecteurs de comprendre immédiatement le rôle tenu par Yasumasa dans leurs histoires…

    La prochaine curiosité que les visiteurs à Ôe peuvent voir en bordure du chemin conduisant au sommet de la montagne est justement un lieu en relation avec ce Fujiwara no Yasumasa. Il s'agit d'une auberge qui porte le nom de – il fallait s'y attendre – Maison de Thé des Oni (*Oni-ga-cha-ya*, 鬼ヶ茶屋). La tradition veut qu'après les terribles événements qui se déroulèrent il y a plus de mille ans au sommet du Mont Ôe, Yasumasa s'installa à Ôe et il y ouvrit une maison de thé. On raconte que ses fils et petits-fils dirigèrent l'établissement durant des siècles… Les peintures sur les portes coulissantes de la Maison de Thé des Oni donnent un avant-goût des terribles événements mentionnés plus haut. On y voit les Rois Célestes et Yasumasa en train de massacrer des *oni* par dizaines et Yorimitsu lutter contre la tête décapitée de leur roi, un certain Shutendôji (酒呑童子). A propos de Shutendôji, les propriétaires actuels de la maison de thé possèdent un bol qui serait celui du roi des *oni* du Mont Ôe. Tout près de cette maison de thé coule la Futase-gawa (二瀬川), une rivière en bordure de laquelle se trouvent des pierres aux noms des plus intrigants : « la pierre avec une empreinte de pied de *oni* », « le rocher depuis lequel les *oni* s'envolaient », « le rocher sur lequel Yorimitsu se reposa », « la pierre sur laquelle Kintoki aiguisa sa hache » et « le rocher sur lequel la femme lavait les vêtements des victimes des *oni* »…

Après avoir admiré les peintures de la maison de thé des *oni*, examiné les rochers en bordure de la Futase-gawa et ainsi commencé à se faire une idée de la nature des événements survenus au sommet du Mont Ôe, les visiteurs poursuivent leur route, passent sous un portique de pierre gardé par des statues de *oni* et arrivent en vue d'un curieux bâtiment dont l'agencement, avec sa porte centrale, ses fenêtres arrondies et ses deux cheminées, rappelle irrésistiblement le visage d'un *oni* aux gros yeux ronds et au front percé de cornes. Ce bâtiment abrite un musée (鬼の交流博物館) qui possède une collection unique d'objets en relation avec les *oni*, ces

Statues de Shutendôji et de ses vassaux (Ôe)

démons qui terrifièrent les Japonais à certaines époques et inspirèrent les auteurs dramatiques à d'autres. Derrière le musée, se dressent trois statues qui représentent Shutendôji et ses lieutenants Ibaraki-dôji (茨木童子) et Hoshikuma-dôji (星熊童子). Shutendôji, monstre cornu aux cheveux en bataille et aux crocs saillants, tend le doigt en direction du sommet du Mont Ôe, là où la tradition le fait mourir sous les coups de Yorimitsu…

On l'aura compris, Ôe tire grand parti du fait de servir de décor à l'un des plus célèbres, voire même le plus célèbre de tous les contes japonais. L'histoire de Shutendôji, le roi des *oni* du Mont Ôe, a généré une abondante littérature et inspiré des œuvres tout aussi dramatiques que complexes. Parmi les plus célèbres, on pourrait citer la pièce de nô qui s'intitule *Le Mont Ôe* (*Ôeyama*, 大江山) et qui est attribuée avec certitude à Zeami (世阿弥, 1363-1443), *Le rouleau illustré du Mont Ôe* (*Ôe Yama Egotoba*, 大江山絵詞), *Le rouleau illustré de Shutendôji* (*Shutendôji Emaki*, 酒吞童子絵巻) et le conte *Shutendôji* (*Otogizôshi Shutendôji*, 御伽草子・酒吞童子). *Le rouleau illustré du Mont Ôe*, propriété du musée Itsuô de la préfecture d'Ôsaka, est le plus vieux document connu à raconter l'histoire de Shutendôji. Il fut fabriqué à la fin du 15e siècle, à une époque où, pour des raisons que nous essaierons d'établir plus tard, les histoires de Minamoto no Yorimitsu étaient brusquement redevenues à la mode. Voici l'histoire de Shutendôji telle qu'elle est racontée dans ce rouleau illustré. Comme l'œuvre est endommagée et que certaines portions du texte ont disparu, nous nous reporterons aux autres versions de l'histoire parues à la même époque pour en compléter la narration (le texte original est indiqué entre guillemets) :

En 992, à l'époque du règne de l'empereur Ichijô (一条天皇, 980-1011), nombreux furent les fils et les filles de courtisans et de hauts dignitaires à disparaître mystérieusement. Nombreux furent aussi les gens de basse condition des provinces environnantes et les habitants du « pays du nord » (la Chine ?) à être enlevés durant des averses de pluie ou des orages. Les incantations récitées par les plus grands moines bouddhistes et les rituels de protection célébrés par les plus grands prêtres shintoïstes se révélèrent inefficaces. Quand, une nuit, le fils du chancelier Fujiwara no Michinaga (藤原道長, 966-1027) fut enlevé à son tour, l'empereur convoqua aussitôt le maître du Yin-Yang Abe no Seimei (安部晴明, 921-1005) et il lui ordonna de déterminer l'identité du coupable et de découvrir l'endroit où il se cachait. Seimei consulta les oracles puis il rendit son verdict :

- Au nord-ouest de la Capitale, il y a une montagne appelée Ôe. Le roi des *oni* qui habite au sommet de cette montagne est responsable de tous ces enlèvements. Si vous ne faites rien pour mettre un terme à ses agissements, les gens de toutes les provinces de l'empire courront un grave danger...

Le chancelier Michinaga réunit d'urgence les ministres au Pavillon de la Fraîcheur Pure Seiryôden (清涼殿), le bâtiment du palais impérial où se décidaient les affaires d'Etat, et il s'entretint avec eux des mesures à prendre. Finalement, l'empereur prit la parole :

« - Nous devons faire régner l'ordre et prendre les armes pour mettre un terme à ces actes de rébellion. Convoquez Muneyori, Yorinobu, Korehira et Yasumasa et confiez-leur cette mission.

Les quatre guerriers furent aussitôt convoqués au palais et mis au courant de la situation.

- Nous sommes effectivement des experts au tir à l'arc qui ne demandons pas mieux que de servir l'empire et d'éliminer ses ennemis, dirent-ils d'une même voix. Jamais nous ne refuserons de servir l'empire. Toutefois, même si nous faisons de notre mieux, nous n'arriverons jamais à vaincre un démon qui n'a pas d'apparence visible à l'œil nu, un démon dont nous ne pouvons entendre la voix. Affronter une telle créature est au-dessus de nos forces...

- Du moment qu'ils foulent le sol de notre pays, même les démons doivent obéir, dit alors le Ministre de la Droite Sanemi (実見). Faisons appel à Minamoto no Yorimitsu gouverneur du pays de Settsu et à Fujiwara no Yasumasa gouverneur du pays de Tango !

Les autres ministres approuvèrent et firent appeler les deux guerriers.

- Le sort de l'empire est entre vos mains, leur dirent-ils. Rassemblez tout votre courage, mettez-vous en route et exterminez les ennemis de l'empire.

Même si la fumée a envie de voler vers l'ouest ou vers l'est, elle se plie à la volonté du vent et vole dans la direction qu'il lui impose. Tel est le sommet de la vertu. De même, les ministres, qu'ils soient près ou loin de la Capitale, accourent dès lors qu'ils en reçoivent l'ordre. Tel est le sommet de la fidélité. Les deux guerriers rentrèrent donc chez eux, ils discutèrent de la difficulté de la tâche qui les attendaient, ils firent leurs adieux puis ils se mirent en route. »

Sachant que la force physique ne suffirait pas pour venir à bout de monstres dotés de pouvoirs magiques, Yorimitsu et Yasumasa se rendirent en pèlerinage au Iwashimizu Hachimangû (岩清水八幡宮), un sanctuaire consacré au dieu guerrier Hachiman (八幡), puis au Hiei Taïsha (日吉大社). Pendant ce temps, les Rois Célestes Tsuna et Kintoki allèrent prier au Sumiyoshi Taïsha (住吉大社), un sanctuaire voué au culte d'une impératrice du 4e siècle qui avait remporté de brillantes victoires militaires lors de sa tentative d'invasion de la Corée. Les Rois Célestes Suetake et Sadamitsu allèrent, quant à eux, prier au Kumano Jinja (熊野神社), un sanctuaire consacré à cette divinité shintoïste qui avait débarrassé le pays d'Izumo d'un serpent à huit têtes et à huit queues. Tous retournèrent ensuite à la Capitale, ils assemblèrent une armée et, le 1er novembre 995, ils se mirent en route. Au moment de pénétrer dans le pays de Tamba, là où se trouvait le Mont Ôe, ils rencontrèrent quatre hommes dont l'allure suspecte éveilla aussitôt leurs soupçons. Ce groupe était composé d'un vieil homme aux cheveux blancs, d'un ascète des montagnes, d'un vieux moine et d'un jeune prêtre.

« En les voyant, les guerriers pensèrent aussitôt que les quatre inconnus étaient des démons. Ils tirèrent leur épée ou mirent une flèche sur leur arc et s'approchèrent. Le vieux aux cheveux blancs s'avança dans leur direction, se dénuda pour prouver sa bonne foi, joignit les mains en signe de prière et dit :

- Je ne suis pas un démon ! Je vous attendais. Veuillez excuser mes larmes mais j'avais six ou sept filles et le roi des *oni* me les a toutes prises ! L'ascète des montagnes que vous voyez là, c'est un ascète dont les collègues ont été enlevés. Le vieux moine et le jeune prêtre que vous voyez là, ce sont des religieux dont les disciples de l'un et le maître de l'autre ont été enlevés par le roi des *oni*. Quand nous avons appris que vous vous dirigiez vers le château du roi des *oni*, nous nous sommes réjouis et nous sommes venus vous attendre.

- Vous n'avez rien à craindre de nous, répondit Yorimitsu.

Les guerriers rengainèrent leur épée et relâchèrent la corde de leur arc. Ils acceptèrent la nourriture et le saké que leur offrirent les quatre hommes puis ils les interrogèrent sur le château des *oni*.

- Vous n'arriverez jamais à y pénétrer dans cette tenue, leur répondit le vieux aux cheveux blancs. Vous devriez vous déguiser...

Ceci dit, il sortit de sa hotte des vêtements, des sandales et des capuchons d'ascètes des montagnes puis il leur conseilla de s'en vêtir et de cacher leur armure dans une hotte. »

Yorimitsu trouva l'idée excellente. Il renvoya son armée à la Capitale, se déguisa en ascète et cacha son armure et ses armes dans une hotte. Les Rois Célestes, Yasumasa et un vassal l'imitèrent puis ils se lancèrent à l'assaut des pentes du Mont Ôe en compagnie du vieux aux cheveux blancs et des trois religieux. Lorsqu'ils arrivèrent au bord de la Futasegawa, ils aperçurent une vieille femme qui était agenouillée sur une pierre plate au milieu de la rivière et qui lavait des vêtements tachés de sang.

Statue de Yorimitsu (village d'Ôe)

« Elle n'avait pas des cheveux noirs mais des cheveux gris sur la tête et son visage était tout ridé. Elle lavait des vêtements tachés de sang puis elle les mettait à sécher sur les branches des arbres ou sur des pierres plates.

- C'est sans aucun doute un démon ! se dirent-ils.

A l'instant où la femme fut sur le point de perdre la vie, elle joignit vite les mains en un signe de supplication et elle leur dit :

- Je ne suis pas un démon ! Je suis une femme du village d'Uda. Le roi des *oni* m'a enlevée et il m'a conduite jusqu'ici. Il a renoncé à me manger parce que j'avais les os trop épais et la peau trop dure et il m'a ordonné de laver ces vêtements. Je n'ai eu de cesse de penser avec nostalgie à mon village natal et à mes parents mais les

saisons ont passé et voilà près de 200 ans que je suis retenue prisonnière. Mais vous, que venez-vous faire en pareil lieu ? Partez vite ! Ce n'est pas un lieu pour les hommes !
- Ce col conduit au sommet du Mont Ôe, fit Yorimitsu. Vous dites que ce lieu n'est pas un lieu pour les hommes. Pourquoi cela ?
- Si vous prenez ce chemin, expliqua la vieille, vous arriverez devant un grand portique de pierre. Au-delà de ce portique commence le pays des *oni*.
- Pouvez-vous nous décrire ce pays ? demanda Yasumasa. Nous sommes venus rencontrer son maître...
- Le château du roi des *oni* se trouve au sommet de cette montagne. On y pénètre en passant par une grande porte de pierre où le nom « Shutendôji » est gravé sur le fronton. Le roi des *oni* ressemble à un jeune garçon mais il boit du saké. Il enlève les garçons et les filles des courtisans de la Capitale, les habitants du pays du nord et les gens de toutes conditions puis il les accommode et il les mange. Or, depuis quelque temps, il ne peut plus enlever d'enfants de courtisans parce que le maître du Yin-Yang Abe no Seimei célèbre des rituels d'invocations du Dieu du Mont Taïzan et protège la Capitale avec ses génies. Quand il revient bredouille, Shutendôji est très en colère, il se frappe la poitrine avec les poings, grince des dents, lance des éclairs avec les yeux et, curieusement, joue de la flûte. Il est malgré tout parvenu à enlever un enfant, disciple du Grand Maître Ryôgen (良源, 912-985) et fils du chancelier Michinaga, et il l'a enfermé dans une prison de fer et de pierre. Il ne l'a pas encore mangé parce que l'enfant passe ses journées à réciter *Le soutra du lotus* et se place ainsi sous la protection des divinités bouddhiques. »

Des guerriers protégés par les dieux qui vont délivrer un garçon retenu prisonnier par un monstre au sommet d'une montagne... La trame de l'histoire est des plus classiques et se retrouve, sous une forme ou sous une autre, dans les légendes du monde entier. Toutefois, un certain nombre de détails (35 si l'on en croit le professeur Takahashi Masaaki, auteur d'un ouvrage sur le sujet) laissent penser que les auteurs dramatiques japonais se sont inspirés d'un roman chinois de l'époque Tong (618-907) pour raconter l'histoire du roi des *oni* du Mont Ôe. Ce roman s'appelle *L'histoire du gibbon Blanc* (*Baï Yuan Zhuan*, 白猿傳) et il raconte les aventures d'un général qui part à la recherche de sa femme qui a été enlevée et conduite au sommet d'une montagne par un monstre. Après bien des péripéties, il réussit à la délivrer et à tuer son ravisseur, à la vérité un singe blanc géant, avec l'aide des nombreuses femmes que ce dernier retenait prisonnières.

Les auteurs dramatiques japonais adaptèrent cette légende chinoise, ils remplacèrent le singe blanc par un *oni* appelé Shutendôji et ils déplacèrent l'action au Japon, au sommet du Mont Ôe. Pourquoi le nom de Shutendôji ? Pourquoi le Mont Ôe ? Les raisons les ayant conduit à choisir Ôe en particulier et à imaginer un personnage aussi complexe que Shutendôji ne sont, hélas, pas connues. Très tôt, des historiens et des chroniqueurs locaux se passionnèrent pour le sujet et tentèrent de répondre à ces questions. De nombreuses hypothèses furent avancées. La plus célèbre est sans aucun doute celle proposée par les auteurs de *La chronique du pays de Tamba* (*Tankafushi*, 丹歌府志), une chronique de la région de Ôe publiée en 1763 :

« Les Japonais du temps jadis appelaient *oni* les individus qui ne se rasaient pas la barbe et qui ne se coupaient pas les cheveux, les individus qui ne comprenaient pas notre langue et qui portaient des vêtements différents des nôtres, les individus qui buvaient et qui mangeaient sans retenue, les individus qui tuaient les gens sans hésiter et qui faisaient le mal par plaisir. L'identité des individus appelés *oni* n'est pas connue avec précision mais il est fort probable que ce n'était pas des Japonais mais des étrangers qui avaient débarqué sur nos côtes et qui s'y livraient à des actes de piraterie. Ils étaient très nombreux et ils avaient établi des dizaines de repaires aux environs du Mont Ôe. Quand on regarde des reproductions de leurs épées, on comprend que ce ne sont pas des épées japonaises. Une lettre qui est écrite de la main de Minamoto no Yorimitsu et qui est conservée au temple Nari-aï-ji (成相寺) raconte comment ce dernier donna la chasse à ces pirates étrangers. Les auteurs dramatiques se sont peut-être inspirés de cette lettre pour imaginer l'histoire de Shutendôji. Ils se sont peut-être aussi inspirés du récit de la fondation du sanctuaire Takeno Itsuki Jinja (竹

野斎宮神社), un vieux récit qui raconte comment un prince nommé Maroko (麻呂子皇子) chassa trois *oni* et devint la divinité protectrice de notre région. »

En somme, les auteurs dramatiques japonais auraient puisé leur inspiration dans un conte traditionnel chinois, dans une légende locale racontant la destruction de trois démons *oni* dans les environs du Mont Ôe et dans une lettre à l'historicité des plus douteuses affirmant que Minamoto no Yorimitsu aurait nettoyé la région des pirates étrangers qui s'y cachaient. Ils auraient procédé à la fusion de tous ces éléments et imaginé une histoire dans laquelle Yorimitsu et ses vassaux affrontent une horde de *oni* au sommet du Mont Ôe. Or, comme nous allons bientôt le voir, le roi de ces *oni* est une créature de haute taille à la peau et aux cheveux rouges qui mange de la chair humaine et qui boit du sang. Cette description fait irrésistiblement penser à celle d'un Européen – un individu de haute taille à la peau rouge et aux cheveux roux qui mange de la viande et qui boit du vin – et conduit à penser qu'un Européen pourrait avoir servi de modèle à Shutendôji. Peut-être que les « pirates étrangers » mentionnés dans *La chronique du pays de Tamba* étaient des Européens qui s'étaient échoués sur les côtes japonaises et qui, à une époque où le pays vivait replié sur lui-même et ne tolérait la présence d'étrangers qu'en certains endroits spécifiques, se cachaient au sommet du Mont Ôe, une montagne idéalement située à quelques dizaines de kilomètres de la mer intérieure du Japon... Peut-être tout simplement que les auteurs de l'histoire virent des Européens et s'en inspirèrent pour composer leur personnage de Shutendôji... Quoiqu'il en soit, la thèse selon laquelle des Européens avaient servi de modèle à Shutendôji connut une certaine popularité et elle revint même à la mode à la fin du 19e siècle, lorsque le Japon entra en guerre avec la Russie et que certains historiens virent dans les *oni* du Mont Ôe des Russes infiltrés au Japon pour s'y livrer à des actes de piraterie...

« Les sept guerriers, le vieux aux cheveux blancs et les trois religieux suivirent les indications de la vieille femme et ils arrivèrent devant une grande porte de pierre. La porte et les piliers étaient de toute beauté, les alentours brillaient de mille feux, les montagnes semblaient être faites de lapis-lazuli, la terre de cristal et le château du roi des *oni* de pierres précieuses.

- Entrez et allez nous annoncer, fit Yorimitsu à Tsuna.

Tsuna passa sous la grande porte de pierre et il se dirigea vers le bâtiment qui ressemblait à un palais.

- Qui êtes-vous ? lui dit alors un garçon en relevant un store.

Le garçon mesurait trois mètres de haut, il portait un pantalon bouffant et un kimono aux manches courtes et il tenait une flûte dans les mains.

- Nous sommes des ascètes. Nous parcourons le pays et nous faisons l'ascension de ses montagnes sacrées, répondit Tsuna sans frémir. Nous nous sommes perdus et c'est ainsi que nous sommes arrivés jusqu'ici. Pourriez-vous nous héberger pour la nuit ?

- Entrez ! fit le garçon.

Une femme apparut devant Tsuna et le guida. Dès qu'elle se tint près de lui, elle se mit à sangloter en cachant son visage dans les manches de son habit. Tsuna lui demanda ce qu'elle avait.

- En vous voyant, je viens de me rappeler que je ne pourrais jamais retourner dans mon pays natal. Je suis la troisième fille de sire Muneshige, expliqua-t-elle tout en guidant Tsuna. J'ai été enlevée par le roi des *oni* dans le courant de l'automne de l'année dernière. Shutendôji appelle « fruits » les gens qui ne lui plaisent pas et ils les mangent. Je suis terrifiée parce que j'ai peur d'être mangée ce soir...

Tsuna trouva cela terrible mais il fit comme s'il n'avait rien entendu et il entra dans la salle de réception du palais de Shutendôji. »

Force est de croire qu'il parvint à convaincre le maître des lieux car ses camarades et lui furent autorisés à passer la nuit au palais de Shutendôji et conviés à un festin.

« De très belles jeunes filles entrèrent dans la salle en apportant des coussins, elles les firent asseoir puis elles leur servirent du saké dans des verres en argent et de la viande dans des plats en or. Peu après, Yorimitsu et Yasumasa dirent d'une même voix :

- La soirée n'est pas très amusante sans le maître de céans. Nous ne sommes pas des gens dangereux...

Shutendôji et son bol de saké (théâtre du temple Mibu, Kyôto)

Le maître des lieux fit son apparition. Il mesurait trois mètres de haut mais il était vêtu d'élégante manière et il s'exprimait de manière distinguée. Il portait un kimono bleu aux manches courtes colorées et au col blanc. Quatre ou cinq femmes s'assirent près de lui et elles posèrent leur tête sur sa poitrine. La scène était féerique.

— Ascète, fit le garçon à Yorimitsu. D'où venez-vous et vers quelle montagne vous dirigez-vous ?

— Nous parcourons le pays mais nous nous sommes perdus en chemin et c'est ainsi que nous sommes arrivés jusqu'ici.

— Sachez, leur dit le garçon rassuré par ces propos, que j'aime le saké et que c'est pour cette raison que l'on me surnomme Shutendôji, « enfant buveur du saké. » Il y a très longtemps de cela, j'habitais sur le Mont Hiei (比叡山) mais, un jour, un moine nommé Saïchô (最澄, 767-822) est arrivé, il est allé prier dans les sept sanctuaires au pied de la montagne puis il a entrepris de construire un pavillon au sommet. Craignant de perdre mon domaine, je me suis changé en camphrier et j'ai essayé de l'empêcher de construire son pavillon. Il a coupé l'arbre et il a aplani le sol. La nuit suivante, je me suis transformé en un camphrier encore plus grand mais il a déjoué ma ruse, il a récité des incantations et il m'a ordonné de m'installer au sommet d'une autre montagne. Quelque temps plus tard, l'empereur Kammu (桓武天皇, 737-806) a ordonné que l'on me chasse de cette montagne. Comme je n'avais nulle part où aller, je suis monté sur un nuage et je me suis laissé guider par le vent. J'ai flotté au-dessus des terres, devenant à l'occasion un esprit vengeur pour provoquer des tempêtes ou des sécheresses. Finalement, en l'an 849, à l'époque du règne de l'empereur Nimmyô (仁明天皇, 810-850), je me suis installé au sommet du Mont Ôe... Vous avez écouté mon histoire sans rien dire. Prenons un peu de saké...

- Comme votre surnom d'« enfant » fait de vous le plus jeune d'entre nous, servez-vous d'abord, répliqua Yorimitsu.

- Puisque vous le dites..., répondit Shutendôji en riant et en avalant d'affilée trois coupes de saké.

Quand vint son tour de boire, Yorimitsu porta la coupe à sa bouche et réalisa que le saké avait une odeur effroyable. Shutendôji tendit une coupe à Yasumasa. Celui-ci la prit et réussit à en jeter discrètement le contenu. Shutendôji tendit ensuite une coupe au vieux aux cheveux blancs et aux trois moines. Ces derniers la refusèrent poliment en expliquant que leur condition de religieux leur interdisait de boire de l'alcool. Ils ajoutèrent qu'ils avaient cependant une bouteille de saké dans leur hotte. Ils la sortirent et en firent boire à la ronde. Soudain, des nuages noirs apparurent dans le ciel et plongèrent les montagnes environnantes dans l'obscurité. Un vent fort se leva et apporta une odeur de sang. Le sol se mit à trembler et le tonnerre à gronder dans le ciel.

- Quel est donc ce prodige ? se demandèrent les guerriers quand ils aperçurent un cortège de monstres de grande taille et au visage effrayant qui approchait en dansant !

Les monstres défilèrent devant eux puis ils présentèrent toutes sortes de spectacles. Ils avaient des visages et des formes très différents les uns des autres. Certains étaient beaux, d'autres étaient hideux au point de faire mourir de peur ceux qui les auraient vus. Il est difficile de rendre compte de leur apparence par l'écriture et vain de chercher à en faire une description mais pourtant, en les voyant, Yorimitsu resta à sa place et il les fixa d'un air imperturbable. Plus il les regardait et plus ses yeux projetaient des éclairs composés de cinq couleurs. Les monstres de la procession s'en aperçurent...

- Regardez cet ascète, fit l'un d'eux. Regardez la lumière dans ses yeux et la colère sur son visage. Ce n'est pas un ascète ! C'est Minamoto no Yorimitsu ! Nous ne sommes pas de taille à lutter contre ce guerrier qui se charge de la protection de la Capitale.

Ceci dit, les monstres de la procession se dispersèrent, qui à l'est, qui à l'ouest, et allèrent se cacher derrière de gros rochers.

Des *oni* décidèrent de tendre un piège à Yorimitsu et à ses camarades. Ils prirent l'apparence de très belles femmes, revêtirent de somptueux habits et se présentèrent à cinq ou six devant eux.

- Nous, ascètes des montagnes, ne pouvons rester dans une pièce en compagnie de femmes, leur répondit Yasumasa. Partez vite !

Yorimitsu, de son côté, les fixa d'un regard chargé de haine et il attendit sans rien dire que les femmes se retirent. Comprenant qu'ils n'arriveraient pas à les duper, les *oni* reprirent leur apparence originelle et quittèrent la pièce. Yorimitsu et ses amis furent ensuite conduits jusqu'à une chambre où ils déposèrent leurs affaires. Ce fut alors qu'ils entendirent une voix qui récitait un soutra. Trouvant cela étrange, Yorimitsu, Yasumasa et le vieux aux cheveux blancs sortirent de la chambre et marchèrent en direction du lieu d'où émanait la voix. Ils arrivèrent ainsi devant une cage dans laquelle se trouvaient quatre femmes et un garçon de quatorze ou quinze ans qui récitait un soutra en pleurant. L'enfant était protégé par les dieux : les dix filles démones, ces créatures infernales qui s'étaient converties au bouddhisme et qui étaient devenues de bonnes divinités, se tenaient à sa gauche et à sa droite tandis que les douze généraux du bouddha de la médecine et un singe brûlant d'une rage comparable à celle de Fudô Myô-ô (不動明王) montaient la garde à l'extérieur de sa prison.

- Quel est donc ce prodige ? demanda Yorimitsu.

- En récitant *Le soutra du lotus*, l'enfant a appelé sur lui la protection des dieux, expliqua le vieux aux cheveux blancs. Le singe n'est nul autre que Ei-zan Hayao Gongen (叡山早尾権現), la divinité protectrice du Mont Hiei. Cet enfant est celui que nous cherchons ! C'est le disciple de Ryôgen, le petit-fils du chancelier Michinaga !

Ils poursuivirent leur exploration. Quand ils regardèrent vers le sud, ils aperçurent un paysage d'été, des champs de fleurs de lis et des tonneaux remplis de viande humaine. Il s'en dégageait une odeur de sang absolument épouvantable. A côté des tonneaux, il y avait des piles de vieux ossements recouverts par la mousse et des piles d'ossements frais et tachés de sang. Quand ils regardèrent vers l'ouest, ils virent un paysage d'automne, des champs de chrysanthèmes et des Chinois enfermés dans des cages.

- Il n'y a pas que des gens de notre pays qui sont retenus prisonniers. Il y aussi des Indiens et des Chinois, se dirent-ils avant de poursuivre leur exploration des lieux.

Quand ils regardèrent vers le nord, ils aperçurent un paysage d'hiver, des champs d'orchidées et des falaises couvertes de neige. Il y avait là une dizaine de *oni* aux formes variées. Yorimitsu, Yasumasa et le vieux aux cheveux blancs retournèrent dans leur chambre et ils racontèrent aux autres ce qu'ils avaient vu.»

Les guerriers décidèrent de passer à l'action et de profiter du fait que les *oni* dormaient, abrutis par les grandes quantités de saké qu'ils avaient ingurgitées. Ils revêtirent leur armure et leur casque, dégainèrent leur épée et entreprirent de massacrer tous les *oni* qu'ils croisèrent sur leur chemin.

« Pendant ce temps, Shutendôji dormait dans une chambre de fer et de pierre. Quatre ou cinq femmes l'entouraient. Elles dormaient près de lui ou elles le caressaient. Quand Yorimitsu et les autres arrivèrent devant la porte de la chambre, ils se dirent qu'ils ne réussiraient jamais à l'ouvrir. Ce fut alors que l'ascète et le vieux aux cheveux blancs prononcèrent des incantations et firent des gestes cabalistiques avec les doigts. La porte disparut comme si elle n'avait été que brume. Les guerriers purent voir à l'intérieur de la chambre. Quand il les avait reçus durant la journée, Shutendôji s'était présenté à eux sous l'apparence d'un garçon mais, maintenant, il se montrait à eux sous sa véritable apparence, celle d'un *oni* de quinze mètres à la tête et au corps rouge, au crâne muni de quinze yeux et de cinq cornes, au pied gauche noir, à la main gauche bleue, au pied droit blanc et à la main droite marron... »

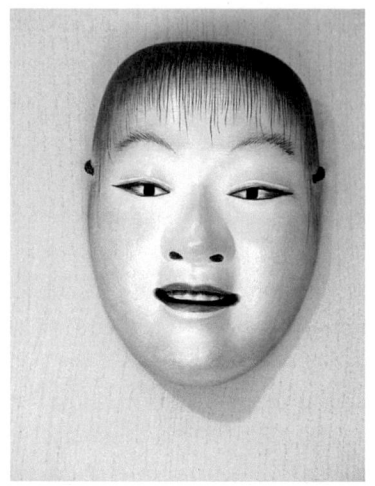 

Les deux visages de Shutendôji (masques exposés au Musée des oni d'Ôe).

Au 15ᵉ siècle, à l'époque où les premières versions de l'histoire de Shutendôji commencèrent à circuler, les Japonais ne croyaient plus vraiment en l'existence des *oni*. Jusqu'alors, les *oni* avaient tenu bien des rôles, symbolisé bien des choses, des épidémies aux étrangers en passant par les rebelles à l'ordre établi et les geôliers des enfers mais, au 15ᵉ siècle, ils faisaient désormais parti du folklore et ils ne terrorisaient plus les gens depuis longtemps. Toutefois, les auteurs du *Rouleau illustré du Mont Ôe*, visiblement conscients du formidable héritage culturel laissé par les *oni*, ont parsemé leur récit d'éléments qui rappellent les différents rôles tenus par ces redoutables créatures au fil des siècles. Ils ont ainsi réalisé une œuvre qui peut, d'abord, être vue comme un hommage aux *oni*.

* Comme nous l'avons vu dans le chapitre précédent, les *oni* doivent énormément au Yin-Yang, cette science introduite de Chine aux alentours du 6ᵉ siècle qui explique les mutations de l'univers par l'interaction du Yin passif et du Yang agissant avec Cinq Eléments. De même que le Yin est associé au froid, à la nuit et à la mort et le Yang au chaud, au jour et à la vie, ces Cinq Eléments sont associés à des saisons, des directions et des couleurs. Rappelons-nous comment

Yorimitsu chasse des démons musiciens en émettant un rayon composé de cinq couleurs et comment Shutendôji a un corps composé de cinq couleurs, les couleurs associées aux Cinq Eléments. Yorimitsu et Shutendôji sont donc présentés comme des principes issus des sciences du Yin-Yang. Le premier symbolise, par sa fonction et par son nom qui signifie « lumière sur laquelle on peut compter » le Yang agissant, positif, tandis que le second, une créature dont le nom de l'espèce serait une déformation du mot Yin, représente, le Yin passif, les influences négatives. *Le rouleau illustré du Mont Ôe* peut donc être lu comme l'affrontement du Yang et du Yin.

* La représentation des *oni* fut aussi influencée par le bouddhisme. La vision de l'au-delà de cette religion introduite au Japon au début du 6e siècle veut que les défunts franchissent la rivière marquant la frontière entre le monde des vivants et celui des morts, déposent leurs vêtements sur un arbre habité par une vieille femme (Datsu-e-ba, 奪衣婆), comparaissent devant une cour de justice et, pour ceux condamnés à une renaissance en enfer, endurent toutes sortes de châtiments infligés par d'horribles créatures à tête de taureau ou de cheval. Dans l'histoire de Shutendôji, Yorimitsu et ses vassaux traversent une rivière et ils rencontrent une vieille femme qui ne prend pas leurs vêtements mais qui lave ceux des victimes des *oni* pour en récupérer le sang. Nul doute que, pour les lecteurs du *Rouleau illustré du Mont Ôe*, la vision de cette femme se superposait avec celle de Datsu-e-ba et que l'expédition de Yorimitsu s'apparentait à une véritable descente aux enfers. Des détails fournis tout au long du récit viennent d'ailleurs régulièrement renforcer cette impression : le franchissement d'une porte de pierre qui ressemble à la bouche d'une caverne, l'étonnant palais de Shutendôji dont les fenêtres donnent sur toutes les saisons sauf le printemps, synonyme de vie et de renaissance, et les mauvais traitements infligés aux personnes enlevées par les monstres du Mont Ôe.

* Les Japonais utilisaient le terme *oni* pour désigner tous les individus qui sortaient de la norme pour une raison ou pour une autre : les défunts, les étrangers, les habitants des montagnes et les voleurs. Shutendôji est un condensé de ces diverses formes d'anormalité : il est le souverain d'un pays qui ressemble à celui des défunts, il a une apparence probablement inspirée par celle des Européens, il habite au sommet d'une montagne, il pille et il enlève des gens. Le terme *oni* servait d'autre part à désigner les enfants « anormaux, c'est-à-dire nés avec un handicap physique, des dents ou une chevelure trop abondante. Ces enfants-là étaient confiés à la garde des moines de quelque temple, abandonnés ou tués. Shutendôji symbolise également cette forme d'anormalité car, même s'il est écrit avec des idéogrammes signifiant littéralement « enfant buveur de saké », son nom est très certainement une déformation de l'expression signifiant « enfant abandonné » en japonais : *Sute-dôji* (捨て童子). Certaines versions de son histoire, le conte *Shutendôji* par exemple, confirment d'ailleurs cette hypothèse et expliquent qu'il vint au monde après être resté trois ans dans le ventre de sa mère, qu'il avait toutes ses dents et tous ses cheveux à sa naissance et qu'il fut pour cette raison abandonné et confié à la garde des moines d'un temple du pays d'Echigo (l'actuelle préfecture de Niigata). Cet aspect de la personnalité de Shutendôji et des *oni* en général, à savoir celui d'être des individus sortant de la norme, permet de comprendre pourquoi il accepte d'héberger Minamoto no Yorimitsu et ses camarades déguisés en ascètes des montagnes : c'est un exclu de la société qui croit offrir l'hospitalité à d'autres exclus.

* Les Japonais utilisaient enfin le terme *oni* pour désigner les rebelles à l'ordre impérial. Le côté rebelle de Shutendôji est non seulement suggéré par le fait qu'il défie les représentants de la cour (le moine Saïchô, le maître du Yin-Yang Abe no Seimei et le guerrier Minamoto no Yorimitsu) mais aussi par son apparence. A l'époque supposée des faits, les adultes avaient en effet coutume de se coiffer et de rassembler leurs cheveux en une tresse mais Shutendôji, une sorte de hippie avant l'heure, ne suit pas les conventions de son temps et se présente à Yorimitsu sous l'apparence d'un jeune et beau garçon aux « cheveux longs qu'il laisse tomber librement sur ses épaules sans les attacher. » Tout cela lui vaudra d'être affublé du nom quelque peu discriminatoire d'enfant (*dôji*) – rappelons quand même au passage qu'au moment de sa rencontre avec Yorimitsu, il est âgé de plus de 200 ans ! – traqué puis tué comme le révèle la suite de l'histoire :

Yorimitsu et ses vassaux attaquent Shutendôji (théâtre du temple Mibu, Kyôto)

« Les guerriers croyaient rêver. Ils reprirent finalement leurs esprits et ils s'approchèrent du monstre pour le frapper.

- Vous n'arriverez pas à le tuer avec vos épées, leur dit alors l'ascète des montagnes. S'il se réveille, cela sera encore plus difficile. Nous allons l'attraper par les bras et les jambes. Pendant ce temps, concentrez-vous puis abattez en même temps vos épées sur son cou !

Ceci dit, le vieux aux cheveux blancs et les trois moines saisirent les membres du roi des *oni* et l'immobilisèrent. Shutendôji releva la tête à cet instant-là et il se mit à rugir d'une voix égalant celle de cent voire même celle de mille personnes.

- Des ennemis ! Tuez-les !

Les *oni* qui avaient été décapités quelques instants plus tôt par les guerriers n'avaient plus de tête mais ils se relevèrent et ils coururent dans tous les sens en battant l'air de leurs bras. Les guerriers abattirent en même temps leur épée sur le cou du roi des *oni*. La tête tranchée du roi des *oni* s'éleva dans les airs et se mit à virevolter en hurlant. Voyant cela, Yorimitsu emprunta vite les casques de Tsuna et de Kintoki et il les posa sur le sien. Tandis que tous se demandaient ce qu'il était en train de faire, la tête volante de Shutendôji vint s'écraser sur Yorimitsu et elle s'agrippa par les dents à ses casques.

- Crevez-lui les yeux ! cria Yorimitsu à ses vassaux.

Tsuna et Kintoki s'approchèrent et ils percèrent les yeux de Shutendôji avec leur épée. Quand ils eurent crevé tous les yeux, le roi des *oni* rendit enfin l'âme. Yorimitsu retira les casques empruntés à ses vassaux et il vit que les crocs du monstre les avaient transpercés de part en part. Au même instant, en bordure de la rivière Futase-gawa, la vieille femme qui lavait le linge des *oni* était enfin libérée de leur emprise. Elle voulut retourner dans son pays mais, comme elle avait été maintenue en vie durant près de 200 ans grâce à leur magie, elle n'arriva pas à redescendre de la montagne. Elle s'écroula sur le sol et elle mourut tandis que ses geôliers se faisaient massacrer. »

Yorimitsu et ses vassaux donnèrent ensuite la chasse aux autres *oni* du Mont Ôe, ils les massacrèrent tous sans exception puis ils jetèrent leurs carcasses dans un grand feu. Le conte *Shutendôji* révèle que, parmi les monstres tués ce jour-là, se trouvait Ibaraki-dôji, ce *oni* qui avait affronté Tsuna sur le Pont du Retour et qui avait assumé l'apparence de sa tante pour venir récupérer son bras tranché durant la bataille. Les guerriers déposèrent la tête de Shutendôji sur une planche puis ils redescendirent de la montagne en compagnie du fils du chancelier Michinaga et des otages libérés. Yorimitsu remercia pour leur aide le vieux aux cheveux blancs et les trois religieux puis, soupçonnant qu'ils étaient bien plus que ce qu'ils avaient dit, il leur demanda de se présenter. Le vieux expliqua qu'il était en réalité le dieu du sanctuaire Sumiyoshi Taïsha et que l'ascète des montagnes était celui du Kumano Jinja, le vieux moine celui d'Iwashimizu Hachimangû et le jeune prêtre celui d'Hiei Taïsha. Ceci dit, les divinités offrirent un chapelet en boules de cristal à Yorimitsu puis elles prirent congé de lui.

Après leur départ, les guerriers décidèrent de retourner à la capitale et d'emporter la tête tranchée de Shutendôji avec eux. Si l'on en croit une légende locale, ils firent un détour par le Tada Jinja (多田神社), ce sanctuaire qui avait été construit par le père de Yorimitsu afin d'y installer son portrait et dans l'enceinte duquel il avait été enterré à sa mort. Yorimitsu se recueillit devant la tombe de son père, il lui annonça la brillante victoire qu'il venait de remporter au sommet du Mont Ôe puis il lava la tête ensanglantée du roi des *oni* dans l'étang du sanctuaire. C'est la raison pour laquelle l'étang du sanctuaire Tada Jinja reçut le nom d'« étang dans lequel fut lavée la tête d'un *oni* » (鬼首洗池)...

L'étang dans lequel fut lavée la tête de Shutendôji (Tada Jinja, Kawanishi)

Si l'on en croit une autre légende locale, Minamoto no Yorimitsu et ses fidèles vassaux prirent le chemin du retour avec leur trophée, ils passèrent le col Ôï-no-saka (老いの坂) et ils se reposèrent quelques instants au sommet. Le col Ôï-no-saka était le dernier col que les voyageurs venant de l'ouest devaient franchir avant de pénétrer dans la Capitale. A l'époque de Yorimitsu, le col Ôï-no-saka était un lieu très fréquenté par les voyageurs et les commerçants car il marquait le point de départ de la San-yô-kaïdô (山陰街道), une importante voie de communication qui traversait les provinces de Tamba et de Tango et qui se terminait en Izumo, la terre sacrée des dieux du shintoïsme. A l'époque de Yorimitsu, les gens avaient coutume de sculpter des statues du bodhisattva Jizô (地蔵菩薩) et de les installer à la croisée des chemins ou aux carrefours des villes parce qu'ils croyaient, comme nous le verrons dans un chapitre ultérieur, que cette divinité bouddhiste souvent représentée sous les traits d'un moine au crâne rasé, les protègerait durant leurs déplacements sur les voies de ce bas-monde et sur celles de l'au-delà. Une statue du bodhisattva Jizô se trouvait au pied du Mont Ôï-no-saka. Les circonstances dans lesquelles cette statue fut sculptée et hérita du surnom de « Jizô de l'accouchement sans douleur » (*Koyasu Jizô-son*, 子安地蔵尊) sont racontées dans *Le Recueil illustré des lieux célèbres de la Capitale* (*Miyako Meisho Zu-e*, 都名所図会 ; Tome 4) :

« Officiellement, le pavillon du Jizô du col Ôï-no-saka porte le nom de Temple du Grand Bonheur Daïfukuji (大福寺). Autrefois, un homme très riche vivait dans la région. Il s'appelait Ichimori (市盛) et il avait une fille. Or, la fille d'Ichimori mourut en couches. Quelque temps plus tard, le moine Genshin (源信, 942-1017) vint passer la nuit chez Ichimori. Quand Genshin se retira dans sa chambre et commença à se livrer à des exercices de méditation, le spectre de la fille d'Ichimori se matérialisa devant lui. L'apparition raconta les souffrances qu'elle endurait en enfer et elle lui demanda de la sauver. Le moine récita aussitôt des prières et parvint ainsi à apaiser les souffrances de la défunte. Cette dernière fit alors la promesse de protéger les femmes sur le point d'accoucher puis elle demanda à Genshin de sculpter une statue de Jizô et de l'exposer dans un pavillon. Ceci dit, elle disparut. Genshin sculpta une statue de Jizô avec la branche d'un arbre qui poussait près de la tombe de la femme, il construisit un pavillon et il y installa la statue. C'est la statue qui se trouve aujourd'hui dans le Pavillon du Jizô du col Ôï-no-saka. »

Avant d'être déplacée en raison du percement d'un tunnel sous le Mont Ôï-no-saka en 1889 et confiée à la garde des habitants d'une maison du quartier, la « statue du Jizô de l'accouchement sans douleur » se dressa pendant des siècles au pied de ce col montagneux. En 1689, le philosophe Kaïbara Ekiken (貝原益軒, 1630-1714), de passage dans la région, visita Ôï-no-saka et mentionna la statue dans son *Journal de voyage dans les provinces du nord-ouest* (*Shoshû Meguri Seihoku Kikô*, 諸州めぐり西北紀行 ; Tome 1) :

« Légèrement à l'ouest du col Ôï-no-saka se trouve un pavillon consacré à la divinité Jizô. C'est une aire de repos entre les provinces de Yamashiro (Kyôto) et de Tamba (Kaméoka). Légèrement au nord de ce pavillon se trouve le poste marquant la frontière entre les provinces de Yamashiro et de Tamba. Depuis les hauteurs du col Ôï-no-saka, on peut voir les montagnes autour de Kyôto. Au sud-ouest du pavillon de Jizô se trouve une éminence plantée de pins. On raconte que c'est un tumulus qui renferme la tête de Shutendôji. » Monticule recouvert de pierres plates et entouré d'une corde *shimenawa*, le tumulus contenant, paraît-il, la tête du roi des *oni* Shutendôji se trouve au sommet du col Ôï-no-saka, dans le quartier Kubi-zuka-chô (首塚町), littéralement « le quartier du tumulus de la tête. » Un petit sanctuaire shintoïste dit du Tumulus de la Tête (Kubi Zuka Myôjin, 首塚明神) et une stèle commémorative se dressent tout près du tumulus. Le texte gravé sur la pierre de cette stèle élevée en 1986 sur l'initiative des habitants du quartier raconte les circonstances extraordinaires ayant conduit à la fondation du sanctuaire Kubi Zuka Myôjin :

« Au début de l'époque Heian, un *oni* nommé Shutendôji s'installa au sommet du Mont Ôe, dans la province de Tamba, et il se mit à effectuer des raids dans la Capitale pour dérober des richesses et enlever des jeunes femmes. Il commit de si nombreux méfaits que les gens ne se sentirent bientôt plus en sécurité et que l'empereur finit par ordonner à Minamoto no Yorimitsu et à ses quatre fidèles vassaux d'exterminer Shutendôji et sa bande. Minamoto no Yorimitsu et ses hommes franchirent le col Senjôgadake au prix de grands efforts, ils massacrèrent les démons, tranchèrent la tête de Shutendôji et ils la rapportèrent à la Capitale en guise de trophée. Sur le chemin du retour, ils se reposèrent ici-même, à Ôï-no-saka. Ce fut à ce moment-là que la statue du 'Jizô de l'accouchement sans douleur' qui se dressait au bord du chemin s'anima et leur dit :

- Vous ne pouvez pas pénétrer dans la Capitale, là où réside l'empereur, avec un objet aussi impur que la tête tranchée d'un *oni* !

- C'est un trophée que nous allons rapporter à la Capitale ! répliqua le puissant Sakata no Kintoki, celui qui, dans sa jeunesse, faisait du *sumô* avec les ours du Mont Ashigara-yama dans la province de Sagami (l'actuelle préfecture de Kanagawa).

Ceci dit, il rassembla toutes ses forces et tenta de soulever la tête tranchée de Shutendôji. Kintoki, lui qui avait porté la tête jusque là, se trouva soudain incapable de la soulever. On raconte que c'est la raison pour laquelle Yorimitsu et ses vassaux, renonçant à rapporter la tête à la Capitale, l'enterrèrent et construisirent le Tumulus de la Tête. On raconte aussi que l'esprit de Shutendôji regretta profondément les actes horribles qu'il avait commis jusqu'à sa mort sous les coups de Yorimitsu et qu'il fit la promesse de guérir tous ceux qui souffraient du haut du corps. C'est la raison pour laquelle le Sanctuaire du Tumulus de la Tête est devenu un lieu où les gens souffrant de la tête viennent prier dans l'espoir de guérir. »

Le Sanctuaire du Tumulus de la Tête (Ôï-no-saka)

Comme nous l'avons déjà dit plus haut, le col Ôï-no-saka marquait le point de départ d'une importante voie de communication. C'était un col qu'empruntaient les marchands pour se rendre à la Capitale. C'était aussi, pour cette raison, un col infesté de brigands. Une des *Histoires qui sont maintenant du passé (Konjaku Monogatari* - 今昔物語 ; XXIX-23), qui servira d'ailleurs de modèle à la nouvelle *Dans le fourré (yabu no naka,* 藪の中) d'Akutagawa Ryûnosuke et au film *Rashômon* (羅生門) de Kurosawa Akira, se fait justement l'écho de leurs méfaits et raconte comment des bandits attaquent un couple à Ôï-no-saka. Le col marquant d'autre part la frontière entre les provinces de Yamashiro (Kyôto) et de Tamba (Kaméoka), entre la

Capitale et le monde extérieur, les empereurs avaient coutume d'y dépêcher régulièrement leurs maîtres du Yin-Yang et de leur faire célébrer des rituels destinés à repousser le Dieu des Epidémies et autres influences néfastes hors des limites sacrées de la Capitale. Les circonstances exactes ayant conduit à l'édification du Sanctuaire du Tumulus de la Tête ne sont, hélas, pas connues mais le professeur Takahashi ainsi que d'autres spécialistes de la question pensent qu'il fut peut-être construit afin de servir d'avertissement à tous ceux, les voleurs comme les influences néfastes, qui chercheraient à pénétrer dans la Capitale pour en troubler l'ordre public.

Un col montagneux situé à la limite de la Capitale et du monde extérieur dont le nom ressemble à Ôe et fut même lu Ôe à certaines époques de l'histoire du Japon... Un col montagneux infesté de bandits... Un col montagneux servant de cadre à d'obscurs rituels magiques ayant pour but de tenir à l'écart les influences néfastes... Un mystérieux tumulus dont le nom annonce la nature de la peine encourue par les fauteurs de troubles, à savoir la décapitation... Une statue de la divinité bouddhiste des chemins installée au pied de cette montagne... La conjonction de tous ces éléments permet facilement d'imaginer pourquoi les habitants d'Ôï-no-saka en vinrent à faire le rapprochement avec l'histoire de Shutendôji, à raconter que leur statue de Jizô avait protégé la Capitale en interdisant l'entrée de la tête tranchée dans ses limites sacrées et même à affirmer que leur col était en réalité celui de la légende ! Ils ne furent d'ailleurs pas les seuls car, popularité de l'histoire oblige, les habitants d'autres régions du Japon revendiquèrent eux-aussi l'honneur pour leur montagne d'avoir servi de repaire à Shutendôji !

Les différentes versions de l'histoire de Shutendôji se font l'écho de cette polémique : *Le rouleau illustré du Mont Ôe* parle d'une « montagne au nord-ouest de la Capitale » et le conte *Shutendôji* du Mont Senjôgatake, l'ancien nom du Mont Ôe. Ces deux œuvres, de même que la plupart des autres versions, désignent sans aucun doute possible le Mont Ôe qui se trouve près de la Mer Intérieure du Japon, à une centaine de kilomètres au nord-ouest de Kyôto. Par contre, la pièce de nô *Le Mont Ôe* parle d'une montagne située « près de la

Capitale » et semble donc plutôt faire allusion à Ôï-no-saka, ce col montagneux qui est situé à quelques kilomètres à l'ouest de Kyôto et qui fut, à certaines époques, appelé Ôe. D'autres versions, enfin, situent l'histoire de Shutendôji en un tout autre lieu. C'est le cas du *Rouleau illustré de Shutendôji* qui se passe au sommet du Mont Ibuki, une montagne au nord de Kyôto...

Le tumulus de la tête de Shutendôji (Ôi-no-saka)

Une autre polémique concerne la fin de l'histoire. La légende du col Ôï-no-saka affirme que la tête de Shutendôji ne fut pas rapportée à la Capitale à cause de l'intervention de la divinité Jizô tandis que *Le rouleau illustré du Mont Ôe* raconte de son côté comment Minamoto no Yorimitsu et ses fidèles vassaux firent une entrée triomphale dans la Capitale avec la tête du roi des *oni* :

« Yorimitsu, Yasumasa, les guerriers et les gens qui avaient été enlevés par le roi des *oni* arrivèrent finalement au pied du Mont Ôe. Ils construisirent un abri en bordure de la route conduisant à Ikuno puis ils envoyèrent Usui no Sadamitsu chercher des chevaux et annoncer leur victoire aux gens de la région. Quand les parents des enfants et des femmes retenus prisonniers par les monstres apprirent la nouvelle de leur libération, ils furent émus jusqu'aux larmes. En voiture, à cheval ou à pied, ils prirent le chemin d'Ikuno et se hâtèrent vers le Mont Ôe. Parmi eux, il y eut des maris qui retrouvèrent leur femme et crurent rêver. Parmi eux, il y eut des gens désespérés qui pleurèrent de désespoir en apprenant que les parents ou les enfants qu'ils étaient venus chercher n'étaient plus de ce monde. Les guerriers retournèrent ensuite à la Capitale. Yorimitsu et Yasumasa ne prirent pas le temps de se changer. Ils passèrent leur armure sur leur robe d'ascète et ils abaissèrent à moitié leur capuchon afin de pouvoir mettre leur casque. Il y avait foule pour les voir en bordure des routes, dans tous les lieux, dans toutes les montagnes et à tous les postes frontières. Quand se répandit la nouvelle selon laquelle Yorimitsu et Yasumasa allaient faire leur entrée dans la Capitale avec la tête du roi des *oni*, leurs vassaux accoururent en grand nombre pour les voir. Les spectateurs se comptèrent par centaines de milliers.

- Yorimitsu et Yasumasa sont nés dans des familles de guerriers, disaient certains. Ils sont des experts de la voie des armes et ils ont déjà remporté de nombreuses victoires mais vaincre un roi démon est une chose rare que l'on n'avait pas vue depuis l'époque de Sakanoue no Tamuramaro (坂上田村麻呂, 781-811), ce général qui avait pacifié les pays du nord-ouest, ou depuis l'époque de Fujiwara no Toshihito (藤原利仁, 10e siècle), ce préfet qui avait nettoyé de ses bandes de voleurs le pays de Shimotsuke.

Comme les guerriers ne pouvaient pénétrer dans l'enceinte sacrée du palais avec une chose aussi impure que la tête tranchée d'un *oni*, l'empereur et le chancelier Michinaga firent apprêter leur voiture et ils allèrent assister au défilé en bordure d'une avenue. En voyant la tête tranchée du monstre et l'allure martiale des guerriers, ils n'en crurent ni leurs yeux ni leurs oreilles. Comme la tête d'un *oni* était un objet extrêmement rare, décision fut prise de l'exposer dans la salle aux trésors du temple Byôdô-in (平等院) à Uji. Par la suite, le chancelier et les ministres se réunirent et ils dirent :

- Même si, de l'antiquité à notre époque, il y a eu de nombreuses générations de preux qui n'ont eu de cesse d'exterminer les ennemis de l'empire, nous devons récompenser au plus vite ces deux courageux guerriers.

Ils décernèrent le titre de « grand pacificateur de l'ouest » à

Yasumasa et ils lui octroyèrent le gouvernement provincial du pays de Chikuzen (nord-ouest de l'actuelle préfecture de Fukuoka). Ils décernèrent le titre de « grand pacificateur de l'est » à Yorimitsu et ils lui octroyèrent le gouvernement provincial du pays de Mutsu (actuelles préfectures d'Aomori, Iwate, Miyagi et Fukushima). Quelque temps plus tard, les otages chinois libérés par Yorimitsu et ses vassaux allèrent trouver l'empereur du Japon et ils lui demandèrent l'autorisation de rentrer dans leur pays :
- Nous avons été séparés de nos familles et entraînés dans un monde infernal. Nous avons été enfermés dans une caverne où l'on ne pouvait distinguer l'est de l'ouest. Nous étions pareils à des oiseaux auxquels on avait retiré les ailes, pareils à des poissons auxquels on avait retiré les nageoires. Nous avons pu échapper au roi des *oni* grâce à l'intervention de deux courageux généraux. Nous leur sommes reconnaissants de nous avoir délivrés et nous voudrions maintenant obtenir l'autorisation de rentrer dans notre pays. Nous raconterons à la cour de notre pays les étranges incidents dont nous avons été les témoins, nous diffuserons au-delà des mers la croyance en Fudô Myô-ô et nous ferons l'éloge de ces deux grands guerriers...
- Nous n'avons aucune raison de vous empêcher de rentrer dans votre pays, leur répondit-on. On va vous conduire à Kyûshû. Là, vous y résiderez en attendant des vents favorables à un voyage en mer.
Il en fut fait ainsi. Les Chinois allèrent à Hakata, ils prirent un bateau dans la baie de Kansaki et ils retournèrent dans leur pays. »

Le rouleau illustré du Mont Ôe contient un certain nombre de détails – un « roi » habitant dans un somptueux palais au sommet d'une montagne et la libération de prisonniers asiatiques, pour ne citer que les plus frappants – qui laissent penser que cette aventure de Minamoto no Yorimitsu pourrait bien être plus qu'un simple récit de chasse aux monstres. Comme nous l'avons vu dans le chapitre précédent, Yorimitsu fut transformé en héros et érigé en tueur de créatures surnaturelles assimilées, entre autres choses, aux ennemis de l'empire à l'époque où l'un de ses descendants en ligne directe, Minamoto no Yoritomo (源頼朝, 1147-1199), devint le maître absolu du Japon et fonda le gouvernement militaire de kamakura. Le gouvernement de Kamakura prit fin en 1333, lorsqu'un autre descendant de Minamoto no Yorimitsu, Ashikaga no Takauji (1305-1358, 足利尊氏), s'empara du pouvoir, établit un nouveau gouvernement militaire dans le quartier de Muromachi à Kyôto et installa un empereur à sa solde sur le trône. En agissant de la sorte, Takauji provoqua une nouvelle guerre qui vit l'affrontement des partisans de « son » empereur installé à Kyôto (la cour du nord) et de ceux de l'empereur légitime exilé dans les montagnes de Yoshino (la cour du sud). La guerre des deux cours prit fin en 1392 lorsque le troisième *shôgun* Ashikaga, Yoshimitsu (足利義満, 1358-1408), parvint à convaincre l'empereur de la cour du sud de restituer les insignes du pouvoir qu'il avait en sa possession et de reconnaître la légitimité de la cour du nord.

Statue de Shutendôji (Ôeyama).

Ashikaga Yoshimitsu n'était pas seulement un guerrier et un fin diplomate. Il était aussi un esthète qui fit construire de somptueux palais (le célèbre Pavillon d'Or en 1394) et qui entretint une cour d'artistes. Ce fut durant son règne qu'une nouvelle vague d'œuvres mettant en scène Minamoto no Yorimitsu, son glorieux ancêtre, fit son apparition. Parmi les artistes bénéficiant de sa protection, se trouvait Zeami, fondateur du théâtre *nô* et auteur d'une pièce inspirée par l'histoire de Shutendôji et vraisemblablement écrite dans le but de satisfaire l'ego de son puissant mécène. Et pourtant, le rôle de Shutendôji est tenu par le *shite* (acteur principal) et, au moment de se faire décapiter par Yorimitsu, ce dernier prononce de bien curieuses paroles : « les *oni*, eux, ne trompent pas les gens ! » Cette phrase pose indubitablement Shutendôji en victime et fait de Yorimitsu un personnage peu sympathique qui use de méthodes allant à l'encontre de l'étique guerrière pour parvenir à ses fins. En plaçant de telles paroles dans la bouche du roi des *oni*, Zeami tenait peut-être à exprimer sa sympathie pour le perdant de l'histoire mais il tenait peut-être aussi à exprimer ses sympathies politiques à l'égard de la « cour du sud », cette cour contrainte à se cacher dans un palais au sommet d'une montagne (tout comme Shutendôji) et à affronter un adversaire envoyé par l'empereur de Kyôto qui n'hésitait pas, à l'occasion, à enfreindre les règles de l'étique guerrière (tout comme Yorimitsu)...

Le *shôgun* Ashikaga Yoshimitsu déploya également de grands efforts pour développer le commerce extérieur avec la Chine et la Corée. Or, en ce temps-là, ces deux pays vivaient dans la crainte des exactions commises par les pirates japonais (*wakô*, 倭寇) qui apparaissaient sur leurs côtes, volaient du riz, enlevaient des gens puis regagnaient leur repaire sur l'île de Kyûshû. En 1368, l'empereur chinois dépêcha des émissaires auprès de l'empereur de la cour du sud et le somma de mettre un terme aux exactions de ces pirates. En vain. Quelques années plus tard, le *shôgun* Ashikaga Yoshimitsu nettoya l'île de Kyûshû de ses pirates, libéra quelque 150 prisonniers coréens et chinois et les renvoya dans leur pays. Dans son ouvrage consacré à Shutendôji, le professeur Takahashi estime que la libération des otages asiatiques mentionnée dans *Le rouleau illustré du Mont Ôe* constitue une allusion directe à cet événement historique. L'on ignore si les auteurs du *Rouleau illustré du Mont Ôe* bénéficièrent eux aussi de la protection du *shôgun* Ashikaga Yoshimitsu mais il n'en demeure pas moins vrai qu'ils réalisèrent une œuvre à la gloire de son ancêtre Yorimitsu et qu'ils truffèrent leur récit d'allusions à ses faits d'armes...

8. Comment Minamoto Yorimitsu et les Rois Célestes livrèrent bataille à une araignée de terre géante.

En dépit de l'air plutôt récent (à l'échelle de l'histoire de Kyôto s'entend…) de ses bâtiments, le temple qui se dresse tout près du carrefour des avenues Sembon-dôri et Kita-ôji fait partie de ces lieux qui auraient été construits des décennies avant que l'empereur Kammu (桓武天皇, 737-806) ne vienne s'installer dans la plaine de Kyôto et ne s'y fasse construire sa nouvelle et bien mal nommée Capitale de la Paix et de la Tranquillité. Ce temple aurait en effet été fondé en 621 ou 622, soit plus de 170 ans avant le déplacement de la capitale à Kyôto, par le très célèbre prince Shôtoku Taïshi (聖徳太子, 574-622). On raconte que celui-ci visitait fréquemment la région et que, dans les dernières années de sa vie, il y construisit un temple et le consacra à sa défunte mère. Dans les siècles qui suivirent, ce temple bénéficia du soutien régulier des empereurs de Kyôto. Il fut agrandi par l'empereur Uda (宇多天皇, 867-931) puis il fut rebaptisé Jôbon Rentaï-ji (上品蓮台寺) par l'empereur Murakami (村上天皇, 947-975) parce qu'il se trouvait à l'entrée de Rentaïno (蓮台野), le cimetière du nord de la Capitale de la Paix et de la Tranquillité.

Aujourd'hui, rien ne laisse supposer que le temple Jôbon Rentaï-ji comptait jadis parmi les plus grands édifices de Kyôto car la plupart de ses bâtiments ont été soit détruits durant les guerres civiles du 15e siècle soit abandonnés à l'ère Meiji. Seuls trois bâtiments qui semblent perdus au milieu d'une enceinte devenue trop grande ont survécu aux aléas de l'histoire. Ils abritent de fabuleux trésors artistiques qui sont, pour certains, classés au patrimoine national mais qui ne sont pas présentés au public (tous les temples de Kyôto ne se visitent pas). Seuls l'esplanade et le cimetière aménagé dans un coin de l'enceinte du temple sont accessibles au public. L'esplanade est plantée de cerisiers qui, au moment de leur floraison en avril, attirent toujours de nombreux visiteurs. Le cimetière est, quant à lui, surtout fréquenté par les habitants du quartier qui viennent se recueillir sur la tombe de leurs ancêtres mais aussi par d'occasionnels touristes, des amateurs d'art et de théâtre pour la plupart.

Les amateurs d'art viennent y voir la tombe de Jôchô (定朝, ?-1057), le plus grand sculpteur d'œuvres religieuses du milieu de l'époque Heian, et ceux de théâtre une certaine pierre tombale qui se dresse au bout d'une allée du cimetière devant un grand arbre et sur laquelle les mots « tertre funéraire de l'aristocrate Minamoto no Yorimitsu » sont gravés. *La suite au recueil illustré des lieux célèbres de la Capitale* (*Shûi Miyako Meisho Zu-e*, 拾遺都名所図会 ; tome 3), un guide touristique de Kyôto publié à l'automne 1789, mentionne ce tertre funéraire dit de Raïkô (autre lecture possible des idéogrammes Yorimitsu) et révèle qu'il se trouvait à l'origine en bordure d'une rue plus à l'ouest, c'est-à-dire dans la zone qui correspondait jadis au cimetière de Rentaïno. L'origine de ce tertre funéraire n'est pas connue avec précision. Est-ce un vieux tumulus qui, en raison des légendes locales prétendant (faussement) que Yorimitsu habitait dans le quartier, fut progressivement considéré comme sa tombe ? Est-ce, au contraire, une vraie tombe qui fut érigée à sa mémoire dans le cimetière du nord de la Capitale par ses proches ? Mystère…

Quoiqu'il en soit, le tertre funéraire de Raïkô fut finalement déplacé et reconstruit dans le cimetière du temple Rentaï-ji en 1932 et d'étranges rumeurs se mirent alors à circuler à son propos, des rumeurs affirmant qu'il était maudit et qu'il transmettait un mal étrange à tous ceux qui le profanaient. On raconte qu'un jardinier tailla les branches de l'arbre au pied duquel se trouvait le tertre funéraire de Raïkô et qu'il décéda quelque temps plus tard, emporté par un mal étrange. La crainte inspirée par le tertre funéraire de Raïkô est toujours vivace et, aujourd'hui encore, les habitants de Kyôto ne pénètrent pas sans raison dans le cimetière du Rentaï-ji et les jardiniers refusent toujours de tailler les branches du grand arbre à l'ombre duquel il se dresse. On raconte aussi que la maladie provoquée par le tertre funéraire de Raïkô est la même que celle qui tourmenta Minamoto no Yorimitsu durant l'été de l'année où son vassal Watanabe no Tsuna trancha le bras d'un *oni* sur le Pont du Retour (l'an 950, si l'on en croit le chapitre 16 du *Prologue à l'histoire de la grande paix - Zen-Taïheïki*, 前太平記, le seul ouvrage à dater l'incident). Comme cette maladie avait été provoquée par une araignée géante, le tertre funéraire de Raïkô est aussi connu sous le nom de « tertre funéraire de l'araignée. » (*Kumo Zuka*, 蜘蛛塚)…

Le tertre funéraire de Raïkô (Temple Jôbon Rentaïji, Kyôto)

Les vieux guides touristiques de Kyôto révèlent que, outre « le tertre funéraire de Raïkô », il existait de nombreux autres tertres funéraires dans le nord de la ville et que l'un d'eux portait le nom de Tertre funéraire de l'araignée de terre (*Tsuchigumo Zuka*, 土蜘蛛塚). Ce second tertre funéraire de l'araignée, en fait une grosse pierre ronde, se trouvait derrière le sanctuaire Kitano Temmangû (北野天満宮), dans l'angle nord-ouest du carrefour des avenues Nanahonmatsu et Ichijô. Un guide paru en 1711, *Le Guide des sites touristiques de Kyôto* (*Sanshû Meïseki-shi* - 山州名跡志 ; tome 8), le présente de la manière suivante : « tertre funéraire de l'araignée de terre. Connu aussi sous le nom de tertre funéraire de l'ascète des montagnes (*Yamabushi Zuka*, 山伏塚). Situé devant la porte du jardin du temple Seiwa-In (清和院, aujourd'hui disparu). Origine inconnue. Dans le passé, une scène de théâtre se trouvait à côté de ce tertre funéraire. De temps en temps, des acteurs venaient y donner des représentations de *sarugaku* (猿楽, une sorte de spectacle chanté et dansé). Pendant la période que duraient les représentations, les jours de beau temps étaient rares. Il pleuvait souvent et tout le monde racontait que c'était à cause des spectateurs qui montaient sur la pierre du tertre funéraire pour assister au spectacle et qui provoquaient la colère de l'esprit de l'araignée de terre qui avait été enterrée sous cette pierre. Récemment, la scène de théâtre a été démontée et reconstruite plus à l'ouest. » Un guide paru en 1780, *Le recueil illustré des lieux célèbres de la Capitale* (*Miyako Meisho Zu-e,* 都名所図会 ; tome 1), ajoute en substance que le gros rocher situé derrière le sanctuaire Kitano Temmangû servit pendant très longtemps de nid à cette araignée de terre géante avant de finalement devenir son tertre funéraire.

L'histoire de cette mystérieuse araignée de terre géante qui tourmenta Minamoto no Yorimitsu durant l'été 950 et dont l'esprit vengeur inspira pendant très longtemps les pires craintes aux habitants de la Capitale est racontée dans la version Yashirobon du *Dit du Heike* (屋代本・平家物語 ; XI-12) :

« L'été de cette année-là (celle où son vassal Watanabe no Tsuna trancha le bras d'un *oni* sur le Pont du Retour), Yorimitsu fut la proie de fortes fièvres. Les prêtres convoqués à son chevet eurent beau réciter des prières, rien n'y fit. Yorimitsu ne guérissait pas. Il avait des crises tous les jours. Quand ces crises se produisaient, il devenait la proie d'un épouvantable mal de tête et d'une forte fièvre et il souffrait au point de ne plus pouvoir faire la différence entre le ciel et la terre. Ces crises duraient pendant deux heures puis la fièvre retombait et son mal de tête disparaissait. Yorimitsu souffrit de la sorte durant près de trente jours. En une certaine occasion, il fut de nouveau victime d'une poussée de fièvre qui dura près de deux heures puis, quand il se sentit mieux, les Quatre Rois Célestes qui veillaient à son chevet le quittèrent et allèrent prendre un peu de repos. La fièvre était retombée mais Yorimitsu n'était pas encore complètement rétabli. Comme la nuit commençait à tomber, il alluma la chandelle qui se trouvait près de son lit puis il resta allongé et il médita sur les choses de ce bas-monde. Ce fut alors qu'un moine qui mesurait 2,10m de haut apparut à la lumière de la lampe. Il s'approcha et il se mit à ligoter Yorimitsu avec de grosses cordes. Yorimitsu, surpris, se leva et dit :

- Qui êtes-vous pour me ligoter de la sorte, moi, Minamoto no Yorimitsu ? Maudit moine !

Yorimitsu prit son épée *Tranche Jarret* qui était posée à côté de son oreiller puis il frappa son adversaire. Le raffut provoqué par la bataille alerta les Rois Célestes qui retournèrent en courant dans la chambre de Yorimitsu.

- Que se passe-t-il ? lui demandèrent-ils.

- Et bien, voilà…, fit Yorimitsu qui commença

Le moine (théâtre du Temple Emmadô, Kyôto)

à leur raconter toute l'affaire et qui remarqua au même moment des tâches de sang au pied de sa lampe de chevet.

- Comme c'est curieux !

Yorimitsu et les Rois Célestes allumèrent des torches et ils inspectèrent les lieux. Ils ouvrirent la porte-fenêtre et ils descendirent sur la véranda. Ils y trouvèrent des tâches de sang. Ils sortirent ensuite de la résidence et ils découvrirent des tâches de sang sur la route. Ils les suivirent et arrivèrent ainsi devant l'entrée d'un tertre funéraire, un empilement de grosses pierres qui se trouvait derrière l'enceinte du sanctuaire Kitano Temmangû. Ils avancèrent jusqu'à l'entrée du tertre funéraire puis ils retirèrent les grosses pierres qui le recouvraient. A l'intérieur, ils découvrirent une araignée de terre qui était tellement énorme que des cordes de deux mètres de long n'auraient pas suffi à la ligoter. Ils arrivèrent néanmoins à l'attacher et à la tirer à l'extérieur.

- Quelle horrible créature ! J'ai beau m'appeler Yorimitsu, il n'y a rien d'étonnant à ce que je souffre autant pendant trente jours...

    Yorimitsu et ses fidèles vassaux transpercèrent le monstre avec un pieu de fer puis ils allèrent l'exposer sur les rives de la rivière Kamo-gawa afin que son cadavre serve d'exemple à tous. Comme il avait utilisé son épée *Tranche Jarret* (*Hiza Maru*, 膝丸) pour trucider le monstre, Yorimitsu décida de changer son nom et de l'appeler désormais *Tranche Araignée* (*Kumo Kiri*, 蜘蛛切). »

    Probablement influencés par ce récit qui avait été popularisé par la littérature et le théâtre et qui affirmait qu'une araignée géante habitait sous un tertre derrière le sanctuaire Kitano Temmangû, les gens firent très tôt le rapprochement entre le nid de l'araignée de la légende et la pierre qui se trouvait devant l'entrée du jardin du temple Seiwa-in et, puisque le monstre avait approché Minamoto no Yorimitsu sous l'apparence d'un moine puis sous celle d'une araignée, ils attribuèrent à la pierre les surnoms de « tertre funéraire de l'Ascète des Montagnes » et de « tertre funéraire de l'Araignée de Terre. » Le rapprochement fut grandement facilité par le fait que la pierre se trouvait idéalement situé « derrière » le sanctuaire Kitano Temmangû et que, si l'on en croit la description du *Recueil illustré des lieux célèbres de la Capitale*, elle ressemblait au dos courbé d'une araignée.

    A la fin du 19e siècle, le temple Seiwa-in ferma ses portes, son jardin fut laissé à l'abandon et son célèbre tertre funéraire rasé. *Le plan d'occupation des sols de Kyôto* (*Kyôto Bômokushi*, 京都坊目誌 ; tome 5), un volumineux ouvrage compilé par Usui Kosaburô (碓井小三郎) en 1916, rapporte sa destruction dans les termes suivants :

    « Le tertre funéraire de l'araignée, aussi connu sous le nom de tertre funéraire de l'ascète des montagnes, était une éminence qui se trouvait dans un champ. On racontait que c'était le tumulus sous lequel habitait l'araignée qui avait rendu malade Minamoto no Yorimitsu. Hypothèse douteuse inspirée par le chapitre des Epées de *L'histoire de la grande paix* et d'autres ouvrages du même style. Le propriétaire du terrain, un certain Sawaragi Takejirô (椹木竹次郎), a fait détruire le tertre en 1889 afin de construire une maison. Sous le tertre, il a découvert des fragments de statues de bouddha, des pierres tombales, des lanternes de pierre et des chapiteaux de lanterne. » L'histoire du tertre funéraire de l'araignée ne s'arrête pas là. Une légende locale raconte en effet comment Monsieur Sawaragi, réalisant qu'un des chapiteaux de lanterne probablement issu des décombres du temple Seiwa-in était une pièce rare datant de l'époque Heian, le rapporta chez lui et s'en servit pour décorer son jardin. Bien mal lui en prit. Dans les semaines qui suivirent, il tomba gravement malade et ses affaires périclitèrent. Attribuant ses malheurs à la malédiction de l'araignée que l'on disait habiter sous le rocher qu'il avait détruit quelques jours plus tôt, il s'empressa d'aller reposer le chapiteau à son emplacement originel. Cependant, tout aussi désireux de se soustraire à la malédiction de l'araignée que de se faire construire une maison, il reposa la lanterne dans les limites du jardin du Seiwa-in mais en un endroit légèrement différent. A compter de ce jour, les habitants du quartier ne parlèrent plus de « malédiction du tertre funéraire de l'araignée » mais de « malédiction de la « lanterne de l'araignée », ils évitèrent de passer devant et ils se mirent à raconter que son simple toucher pouvait rendre malade !

Le terrain sur lequel se trouvait la lanterne de l'araignée fut ensuite racheté par les membres de la famille Ikujima (生島). Afin de se mettre à l'abri de la malédiction de l'araignée, ils allèrent trouver les moines du Higashimukô Kannon Dera (北野東向観音寺), le temple bouddhique de leur quartier, et ils leur confièrent la garde du chapiteau et des reliques découverts par Monsieur Sawaragi sous le tertre funéraire de l'araignée. Les moines acceptèrent et ils installèrent les objets incriminés dans un coin de leur jardin. Ils s'y trouvent toujours. Le chapiteau de la lanterne de l'araignée et les autres reliques s'alignent le long du mur d'enceinte du temple et une barrière en interdit l'accès au public. Le chapiteau maudit est soigneusement enfermé dans un petit abri en forme d'autel shintoïste. Même si son aspect anodin laisse difficilement imaginer qu'il terrifia les habitants d'un quartier durant près d'un siècle, il n'en demeure pas moins vrai que les gens évitent toujours de passer à proximité par peur de succomber au mal étrange qui avait frappé Minamoto no Yorimitsu…

La lanterne de l'araignée de terre (Temple Higashimukô Kannon Dera, Kyôto)

  A défaut de confirmer l'existence effective d'une malédiction, les péripéties du chapiteau de lanterne trouvé sous le rocher du temple Seiwa-in montrent à quel point l'histoire de l'araignée de terre a marqué les habitants de Kyôto. Il faut dire que l'histoire a fait l'objet d'un nombre considérable d'adaptations et qu'elle a été racontée, au fil des siècles, sous la forme de conte, d'estampe, de rouleau illustré et de pièce de théâtre. Les premières versions de l'histoire de l'araignée apparurent aux alentours du 14e siècle, à une époque qui vit l'effondrement du gouvernement militaire de Kamakura (1185-1333) et la fondation de celui de Muromachi (1333-15733). En d'autres termes, à une époque où les descendants en ligne directe du Minamoto no Yorimitsu historique, les membres du clan Minamoto puis les *shôgun* Ashikaga, gouvernaient le pays au nom de l'empereur. Parmi les œuvres produites à cette époque, *Le rouleau illustré de l'araignée de terre* (*Tsuchigumo-zôshi*, 土蜘蛛草紙) mérite une mention particulière car ses auteurs, le moine écrivain Yoshida Kenkô (吉田兼好, 1283-1350) et le peintre Tosa Kôryû (土佐長隆), ne se sont pas contentés d'adapter l'histoire telle qu'elle est racontée dans *Le dit du Heike*, ils l'ont réécrite et transformée en un conte fantastique où Minamoto no Yorimitsu et son vassal Watanabe no Tsuna pénètrent dans une maison hantée et affrontent une stupéfiante galerie de monstres avant de se retrouver face à l'araignée de terre du titre. A la différence des autres versions qui commencent dans la résidence de Yorimitsu et qui se terminent devant le tertre de l'araignée quelque part derrière le sanctuaire Kitano Temmangû, dans ce qui était alors le cimetière du nord de Rentaïno, *Le Rouleau illustré de l'araignée de terre* commence dans le cimetière de Rentaïno et il se termine au sommet de Kagura-oka (神楽岡), une colline de l'est de la ville qui servait aussi de cimetière aux habitants de Kyôto mais où, malheureusement, aucune stèle ou monument ne viennent rappeler les événements qui s'y déroulèrent il y a plus de mille ans :

« Minamoto no Yorimitsu était un célèbre guerrier, un descendant en ligne directe de l'empereur Seiwa. Le 20 du dixième mois, le « mois dans dieux », d'une certaine année, Yorimitsu traversa la plaine de Rentaïno, près du Mont Kita-yama. Il était accompagné de son fidèle vassal Watanabe no Tsuna, le plus redoutable guerrier de son époque. Yorimitsu avait passé à sa ceinture une grande épée de 90 centimètres. Tsuna portait une armure et il tenait dans ses mains un arc et des flèches. Tandis qu'ils traversaient la plaine de Rentaïnô, ils aperçurent un crâne humain qui volait dans le ciel. Ce crâne semblait être porté par le vent et il volait en passant au travers des nuages. Yorimitsu proposa à Tsuna de le suivre et de voir où il se poserait. Les guerriers se lancèrent à sa poursuite et ils arrivèrent ainsi au sommet du Mont Kagura-oka. Ils n'y trouvèrent nulle trace du crâne volant mais, par contre, ils aperçurent une vieille maison.

Ils pénétrèrent dans le jardin de la propriété, mouillèrent les manches de leur habit en écartant les herbes folles couvertes de rosée et virent que les plantes grimpantes qui décoraient le portail avaient séché. Quand ils virent ensuite un petit tertre planté d'érables rougeoyants à l'ouest et un bassin avec une source au sud, ils comprirent que la maison était celle de quelque grand dignitaire du temps jadis. Le jardin de la propriété ressemblait maintenant à un champ de chrysanthèmes et d'orchidées et le portail était devenu un nid pour les oiseaux. Les guerriers franchirent la porte principale de la

maison. Yorimitsu ordonna à Tsuna de rester à l'entrée tandis qu'il allait inspecter la maison. Yorimitsu entendit, à travers les portes coulissantes de la cuisine, le bruit de la respiration d'une vieille femme. Il frappa et ouvrit les portes.
- Qui êtes-vous ? Que faites-vous là ? demanda Yorimitsu.
- J'habite ici. Je viens d'avoir 290 ans et j'ai servi les neuf propriétaires successifs de cette maison, répondit une vieille aux cheveux blancs qui étaient réunis en une tresse.

Tout en parlant, la vieille saisit une sorte de poinçon et elle s'en servit pour ouvrir ses paupières et les rabattre sur le haut de sa tête à la manière d'un chapeau. Elle prit ensuite une sorte d'épingle à cheveux, elle la coinça entre ses lèvres et elle la plaça de façon à garder la bouche ouverte. Elle attrapa enfin son sein gauche puis son sein droit, elle les étendit et s'en servit comme d'un plastron qui lui descendait jusqu'aux genoux.

- Les printemps viennent et les automnes passent mais je n'oublie rien. Les années viennent et passent mais ma haine reste intacte, expliqua la vieille. Comme un *oni* a été enterré en ce lieu, les gens ne viennent plus dans cette maison. On dit que la jeunesse passe mais, moi, j'ai vieilli et je suis pourtant toujours vivante. Je suis triste parce que les rossignols ne viennent plus faire leur nid et parce que les hirondelles ne passent plus que très loin. Quand je vous vois, noble sire, je suis pareille à cette jeune fille qui se retrouva face au poète chinois Baï Letian (白楽天, 772-846). Nous ne sommes pas en Chine mais mon émoi est comparable à celui de cette jeune fille qui, après cette rencontre, pleura de tristesse à chaque fois qu'elle contempla le reflet de la lune à la surface des rivières de ce pays lointain. Je vous ai rencontré et j'ai compris ce qu'il me restait à faire. Je vous en prie, tuez-moi ! Je vais réciter dix fois l'invocation du bouddha Amida et je vais attendre que ses cohortes célestes viennent me chercher pour me conduire au paradis. Je vous en prie, exaucez ma prière !

Jugeant préférable de ne rien répondre à une femme aussi étrange, Yorimitsu sortit de la pièce. Au même moment, Tsuna pénétrait à son tour dans la cuisine de la résidence. La nuit tomba. Le ciel prit un air inquiétant. Un vent fort se mit à souffler et à faire tomber les feuilles des arbres aux formes indistinctes dans l'obscurité. La foudre et des éclairs déchirèrent le ciel. Tsuna était mal à l'aise.

- Il m'a dit de rester ici mais, si des monstres venaient à nous attaquer, nous aurions plus de chances de nous en tirer à deux... Je ne peux pas rester ici à l'attendre mais je ne peux pas non plus quitter mon poste... Comme dit le proverbe, « l'honneur n'a pas deux maîtres et la concubine n'ignore pas son roi. » Je ne peux pas lui désobéir et trahir la confiance qu'il a placée en moi...

Tsuna resta donc à son poste, mouillé par la pluie et battu par le vent. Yorimitsu, de son côté, poursuivait la visite de la maison. Soudain, il tendit l'oreille car il venait d'entendre des bruits de pas qui ressemblaient à des battements de tambour. L'instant suivant, il aperçut une horde de monstres aux formes diverses qui se mit à défiler devant lui. Les yeux de Yorimitsu étincelaient à la lumière de la lampe de la pièce. Les monstres firent le tour de la pièce puis ils refermèrent les portes coulissantes et sortirent en riant aux éclats...

Yorimitsu (théâtre du Temple Emmadō)

Yorimitsu pénétra dans la pièce suivante et se retrouva face à une autre femme. Elle ressemblait à une chinoise et elle faisait à peine 90cm de haut. Sa tête mesurait 60cm et son corps 30cm. Les proportions quelque peu étranges de son corps éveillèrent aussitôt les soupçons de Yorimitsu. La femme souffla la flamme de la bougie qui se trouvait près d'elle et, quand Yorimitsu la fixa d'un air méchant, elle éclata de rire. La femme avait les joues maquillées et les sourcils peints sur le front, elle avait les dents peintes en noire, elle portait un

chapeau violet et un pantalon bouffant rouge. Sa poitrine était découverte. Elle avait des mains étrangement fines et pareilles à des fils. Sa peau était blanche, pareille à un nuage. Le calme régnait dans la pièce. Tout à coup, la femme disparut dans un nuage de brume...
Le chant du coq finit par annoncer l'aube aux hommes.
- Que va-t-il se passer maintenant ? se demanda Yorimitsu en réalisant qu'il était resté dans la maison jusqu'au lever du jour.
Ce fut alors qu'il entendit des bruits de pas dans la pièce d'à côté. Quelqu'un entrouvrit les portes coulissantes de la pièce où il se trouvait, jeta un coup d'œil à l'intérieur puis referma vite les portes. Le geste avait été aussi discret que celui du peuplier qui abandonne ses branches au vent printanier. Yorimitsu ouvrit doucement les portes coulissantes et il pénétra dans la pièce voisine. Il y avait là une femme assise dans une pose des plus élégantes. Elle était maquillée de manière si délicate que l'on aurait dit un paysage de neige sur lequel un peintre aurait appliqué des touches de rouge. Tandis que Yorimitsu se disait que le propriétaire de la maison devait sûrement être très heureux d'avoir une femme belle au point de rendre jalouse la légendaire Yang Kwei-fei, un vent glacial envahit la pièce, la femme se leva et fit mine de vouloir sortir. Quand elle écarta les cheveux qui lui dissimulaient le visage, ses yeux brillèrent d'étrange manière à la lumière de la lampe. Profitant du fait qu'il était comme ensorcelé par sa beauté, la femme leva les mains et jeta des sortes de boules blanches sur le visage de Yorimitsu. Momentanément aveuglé, le guerrier dégaina son épée mais, quand il voulut s'en servir pour la frapper, la femme disparut comme par enchantement. L'épée traversa le plancher et se brisa net sur les dalles du sous-bassement.
Tsuna accourut, alerté par le bruit de la bataille.
- Vous vous êtes bien défendu mais vous avez brisé la pointe de votre épée, fit-il remarquer à son suzerain.
Yorimitsu retira son épée du plancher et vit que la pointe était effectivement cassée. Il vit aussi que la lame dégoulinait d'un sang blanc et que le plancher était couvert de tâches de ce même sang blanc. Les guerriers suivirent les traces de sang laissées par le monstre et arrivèrent ainsi dans la pièce où, la veille, Yorimitsu avait rencontré

la vieille femme. Là aussi, le plancher était tâché de sang. La vieille n'était plus là... Ils poursuivirent leurs recherches et arrivèrent cette fois-ci devant l'entrée d'une grotte qui se trouvait sous le tertre à l'ouest de la maison. Des flots de sang blanc s'écoulaient de l'entrée.

- Votre épée brisée, fit alors Tsuna, me rappelle l'histoire de ce héros chinois du royaume de Chu qui brisa l'épée de son père et se suicida en s'enfonçant la pointe dans la gorge... Coupons des glycines et des racines dans le jardin, assemblons-les de façon à fabriquer une poupée, habillons-la avec mon chapeau et mon surplus puis avançons en la portant devant nous !

Après avoir confectionné la poupée, Yorimitsu et Tsuna marchèrent pendant environ deux kilomètres et ils arrivèrent au fond de la grotte. Il y avait là une vieille bâtisse. Les tuiles du toit étaient couvertes de branches de pin, la barrière était envahie par la mousse. Le lieu était inhabité. Ce fut alors qu'ils aperçurent des monstres qui portaient des espèces de brocarts qui pendaient sur leur poitrail. Leur tête était énorme, leurs pieds très courts et leurs yeux grands et aussi étincelants que le soleil.

- Que veulent ces monstres ? Qu'ils sont repoussants à voir !

Les guerriers eurent tout juste le temps de parler ainsi qu'un nuage blanc se forma autour des monstres et projeta un éclair qui frappa la poupée et la fit tomber à terre. Quand ils relevèrent la poupée, les guerriers réalisèrent qu'elle avait été frappée avec la pointe de l'épée de Yorimitsu ! Les deux guerriers rassemblèrent leurs forces et se préparèrent à affronter la chose qui n'allait certainement pas tarder à sortir de la grotte. La « chose » en question était très puissante, elle leur tint tête et elle tenta même de les attaquer. Elle était si forte qu'elle faisait trembler la grotte. Yorimitsu invoqua l'aide de la déesse solaire Amaterasu no Mikoto et du dieu de la guerre Hachiman :

- Notre pays est le pays des dieux. Les dieux doivent donc protéger le pays. Notre pays est gouverné par un empereur. Je suis moi-même le petit-fils d'un empereur. De plus, je suis né dans une famille qui a toujours respecté les dix commandements des dieux. Voilà que je me retrouve face à un monstre. Je suis venu au monde pour détruire de telles créatures. Je suis l'ennemi de tous ceux qui menacent l'empire. Je suis un guerrier qui défend l'empire. Monstre, rendez-vous !

Les deux guerriers se lancèrent à l'attaque mais le monstre qui avait jusqu'alors fait mine de vouloir combattre, sembla obéir à l'injonction de Yorimitsu et s'effondra sur le dos. Yorimitsu dégaina son épée et lui trancha le cou. Au moment où Tsuna voulut plonger son épée dans le corps du monstre, il remarqua que son ventre était profondément entaillé. C'était le résultat de la blessure que Yorimitsu lui avait infligé quand il l'avait frappé dans la maison et qu'il avait cassé la pointe de sa lame.

— Quelle est donc cette créature ? se demandèrent-ils.

Tsuna et Yasumasa affrontent l'araignée (théâtre du Temple Mibu Dera, Kyôto).

C'était une araignée de terre. De l'entaille faite par l'épée de Yorimitsu dans les flancs du monstre sortirent 1 990 crânes humains. Les guerriers donnèrent des coups d'épée dans le ventre du monstre. Il en sortit de petites araignées qui avaient la taille d'un enfant de sept ou huit ans et qui s'enfuirent dans toutes les directions. Ils donnèrent de nouveaux coups d'épée dans le ventre du monstre. Il en sortit, cette fois-ci, douze petits crânes humains. Les deux guerriers creusèrent un trou, ils y enterrèrent l'araignée puis ils mirent le feu à la maison. Quand l'empereur apprit la chose, il décida de les récompenser. Il fit

de Yorimitsu un aristocrate de quatrième rang supérieur mineur et il lui octroya le gouvernement provincial du pays de Settsu (nord-ouest de l'actuelle préfecture d'Ôsaka). Il fit de Tsuna un aristocrate de cinquième rang supérieur mineur et il lui octroya le gouvernement provincial du pays de Tamba (ouest de la préfecture de Kyôto). »
Le rouleau illustré de l'araignée de terre est une œuvre complexe qui possède un certain nombre de points communs avec l'histoire du *oni* Shutendôji (une vieille femme retenue prisonnière par le maître des lieux, des monstres qui essaient d'abuser les guerriers en prenant l'apparence de femmes et de les effrayer en défilant sous leurs yeux) mais qui contient aussi de nombreuses allusions obscures : que penser, par exemple, du fait que 1 990 crânes humains s'échappent de l'abdomen tranché de l'araignée ou que l'âge de la vieille femme soit de 290 ans et que sa naissance coïncide par conséquent avec l'année de la fondation de Kyôto ? De même, que penser du monstre terrassé par Yorimitsu et Tsuna ? Cette araignée de terre géante, est-elle tout simplement un monstre imaginé par les auteurs dramatiques à une époque où le public était particulièrement friand d'histoires de guerriers affrontant des chiens, des mille-pattes, des tigres, des renards, des dragons et des chats géants ou, de même que les *oni*, une créature surnaturelle chargée de connotations politiques ?

Avant de tenter de répondre à cette question, évoquons tout d'abord d'autres versions de l'histoire de l'araignée de terre. La pièce *L'Araignée de terre* (*Tsuchigumo*, 土蜘蛛) est un nô attribué sans certitude à Zeami (世阿弥, 1363-1443), un artiste qui, comme nous l'avons vu dans le chapitre précédent, bénéficia du patronage des descendants du Minamoto no Yorimitsu historique, les *shôgun* Ashikaga. La pièce s'inspire du *Dit du Heike*. Elle commence dans les appartements de Yorimitsu et se termine devant le nid de l'araignée de terre qui est situé non pas derrière le sanctuaire Kitano Temmangû à Kyôto mais au sommet du Mont Katsuragi à Nara (葛城山, 959m mètres d'altitude). Quand Yorimitsu et l'un de ses vassaux s'apprêtent à l'occire, le monstre s'adresse à eux dans les termes suivants :

- L'ignorez-vous donc ? Je suis l'esprit de l'araignée de terre qui habita pendant longtemps au sommet du Mont Katsuragi ! C'est moi qui ai provoqué votre maladie. Je me suis approché de vous afin de troubler le règne de votre empereur.

En 1881, le dramaturge Kawatake Mokuami (河竹黙阿弥, 1842-1910) adapta l'histoire de l'araignée de terre pour le théâtre kabuki (*L'araignée de terre - Tsuchigumo*, 土蜘) et, sans doute parce que libéré des contraintes scénographiques du nô, il remplaça le guerrier unique accompagnant Yorimitsu par Fujiwara no Yasumasa (藤原保昌, 958-1036) et les Quatre Rois Célestes. A la même époque, l'histoire de l'araignée fut aussi intégrée au répertoire de formes régionales de théâtre, au très coloré kagura de la région d'Hiroshima sous le titre *Le Mont Katsuragi* (*Katsuragi Yama*, 葛城山) et aux kyôgen des temples Mibu Dera (壬生狂言), Emmadô (閻魔堂狂言) et Seïryôji (嵯峨狂言) de Kyôto sous le titre *L'araignée de Terre* (*Tsuchigumo*, 土蜘蛛). Toutes ces pièces ont en commun le fait de se terminer de la même manière : l'acteur qui incarne l'araignée tient, enroulés autour de ses doigts, des rubans de fils blancs à l'extrémité lestée qu'il projette sur Yorimitsu, sur les Rois Célestes puis sur les spectateurs. L'effet est des plus spectaculaires et nécessite, pour l'acteur, de longues séances d'entraînement avant de parvenir à lancer ses toiles d'araignée de manière convaincante... A Kyôto, les spectateurs du kyôgen du temple Mibu Dera ont coutume de se précipiter sur le devant de la scène pour récupérer des morceaux de fils lancés par l'araignée et les conserver dans leur porte-feuille en guise de porte-bonheur.

Le Mont Katsuragi qui est mentionné dans la pièce de nô et qui fournit son titre à son adaptation pour le théâtre kagura se trouve dans le sud de la préfecture de Nara, dans une région qui est célèbre pour, entre autres choses, être celle où vit le jour le fondateur du mouvement des ascètes des montagnes En no Gyôja (役行者, 7e siècle). Parmi les sanctuaires shintoïstes qui furent édifiés au pied de cette montagne s'en trouvent deux qui sont très anciens et qui ne manqueront pas de retenir notre attention. Le premier s'appelle Takamahiko Jinja (高天彦神社) et il se trouve près d'une grotte dite de l'araignée de terre (蜘蛛窟) car elle aurait servi de demeure à des « araignées de terre. » Le second sanctuaire s'appelle Hitogotonushi

Jinja (一言主神社) et, dans un coin de son esplanade, une grosse pierre ovale porte le nom de « tertre funéraire de l'araignée de terre » (土蜘蛛塚) car elle recouvrerait les restes des « araignées de terre » trucidées par les troupes de Jimmu (神武天皇, de –660 à –585), le premier empereur du Japon !

Le sanctuaire Hitogotonushi Jinja (Gose)

Le règne de cet empereur légendaire est évoqué dans les vieilles chroniques historiques qui racontent comment il quitta son île natale de Kûyshû, partit à la conquête du pays et fonda la première capitale du Japon dans la région de Nara. *Le rapport de la province de Bizen* (*Bizenkoku Fûdôki*, 肥前國風土記) raconte comment Jimmu livra bataille à une « araignée de terre » qui portait le nom de Princesse Mirukashi (海松橿姫) et qui habitait dans les environs de la ville actuelle de Katsura (préfecture de Saga). Il la tua et, comme il y avait beaucoup de brume ce jour-là, il décida de donner au lieu le nom de Katsura no Sato, « le pays de la brume »... *La chronique des choses anciennes* (*Kojiki*, 古事記) raconte comment Jimmu et son armée prirent la mer, débarquèrent dans ce qui est aujourd'hui la ville de Wakayama et remontèrent en direction du nord. Au lieu-dit Ôsaka, dans les environs de la ville actuelle de Sakuraï, ils arrivèrent devant une grande caverne habitée par « 80 araignées de terre dotées d'un appendice caudal » qui étaient particulièrement violentes et qui refusaient de reconnaître son autorité. Jimmu convia les araignées à un banquet et il les fit assassiner par des soldats déguisés en serviteurs... *La Chronique du Japon* (*Nihon Shoki*, 日本書紀) révèle que Jimmu continua sa progression dans les terres et qu'à son arrivée dans ce qui est aujourd'hui le sud de la préfecture de Nara, il eut vent de la présence d'« araignées de terre », des « nains au corps trapu et aux longs membres qui habitaient dans des grottes près du village de Takaowari no Mura » et qui se montraient réticents à l'établissement d'un ordre nouveau. Les soldats de Jimmu tressèrent des filets de lierre, ils les jetèrent sur les araignées de terre et ils les massacrèrent. Pour commémorer cette brillante victoire, décision fut prise de renommer le lieu Katsuragi (葛城), « le château de lierre. » La grotte près du sanctuaire Takamahiko Jinja et la grosse pierre ovale du sanctuaire Hitogotonushi Jinja ne seraient autres que le repaire et la tombe des araignées de terre trucidées à Katsuragi...

Le tertre funéraire de l'araignée de terre (sanctuaire Hitogotonushi Jinja, Gose)

On l'aura compris, le terme « araignée de terre » n'est pas employé dans ces chroniques historiques pour désigner des animaux mais des personnes. Il sert d'abord à désigner des individus dont l'organisation politique (un pays dirigé par une femme) constitue une menace pour l'établissement d'un ordre nouveau placé sous la direction d'un homme. Il est ensuite utilisé de manière discriminatoire pour décrire des individus dont le physique («des nains aux longs membres»), le style de vie (habitat dans des grottes) et les coutumes primitives diffèrent de ceux de leurs envahisseurs, forcément plus civilisés. Le terme sert finalement à justifier le massacre de ces populations locales considérées comme «animales» et «sauvages» par les représentants de l'ordre nouveau. «Araignée de terre» est donc un mot lourd de signification. Par conséquent, quand les auteurs du 14e siècle imaginèrent des œuvres dans lesquelles Minamoto no Yorimitsu et ses fidèles vassaux affrontaient une «araignée de terre» prétendant, qui plus est, venir du Mont Katsuragi dans certaines versions, ils faisaient de toute évidence bien plus que de répondre aux attentes d'un public passionné par les histoires de monstres car, comme c'était déjà le cas pour l'histoire du *oni* Shutendôji, ils dépeignaient encore une fois Yorimitsu en train de livrer bataille à une créature surnaturelle assimilée à un ennemi de l'empire. On pourrait même ajouter que c'est une constante dans les œuvres qui mettent en scène Minamoto no Yorimitsu et ses fidèles vassaux. Ils ne sont jamais opposés à une créature surnaturelle quelconque mais toujours à un monstre symbolisant, d'une manière ou d'une autre, les ennemis de l'empire. Cette particularité des personnages n'échappera d'ailleurs pas aux auteurs contemporains tels que Kawatake Mokuami qui ne manqueront pas de parsemer leurs adaptations des aventures de Yorimitsu de références historiques et politiques.

Les conditions dans lesquelles les histoires du *oni* Shutendôji et de l'araignée de terre géante furent produites ainsi que les circonstances exactes ayant conduit les auteurs dramatiques à écrire toutes ces histoires de chasses aux monstres par Minamoto no Yorimitsu et ses Quatre Rois Célestes sont aujourd'hui impossibles à déterminer : propagande politique à la gloire des maîtres du pays, les descendants du Yorimitsu historique ? Légitimation de la prise du pouvoir par les *shôguns* Minamoto de Kamakura et les *shôguns* Ashikaga en montrant que leur ancêtre commun avait, en son temps, protégé l'empire contre ses ennemis ? Œuvres de commande réalisées par des artistes dans le but de plaire à leurs mécènes ou, au contraire œuvres indépendantes reflétant de manière symbolique la situation politique de l'époque à laquelle elles furent composées ? Fascinante énigme qui continue à faire couler non pas du sang blanc mais de l'encre et à diviser les spécialistes de la question…

L'araignée de terre (théâtre du Temple Emmadô)

9. Comment Genshin s'en alla renaître au Paradis de la Terre Pure et comment Kûya intercéda auprès du Roi des Enfers pour obtenir le salut du chancelier Moro-uji...

Matsubara-dôri est une petite rue qui traverse Kyôto d'est en ouest, qui enjambe la rivière Kamo-gawa et qui remonte en pente douce jusqu'au pied d'Higashiyama, la chaîne montagneuse qui longe l'est de la ville. De nos jours, c'est une rue parmi tant d'autres mais, autrefois, à l'époque Heian en particulier, c'était une rue qui inspirait les pires craintes aux habitants de l'ancienne capitale. « *Ce chemin est terrifiant. Ceux qui se rendent dans le monde des défunts pénètrent, le cœur triste, dans Toribeno, là où la brume dissimule les flammes des bûchers des crémations.* » Comme le révèle cette réplique tirée de *Yûya* (熊野), une pièce de nô qui raconte comment une courtisane demande à la déesse Kannon de sauver sa mère malade, la rue Matsubara-dôri conduisait à l'extérieur de la ville et débouchait sur Toribeno (鳥辺野), une vaste plaine qui servait de cimetière aux habitants de Kyôto. Les processions funéraires remontaient la rue Matsubara-dôri, elles sortaient de la Capitale et elles franchissaient la rivière Kamo-gawa en empruntant le pont de la rue Matsubara-dôri. Pour les habitants de Kyôto, ce pont était donc bien plus qu'un simple pont. C'était le pont qui marquait la limite entre le monde des vivants et celui des défunts. Les processions funéraires pénétraient ensuite dans le cimetière de Toribeno et les fossoyeurs abandonnaient les corps dans la plaine ou, si la famille du défunt avait de quoi payer, ils les enterraient ou procédaient à leur crémation. Toribeno était un endroit terrifiant situé aux portes de la Capitale, une plaine d'où s'élevaient en permanence les bûchers des crémations, une plaine jonchée d'ossements et de cadavres en décomposition, une plaine parcourue par les chiens errants et survolée par les corbeaux.

Aujourd'hui, il ne reste plus rien du cimetière de Toribeno. Seuls quelques temples et des noms de lieux témoignent encore de son existence. C'est par exemple le cas de Rokuro (轆轤町), le nom du quartier situé dans ce qui correspondait jadis à l'entrée de Toribeno. Rokuro serait une déformation de *dokuro* (髑髏), le mot signifiant crâne en japonais. On imagine facilement les raisons ayant conduit les gens à affubler d'un tel nom – littéralement, le quartier des crânes ! – cette partie de la ville... C'est aussi le cas du carrefour Rokudô no Tsuji (六道の辻). Ce carrefour, dont le nom signifie « Carrefour de Six Voies », ne fut pas appelé ainsi parce qu'il se trouvait à l'intersection de six rues mais parce qu'il était le lieu au-delà duquel les corps des défunts étaient abandonnés aux corbeaux et aux chiens sauvages, parce qu'il marquait la limite entre le monde des vivants et celui des morts partis renaître dans les six voies de réincarnation.

La stèle du carrefour des six voies (Kyôto).

La vision japonaise de l'au-delà avec ses six voies de réincarnation doit beaucoup à un soutra composé à la fin de l'époque Heian (*Jizô-bosatsu Jûô-kyô*, 地蔵菩薩十王経) et à un ouvrage compilé par un moine du 10e siècle nommé Genshin (源信, 942-1017). Celui-ci naquit dans un village de la préfecture de Nara sous le nom d'Eshin (恵心), il s'éveilla très tôt au bouddhisme et il entra dans les ordres à l'âge de neuf ans. Il étudia au Enryakuji (延暦寺), le monastère du Mont Hiei, et il en vint à la conclusion que seule la croyance en Amida (Amitâbha, 阿弥陀如来), le bouddha gardien du Paradis Occidental de la Terre Pure, pouvait permettre aux gens d'échapper au cycle de la réincarnation et de renaître au paradis. Genshin décrivit les six voies de réincarnation et les moyens d'échapper à son cycle éternel (méditation sur la nature du bouddha et récitation de l'invocation d'Amida) dans *L'essence de la renaissance dans la Terre Pure* (*ôjôyôshû*, 往生要集), il oeuvra pour la diffusion de la croyance en Amida au sein de l'aristocratie et il s'éteignit à l'âge de 75 ans dans son ermitage du Mont Hiei. Par la suite, les moines Hônen (法然, 1133-1212), Shinran (親鸞, 1173-1263) et Ippen (一遍, 1239-1289) diffuseront ses enseignements et la croyance en Amida au sein de la population, ils fonderont les écoles dites de la Terre Pure et ils accorderont une attention toute particulière au culte de cette divinité. La mort de Genshin est évoquée de la manière suivante dans *Les histoires sur le passé* (*Kojidan,* 古事談 ; tome 3) :

« Genshin et l'ascète Kyôso (慶柞) se firent la promesse de venir s'annoncer leur mort. Les mois et les années passèrent. Un soir, tandis qu'il déposait des offrandes sur l'autel des divinités en prévision d'un service nocturne, Kyôso sentit flotter une odeur étrange dans l'air puis il entendit une petite voix qui disait : « je suis le bodhisattva qui habite depuis très longtemps au Paradis de la Terre Pure. Son temps sur terre est arrivé à son terme. Le moment est venu pour lui de revenir et de renaître dans le Paradis de la Terre Pure. » Kyôso trouva cela tout aussi étrange que fascinant. Il envoya un moinillon chez Genshin avec pour mission de lui demander si les événements dont il venait d'être le témoin n'avaient pas une relation quelconque avec une certaine promesse qu'il avait faite des années auparavant. Le moinillon revint peu après et apprit à Kyôso que Genshin était mort dans la soirée… »

Que s'était-il donc passé au moment de sa mort ? Genshin explique dans son *Essence de la renaissance dans la Terre Pure* qu'au moment de la mort, le bouddha Amida accompagné de ses cohortes célestes descend du ciel pour accueillir les âmes des défunts et les conduire au Paradis de la Terre Pure. La descente d'Amida et de ses cohortes célestes inspira quantité d'œuvres sculptées et peintes, elle fut aussi à l'origine d'une cérémonie qui consistait, pour les moines, à se déguiser en Amida et en divinités et à interpréter cette descente devant les fidèles. A l'époque Heian, les fidèles d'Amida sur le point de mourir avaient aussi coutume d'attacher un ruban coloré à une statue d'Amida et d'en tenir l'autre extrémité dans l'espoir que la divinité les reconnaîtrait et les conduirait au paradis...

Mais que se passait-il pour les autres, pour tous ceux qui n'avaient pas la chance, comme Genshin, d'être secourus par Amida ?

La descente d'Amida et de ses cohortes célestes
(détail d'un tableau exposé au temple Chinnôji, Kyôto).

Dans *L'essence de la renaissance dans la Terre Pure*, Genshin explique que le grand voyage dans l'au-delà commence par le franchissement de la Sanzu-no-Kawa, la Rivière aux Trois Bras (三途の川). Les défunts ayant commis de petits péchés traversent le bras de la rivière où le courant n'est pas trop fort et l'eau peu profonde. Les criminels traversent le bras où le courant est rapide et l'eau profonde. Les bons, quant à eux, franchissent le troisième bras du fleuve en passant sur un pont.

Le passage sur ce pont est à l'origine d'une superstition qui consiste à ne jamais passer de la nourriture de baguettes en baguettes parce que cela revient à reproduire une action accomplie normalement lors des funérailles : après la crémation, deux membres de la famille récupèrent les ossements, ils se les passent avec des baguettes et ils les déposent dans une urne funéraire. Cette action a pour but de symboliser le passage du défunt dans l'au-delà parce que l'expression « passer avec des baguettes » (*hashi watashi*, 箸渡し) se prononce de la même manière que celle signifiant « passer sur un pont » (*hashi watashi*, 橋渡し). Parmi les autres superstitions en relation avec la mort, on pourrait encore citer l'interdiction de planter des baguettes dans un bol de riz et celle de frapper un bol avec des baguettes parce que cela revient à imiter des actions accomplies lors du dépôt d'offrandes sur l'autel des ancêtres (on plante des baguettes dans un bol de riz puis on frappe le gong de l'autel). D'autres superstitions recommandent de se dissimuler les pouces au passage d'un corbillard et de ne pas se couper les ongles après la tombée de la nuit afin de ne pas exposer à la mort ou de risquer de blesser ses pouces, des doigts dont le nom signifie, littéralement, « doigts des parents » en japonais.

Aux alentours du 17e siècle, une croyance populaire fit son apparition et affirma que le franchissement de la Rivière aux Trois Bras n'était pas gratuit et que les défunts devaient s'acquitter d'un droit de passage s'élevant à six sous. Aussi, à partir de cette époque, les gens prirent-ils l'habitude de placer une bourse avec six pièces dans l'habit des défunts. L'origine de cette coutume, qui est encore observée de nos jours, à ceci près que les pièces sont remplacées par une feuille de papier portant l'inscription « six sous », n'est pas connue avec précision mais il est généralement admis qu'il s'agit-là d'un geste destiné à se protéger de la colère des défunts en leur montrant, symboliquement, que les vivants n'ont pas l'intention de les déposséder de toute leur fortune. Cette coutume est aussi, curieusement, à l'origine du nom d'une rue de Kyôto. La rue qui descend de Kagura-oka (神楽岡), une colline de l'est de la ville où les gens abandonnaient autrefois leurs défunts et où, si l'on en croit la légende, Minamoto no Yorimitsu (源頼光, 948-1021) affronta une araignée de terre géante, porte en effet le nom de Fuku-no-kawa dôri (福ノ川通り), la « rue de la rivière de la fortune. » Le nom viendrait du fait qu'une rivière dévalait autrefois les pentes de cette colline et qu'elle emportait avec elle les restes des défunts abandonnés au sommet. Les gens qui habitaient au pied de la colline lui donnèrent le nom de « rivière de la fortune » parce qu'ils y trouvaient des pièces de monnaie, celles qui avaient été mises dans les vêtements des défunts afin de payer le passage de la Rivière aux Trois Bras.

La vieille Datsu-e-ba (détail d'un tableau exposé au temple Chinnôji, Kyôto).

Après avoir franchi la Rivière aux Trois Bras et pénétré dans l'au-delà, les défunts arrivent sur l'Autre Rive et entament un voyage qui durera 49 jours et qui sera ponctué par sept comparutions devant sept cours de justice. Ils se retrouvent d'abord face à l'Arbre du Dépôt des Vêtements, un arbre gigantesque dans les branches duquel habite un couple tout fripé et tout ridé par l'âge. La vieille Datsu-e-ba (奪衣婆) se précipite sur les défunts, arrache leurs vêtements et les tend à son époux, le vieux Ken-e-ô (懸衣翁), qui les accroche aux plus hautes branches de l'arbre. Ce curieux cérémonial est, en fait, une première forme de jugement car, plus les habits sont imprégnés d'eau, plus les branches penchent et indiquent la lourdeur des crimes commis par leurs propriétaires durant leur existence terrestre. Les défunts sont ensuite pris en charge par les geôliers des enfers et escortés dans les différents tribunaux de l'au-delà où l'on vérifiera s'ils ont, oui ou non, respectés les cinq préceptes de base du bouddhisme : ne pas tuer, ne pas voler, ne pas boire d'alcool, ne pas mentir et ne pas commettre d'actes sexuels illicites. A l'issue du septième et dernier procès, les défunts sont condamnés en fonction de la gravité de leurs péchés et envoyés renaître dans l'une des six voies de réincarnation. A la différence du paradis et de l'enfer occidentaux, ces six voies de réincarnation ne sont pas des lieux de séjour éternel. Les défunts s'y réincarnent pour une durée plus ou moins longue et, quand les conséquences de leurs péchés arrivent à terme, ils sont rejugés et condamnés à renaître dans l'une des six voies ou, pour les plus méritants, à entrer au Paradis Occidental de la Terre Pure.

En raison des assimilations avec d'autres divinités dont il fit l'objet au fil des siècles, le roi Emma (閻魔王), le président de la cinquième cour de justice qui se charge de vérifier le nombre de fois où les défunts ont menti en les plaçant devant un miroir ayant la faculté de refléter les péchés, est le plus célèbre juge des enfers. Le roi Emma était, à l'origine, un dieu indien nommé Maya. Il fut le premier homme à avoir été conçu et, par conséquent, le premier à décéder et à aller dans l'autre monde dont il devint, tout naturellement, le maître des lieux. Quand son culte se répandit en Chine, Maya fut rebaptisé Emma, il fut assimilé au Dieu du Mont Taïzan (泰山府君), cette divinité taoïste qui décidait du destin des hommes depuis les hauteurs du Mont Taïzan et que les maîtres du Yin-Yang invoquaient pour maintenir les empereurs en bonne santé et, puisqu'il jugeait les hommes, il fut représenté sous les traits d'un magistrat vêtu d'une robe rouge et coiffé d'un bonnet noir à ailettes.

La représentation du roi Emma sous les traits d'un magistrat chinois fut introduite au Japon aux alentours du 7e siècle et elle fut diffusée par les moines bouddhistes qui illustraient leurs prêches avec des représentations de la cour de justice des enfers. Elle fut aussi popularisée par un certain nombre de contes et légendes qui racontaient comment des gens du commun mais aussi des moines comparaissaient à la cour du Roi Emma et évitaient une renaissance dans la voie des enfers grâce à leurs vertus ou à leur ingéniosité. Voici un exemple de jugement en enfer tiré des *Histoires qui sont maintenant du passé* (*Konjaku Monogatari-* 今昔物語 ; XX-18) :

« C'est maintenant du passé mais une femme habitait dans le canton de Yamada, dans le pays de Sanuki (l'actuelle préfecture de

Kagawa). Elle s'appelait Nunoshiki (布敷). Un jour, elle tomba gravement malade. Elle confectionna vite un festin et elle le déposa dans des plats de part et d'autre de la porte d'entrée de sa maison. Elle espérait ainsi que, quand il viendrait la chercher, le dieu des épidémies mangerait le repas et ne la tuerait pas. Ce fut alors que les envoyés du Roi Emma se présentèrent à sa porte et lui annoncèrent leur intention de la conduire en enfer. Or, les envoyés du Roi Emma étaient fatigués d'avoir couru. Aussi, quand ils virent les plats avec la nourriture, ils ne purent résister à la tentation et ils les mangèrent. Ils attrapèrent ensuite la femme et ils la conduisirent en enfer.

La comparution devant le roi Emma (détail d'un tableau exposé au Chinnôji, Kyôto)

- Nous avons mangé le repas que vous aviez préparé, lui dirent-ils en chemin. Nous voudrions faire quelque chose pour vous remercier. Savez-vous s'il y a dans la région une femme qui porte le même nom que vous ? lui demandèrent-ils.
- Dans le canton voisin d'Utari, il y a une femme qui porte le même nom que moi, répondit-elle sans hésiter.

En entendant cela, les envoyés du Roi Emma allèrent chez la femme du canton d'Utari, ils frappèrent à sa porte, sortirent une grosse puce d'un sac rouge, l'écrasèrent sur son front (afin de pouvoir l'accuser de meurtre) puis ils la conduisirent en enfer. La femme du

canton de Yamada avait échappé à la mort. Elle retourna chez elle et recouvra la santé à la stupéfaction de ses proches. Quand le Roi Emma vit que ses envoyés lui avaient ramené la femme d'Utari, il s'écria :
- Vous avez fait une erreur ! Vous ne m'avez pas rapporté la bonne personne ! Laissez la femme du canton d'Utari se reposer ici pendant quelques instants et allez vite me chercher la femme du canton de Yamada !

Ne pouvant la protéger plus longtemps, les geôliers allèrent chercher la femme du canton de Yamada et ils la conduisirent en enfer.
- C'est la femme que je vous avais demandée d'aller me chercher ! fit le Roi Emma en la voyant. Vous pouvez maintenant renvoyer dans le monde des vivants la femme du canton d'Utari.

Or, trois jours avaient passé depuis son enlèvement et ses proches avaient déjà procédé à la crémation de son corps... Aussi, quand l'âme de la femme du canton d'Utari revint sur Terre et comprit qu'elle n'avait plus de corps où entrer, elle se dépêcha de retourner à la cour de justice du Roi Emma.
- Vous m'avez renvoyé sur Terre mais mon corps a été brûlé, se plaignit-elle. Je n'ai plus de corps où résider !
- L'autre femme, celle du canton de Yamada, a-t-elle toujours un corps ? demanda alors le Roi Emma à ses geôliers.
- Elle en a encore un, lui répondirent-ils.
- S'il en est ainsi, j'autorise l'âme de la femme du canton d'Utari à prendre possession du corps de la femme du canton de Yamada, dit le Roi Emma.

L'âme de la femme du canton d'Utari obéit. Elle revint sur Terre et s'installa dans le corps de la femme du canton de Yamada.
- Ce n'est pas ma maison ! Ma maison est dans le canton d'Utari ! s'écria-t-elle en revenant à la vie.
- Ne raconte pas de bêtises ! N'es-tu pas notre fille ? lui demandèrent ses parents, tout contents de voir que leur fille enlevée quelque temps plus tôt par les geôliers des enfers était de retour sur Terre. Pourquoi dis-tu ça ? Nous aurais-tu oubliés ?

La fille ne les écouta pas. Elle se précipita hors de la maison et elle se dirigea vers sa maison dans le canton d'Utari. Là, les gens ne la reconnurent point mais ils la trouvèrent étrange quand elle déclara que cette maison était la sienne.

- Tu n'es pas notre fille, lui dit le père. Notre fille est morte et nous avons procédé à la crémation de son corps.

La fille expliqua à ses parents comment elle avait comparu à la cour du Roi Emma et comment son âme avait reçu l'autorisation d'intégrer le corps d'une autre personne. Ses parents l'écoutèrent avec attention puis ils la questionnèrent sur sa vie antérieure. Elle répondit à toutes leurs questions sans commettre la moindre erreur. Les parents comprirent ainsi que l'âme de leur fille ne résidait pas dans son corps mais dans celui d'une autre, ils s'en réjouirent et ils l'aimèrent comme si elle était leur propre fille. Quand les parents de la fille du canton de Yamada entendirent parler de cette histoire, ils se rendirent dans le canton d'Utari et ils devinrent très tristes en voyant la jeune femme car, même si elle servait de réceptacle à l'âme d'une autre, elle n'en avait pas moins le visage de leur fille. Finalement, les parents des deux familles crurent à l'histoire de la fille, ils la considérèrent comme leur enfant et ils lui léguèrent leur fortune. La fille avait désormais quatre parents et la fortune de deux familles à sa disposition. On peut conclure de tout cela que les geôliers des enfers n'avaient pas commis d'action inconsidérée en mangeant le repas préparé par la femme du canton de Yamada car cette action ne fut pas sans conséquences heureuses. On peut aussi en conclure qu'il ne faut jamais procéder à une crémation dans la hâte. On ne sait jamais ce qui risque d'arriver. C'est la morale de cette histoire.»

L'âme de la femme du canton d'Utari, conduite par erreur à la cour de justice des enfers et malencontreusement dépossédée de son corps à cause d'une crémation hâtive, avait été autorisée à prendre possession du corps de la femme du canton de Yamada, autrement dit à se réincarner de nouveau dans le monde des hommes. L'histoire ne dit malheureusement pas ce qu'il advint de l'âme de la femme du canton de Yamada, ni dans laquelle des six voies elle fut condamnée à se réincarner en punition de son mensonge. Toutefois, une ritournelle chantée par les Japonais lorsqu'ils se font une promesse nous fournit, peut-être, un élément de réponse. En effet, lorsque deux personnes se font une promesse au Japon, elles se tiennent par le petit doigt et chantent : « *si je romps une promesse que j'ai faite avec un doigt coupé, je recevrai 10 000 coups de poings. Si je mens, j'avalerai 1 000 aiguilles.* » Les 10 000 coups de poings et les 1 000 aiguilles sont, de toute évidence, quelques-uns des châtiments endurés par les menteurs en enfer. Le doigt coupé de la ritournelle serait, par contre, une allusion à une pratique qui consistait, pour les courtisanes, à se rappeler au bon souvenir d'un client qui avait promis de racheter leur contrat en se tranchant le petit doigt et en le lui faisant parvenir...

Les enfers (détail d'un tableau exposé au Chinnôji, Kyôto)

L'enfer (*jigoku*, 地獄) est la plus basse des six voies de réincarnation. Un défunt condamné à s'y réincarner échouera, en fonction de ses crimes, dans l'un des huit enfers principaux : l'enfer de l'égalité et du recommencement pour les meurtriers, l'enfer des liens noirs pour les voleurs, l'enfer de la réunion des multitudes pour ceux qui ont commis des crimes à caractère sexuel, l'enfer des cris pour les alcooliques, l'enfer des hurlements pour les menteurs, l'enfer des flammes pour les voyeurs, l'enfer des flammes éternelles pour ceux qui ont manqué de respect à des religieux, pour ceux qui ont enfreint les cinq préceptes de base du bouddhisme, pour les parricides et les matricides. Chacun de ces huit enfers est divisé en seize enfers subsidiaires où les damnés reçoivent une punition en fonction de la nature précise de leur crime.

La seconde voie est celle des esprits affamés (*gaki*, 餓鬼). Ceux qui furent avides de richesse et ceux qui commirent des crimes en rapport avec la nourriture se transforment en d'affreuses créatures qui doivent recourir aux pires expédients pour s'alimenter. Ils deviennent des parasites sur les arbres et se nourrissent d'insectes, ils mangent les offrandes et les lanternes déposées sur la tombe de leurs parents, ils se fracassent le crâne pour en manger la cervelle, ils enfantent puis dévorent leur progéniture, ils meurent de soif au bord d'une rivière qui s'enflamme devant eux ou de faim devant un bol de riz qui prend feu dès qu'ils tendent la main.

Les gens qui renaissent dans la voie des animaux (*chikushô*, 畜生) deviennent des animaux livrés au bon vouloir des hommes. Chevaux, ils tirent de lourdes charrettes le long des pentes escarpées. Vaches, ils tirent des charrues et labourent des champs. Cerfs, ils sont chassés et criblés de flèches. Poissons, ils sont pêchés et mangés…

Les défunts qui échouent dans la voie des titans belliqueux (*ashura*, 阿修羅) se retrouvent dans un monde de violence et de guerre permanente où ils deviennent des êtres sauvages et hideux qui livrent bataille aux défenseurs du bouddhisme, de magnifiques guerriers à l'armure étincelante et aux armes sophistiquées.

Sans être une dimension aussi terrible que les précédentes, la voie des hommes (*jin*, 人) n'est pas exempte de douleurs. Les gens auront beau prendre toutes les précautions possibles et imaginables, ils ne pourront échapper aux quatre souffrances primordiales de l'existence : la naissance, la vieillesse, la maladie et la mort. Toutefois, cette dimension leur offre la possibilité de découvrir le bouddhisme, de s'éveiller spirituellement et d'échapper au cycle de la réincarnation.

La dernière voie est celle des êtres célestes (*ten*, 天). L'appellation est trompeuse car, même si elle constitue un avant-goût du paradis, cette voie n'est pas exempte de souffrances. Les êtres célestes passent leur temps à danser, jouer de la musique, se baigner dans les étangs ou se promener dans les forêts. Cette vie de délices connaît cependant des limites car les êtres célestes vieillissent et sont affectés par cinq dégénérescences : les fleurs de leur couronne se fanent, leurs habits se salissent, leurs aisselles sentent la transpiration, leur vue baisse et leur existence devient de plus en plus ennuyeuse. Les voies de réincarnation sont souvent mentionnées dans les textes littéraires et les chroniques historiques qui retracent le destin de quelque grand personnage et qui racontent comment celui-ci fut précipité dans l'une des six voies en punition de ses crimes. Parmi les personnages historiques célèbres condamnés à la renaissance dans les six voies figure Taïra no Masakado (平将門, ?-940), ce guerrier qui s'était autoproclamé « Nouvel Empereur » des provinces du nord et qui, si l'on en croit certains récits, avait été abattu par une flèche tirée par une divinité que le moine Jôzô (浄蔵, 891-964) avait invoquée depuis son ermitage du Mont Hiei. *Le dit de Masakado* (*Shômonki*, 将門記), une chronique composée peu de temps après les faits par un auteur anonyme, révèle que Masakado fut condamné à renaître dans des voies de plus en plus basses et qu'il échut finalement dans le plus bas des enfers, celui des flammes éternelles :

« La rumeur affirme que le destin de Masakado avait été de naître dans la province de Toyoda, dans le pays de Shimofusa. Durant son existence terrestre, Masakado ne fit que commettre des crimes et il ne prit pas la peine d'accomplir ne serait-ce qu'une seule bonne action. Les années passèrent. Masakado arriva au terme de sa vie et mourut. Les gens se demandèrent alors dans quelle voie il s'était réincarné, dans quel pays il était revenu à la vie et dans quelle maison il habitait. Quelque temps plus tard, un habitant d'une certaine campagne raconta la chose suivante :

- Masakado habite maintenant dans le village nommé Hachinan (littéralement : les huit circonstances dans lesquelles il est impossible de contempler le bouddha), dans la province nommée Goshu (les voies de réincarnation à l'exception de celle des titans belliqueux), dans le pays nommé Sangaï (les trois plans de l'univers). Il habite dans les limbes, dans cette dimension où les défunts attendent de connaître le lieu de leur prochaine réincarnation. C'est de là qu'il a m'a fait parvenir le message suivant : « je n'ai pas accompli la moindre bonne action de mon vivant. C'est pourquoi j'ai été condamné à me réincarner dans la voie des animaux puis dans celle des esprits affamés et enfin dans celle des enfers. Le nombre de personnes qui m'en veulent se monte à 15 000. Je paie cher leur haine ! J'ai accompli quantité de crimes en compagnie de mes vassaux mais maintenant, c'est moi et moi seul qui en paie les conséquences.

Je souffre d'horrible manière quand mon corps est placé dans la forêt des épées qui se dresse au milieu de l'enfer des flammes éternelles. Je pousse des hurlements quand mon foie est grillé dans les flammes qui s'échappent d'un brasero de fer. Que les mots suffisent mal à rendre compte de mes souffrances ! Je n'ai droit qu'à un petit répit une fois par mois. Quand j'en ai demandé la raison aux geôliers des enfers, ils m'ont répondu que c'était parce que j'avais,

Un défunt est conduit en enfer
(détail d'un tableau exposé au Chinnôji, Kyôto)

une fois, commissionné le recopiage du *Soutra Konkômyô-kyô* (金光明経). Dans le calendrier des enfers, un jour en enfer équivaut à douze jours sur Terre, un mois en enfer à douze mois sur Terre et un an en enfer à douze ans sur Terre. Ce qui fait que, si l'on compte dans le calendrier du Japon, le temps de répit qui m'est imparti et durant lequel je peux échapper aux tourments de l'enfer grâce aux vertus de ce soutra, se monte à 92 ans. Demandez à mes frères, à mes femmes et à mes enfants qui sont toujours de ce bas-monde d'être charitables et d'accomplir de bonnes actions afin de faire disparaître mes crimes ! Même s'ils ont l'air appétissant, ils ne doivent pas tuer des animaux pour les manger. Aussi intense que soit leur haine, ils doivent progresser sur la voie du bien et ne pas oublier de faire des offrandes aux moines. » Voilà ce que m'a dit l'âme de Masakado. »

Les six voies ne sont pas seulement évoquées dans des histoires qui relatent des procès à la cour de justice du Roi Emma ou qui décrivent les tourments endurés par les défunts dans les enfers. Les six voies servent aussi de cadre à des histoires qui racontent comment des individus, des religieux bouddhistes dans l'immense majorité des cas, visitent l'au-delà puis s'en retournent sur Terre pour instruire et mettre en garde leurs contemporains. Le « voyage » décrit dans *Le palais des tengu* (*tengu no daïri*, 天狗の内裏), un conte du 17e siècle, est unique en son genre car celui qui l'entreprend n'est pas un moine mais un enfant ! Ce texte empreint de morale bouddhique raconte comment Minamoto no Yoshitsune (源義経, 1159-1189), un garçon qui deviendra plus tard un grand guerrier et qui participera à la guerre opposant les clans rivaux Heike et Minamoto au 12e siècle, se rend dans l'au-delà pour rencontrer son défunt père. Il est accompagné par un *tengu*, une créature surnaturelle qui habitait au sommet du Mont Kurama et qui se chargeait de son éducation :

« Après être passés devant un étang de sang, Minamoto et son guide arrivèrent dans la voie des esprits affamés. Quand il s'arrêta et regarda autour de lui, Minamoto vit des hordes d'esprits affamés qui se bousculaient et qui avaient toutes sortes d'apparences. Certains recevaient un peu de nourriture, d'autres pas du tout. Certains empilaient des pierres, d'autres ramassaient des fleurs. Parmi tous ces esprits affamés, il y en avait un qui riait et qui faisait des bonds en l'air. Minamoto trouva cela étrange.

- Qu'y a-t-il de si drôle ? lui demanda-t-il.

- Il y a que je suis heureux parce qu'un de mes descendants à la septième génération est devenu moine et que les bienfaits de cette bonne action vont rejaillir sur moi et me permettre d'entrer au paradis. C'est la joie qui me fait rire, répondit l'esprit affamé.

- En vous entendant parler de la sorte, je me rappelle les enseignements du bouddhisme, comment ils affirment que, si quelqu'un se fait moine, ses ancêtres jusqu'à la neuvième génération bénéficieront de cette action et entreront au paradis. Ils disent aussi que, si quelqu'un se fait moine, les gens mais aussi les vaches et les chevaux de sa maison atteindront l'illumination spirituelle (...).

Les esprits affamés (détail d'un tableau exposé au Chinnôji, Kyôto).

Ne pouvant s'attarder plus longtemps en ce lieu, Minamoto et son guide quittèrent la voie des esprits affamés et ils visitèrent celle des titans belliqueux. Quand il s'arrêta et regarda autour de lui, Minamoto vit que les gens morts sans avoir pu s'empêcher de tuer les assassins de leur père s'affrontaient et s'infligeaient d'horribles blessures. Quand il les vit, Minamoto comprit que leur manière de se battre ne différait guère de celle des guerriers dans la voie des hommes. Ils donnaient le signal en frappant sur des tambours ou sur des gongs et en soufflant dans des cors, ils partaient à l'attaque et ils se battaient. Les vaincus prenaient la fuite, les vainqueurs criaient victoire et vociféraient au point de faire trembler le ciel et la terre.

- Comment faire pour échapper aux tourments de cette voie ? demanda le jeune Minamoto à son guide.

- Au terme d'une bataille livrée dans le monde des vivants, il faut imaginer l'ennemi que l'on est sur le point d'exécuter sous la forme d'un gong et son sabre sous la forme d'un arbre puis il faut se dire que l'on va réaliser l'illumination spirituelle avec lui et le libérer sans tarder, répondit le *tengu*.

Ils quittèrent la voie des titans belliqueux et ils visitèrent les enfers. Les hurlements des damnés emplissaient ces enfers qui étaient terribles au point d'en rendre toute description impossible. Minamoto visita ensuite le Paradis de la Terre Pure. En comparaison avec le désespoir ressenti en enfer, le paradis ne fut que ravissement quand il vit et entendit les bouddhas. Il révéra en particulier Amida, le bouddha du Paradis Occidental de la Terre Pure, parce que – ô bonheur suprême ! – son père s'était transformé en une émanation du Grand Bouddha Solaire Daïnichi Nyoraï et siégeait à ses côtés ! »

Pour échapper aux tourments endurés dans les six voies de réincarnation et assurer leur renaissance au Paradis Occidental de la Terre Pure, les contemporains du moine Genshin et du guerrier Minamoto no Yoshitsune récitaient ou recopiaient en lettres d'or le *Soutra du Lotus*, ils invoquaient avec ferveur le bouddha Amida, ils assistaient à des rituels ésotériques, ils priaient devant les statues de la déesse miséricordieuse Kannon (観音菩薩) et du bouddha Sakyamuni (釈迦如来), ils sculptaient des statues des bouddhas, ils construisaient des pavillons, des temples ou des pagodes. Certains, trop occupés ou trop négligents, ne faisaient absolument rien et se retrouvaient bien ennuyés lorsque venait leur dernière heure. Ce fut le cas de Fujiwara no Morouji (藤原師氏, 916- 970), un chancelier du 10e siècle dont les mésaventures et le moyen qu'il imagina pour se tirer d'affaire sont présentées dans *Les histoires sur le passé* (tome 3) :

« Quand il tomba malade et qu'il se retrouva à l'article de la mort, le chancelier Morouji réfléchit encore et encore à la vie qu'il avait menée. Il avait bien eu l'intention d'accomplir de bonnes actions mais il n'avait jamais mis ses bonnes résolutions en pratique et sa vie était maintenant sur le point de s'achever sans qu'il ait une seule bonne action à son crédit. Il se dit qu'il était trop tard pour regretter mais, étant d'un naturel avisé, il prit cependant la peine d'écrire une lettre au moine Kûya (空也, 903-972). Il lui écrivit la chose suivante :

« Occupé par mes hautes fonctions au palais, je n'ai pas eu le temps d'accomplir la moindre bonne action. Maintenant, je suis gravement malade et ce n'est plus qu'une question de temps avant que je n'entreprenne le grand voyage vers le pays des défunts. Je sais que je n'ai pas la moindre chance d'échapper aux tourments qui m'attendent en enfer. Toutefois, vénérable moine, prenez-moi en pitié et venez à mon secours. »

Quand Kûya reçut la lettre, il la lut et il s'exclama :
- Que c'est terrible ! Je vais essayer d'intercéder en sa faveur auprès du roi des enfers…

Kûya écrivit une lettre au roi des enfers, il l'enferma dans une enveloppe cachetée et il la fit aussitôt parvenir au chancelier Morouji en même temps que le message suivant :

« Monsieur le Chancelier, si vous venez à disparaître, faites en sorte qu'au moment de vos funérailles, vos gens déposent cette lettre cachetée sur votre cercueil avant de procéder à la crémation. Si le Roi des Enfers consent à vous pardonner, cette lettre cachetée ne brûlera pas. Par contre, s'il n'est pas disposé à vous pardonner, la lettre cachetée brûlera. »

Le chancelier Morouji décéda le 4 juillet de l'an 970 et ses funérailles se déroulèrent de la manière indiquée par Kûya. Le lendemain matin, quand ses proches fouillèrent les cendres du bûcher pour récolter ses mânes, ils découvrirent la fameuse lettre cachetée. Elle n'avait pas été détruite par le feu. Elle n'avait même pas été endommagée. Quand ils virent cela, ils comprirent que le chancelier Morouji avait été absout de ses péchés grâce à la lettre de Kûya et qu'il était allé renaître au Paradis Occidental de la Terre Pure. »

Le moine Kûya mentionné dans l'histoire était un fils de l'empereur Daïgo (醍醐天皇, 885-930). Il s'éveilla très jeune au bouddhisme et il devint un *hijiri* (聖), un moine qui n'était pas attaché à un temple précis et qui parcourait le pays pour se livrer à des ascèses et diffuser le bouddhisme auprès des petites gens. Kûya était surnommé « *hijiri* des marchés » parce qu'il prêchait sur les marchés de la Capitale et exhortait ses contemporains à révérer Kannon, un bodhisattva mentionné dans *Le soutra du lotus (Hokke-kyô,* 法華経) dont le nom signifie « celui qui observe depuis le haut » et qui assume onze, trente-trois voire mille apparences afin de secourir les fidèles. En 961, Kûya sculpta une statue de Kannon aux Onze Visages et il l'installa dans un pavillon qu'il construisit à l'entrée du cimetière de Toribeno, tout près de cet endroit que les habitants de la Capitale appelaient « carrefour des six voies. »

Par la suite, ses disciples agrandirent le pavillon et ils le transformèrent en un temple qu'ils appelèrent Rokuharamitsuji (六波羅蜜寺), « le temple des six ascèses qu'il faut pratiquer pour atteindre l'éveil spirituel. » Le temple existe toujours et sa salle des trésors abrite une extraordinaire collection de statues qui datent du 12^c siècle et qui sont, pour la plupart, classées au patrimoine culturel national. Parmi ces statues, mentionnons en particulier celles du Roi Emma et de Datsu-e-ba, celle de Kûya dont les saintes paroles sont symbolisées par une file de petites statues de bouddhas sortant de sa bouche et celle du « Jizô tenant une perruque dans la main » (*Katsura Kake Jizô*, 髪掛地蔵). Les circonstances dans lesquelles cette statue au nom des plus intrigants fut fabriquée sont évoquées dans *Les histoires qui sont maintenant du passé* (XVII-21) :

« Il y a bien longtemps de cela, un homme nommé Kunitaka (国挙) vécut dans la province de Tamba. Il servit à la cour impériale durant de longues années et, tout à son travail, il tomba malade et mourut sans jamais avoir eu le temps d'accomplir une seule bonne action. Kunitaka fut conduit en enfer et escorté à la cour de justice du Roi Emma. Il y avait là de nombreux défunts. Au milieu d'eux, il y avait un petit moine qui tenait un parchemin dans une main, qui se démenait dans tous les sens et qui argumentait avec force.

- Ce moine que vous voyez-là, c'est le bodhisattva Jizô, expliqua un défunt à Kunitaka.

En entendant cela, Kunitaka se précipita devant le petit moine, il se mit à pleurer à chaudes larmes et il l'implora.

- Jamais je n'avais imaginé que je serais appelé à comparaître devant cette cour de justice. Je vous en supplie ! Aidez-moi ! Faites en sorte que je sois reconnu innocent !

- La vie sur terre s'écoule telle une illusion mais la relation de cause à effet des péchés est pareille à un rocher. Elle est éternelle et elle ne disparaît jamais. Vous vous êtes amusé avec des femmes et vous vous êtes rendu coupable d'un grand nombre de péchés. Vous avez été appelé devant cette cour pour répondre de vos péchés. Pourquoi devrais-je vous aider ? Durant toute votre existence terrestre, vous ne m'avez jamais prié. Je n'ai par conséquent aucune raison de vous aider, répondit le moine avant de lui tourner le dos.

 - Malgré tous mes péchés, je vous supplie de m'aider, fit Kunitaka en l'implorant de plus belle. Si je peux revenir sur terre, j'abandonnerai ma fortune, je me ferai moine et je vous révèrerai.

 - Si vous le pensez vraiment, je vais exaucer votre prière et obtenir votre renvoi dans la voie des hommes, répondit le petit moine en se tournant vers Kunitaka.

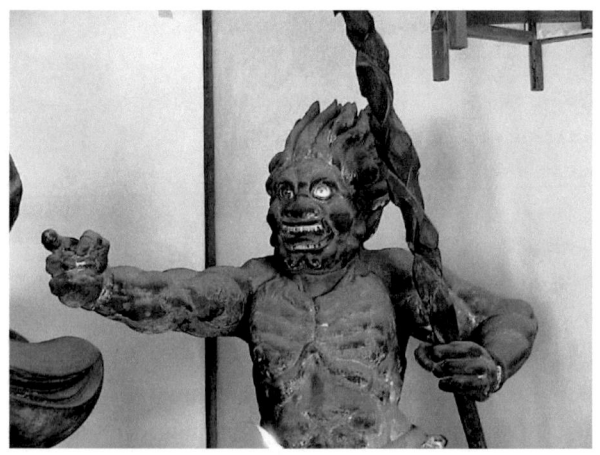

Un geôlier des enfers indique du doigt à un défunt la voie dans laquelle il a été condamné à se réincarner (temple Chinmôji, Kyôto).

Ceci dit, le moine s'en alla parler aux fonctionnaires du roi des enfers, il plaida la cause de Kunitaka et il réussit à obtenir son renvoi dans la voie des hommes. Kunitaka revint à la vie après avoir séjourné une demi-journée dans le monde des morts. Il ne parla à personne de son expérience. Il se rasa la tête, se fit moine puis alla trouver le sculpteur Jôchô (定朝, ?-1057) et lui demanda de sculpter une statue de Jizô. Kunitaka recopia ensuite *Le soutra du lotus*, il fit organiser une grande cérémonie religieuse au Rokuharamitsuji puis il offrit la statue de Jizô au temple. Elle s'y trouve toujours. »

Jizô (地蔵菩薩, nom japonais de Ksitigarbha) est un bodhisattva, un « être sur la voie de l'éveil spirituel », qui décida de renoncer à son état divin afin de rester parmi les hommes et de veiller sur eux en attendant la venue du Bouddha des Temps Futurs. Son culte se développa en Chine au 7e siècle puis il fut introduit au japon aux alentours du 10e siècle. Dans un premier temps, Jizô fut considéré comme un membre des cohortes célestes d'Amida puis il inspira très vite un culte autonome, en particulier chez les petites gens qui virent en lui leur sauveur, celui qui assumait six formes afin de parcourir les six voies pour les chercher et les conduire au paradis. De nombreux contes et légendes se font l'écho de cette dévotion populaire... C'était le cas de l'histoire relatant la fabrication de la statue du Jizô du temple Rokuharamitsuji. C'est aussi le cas de l'étrange histoire qui est rapportée dans *Le guide des sites touristiques de Kyôto* (*Sanshû Meiseki-shi* - 山州名跡志 ; Tome 3) et qui évoque les circonstances dans lesquelles cette même statue reçut le surnom de « Jizô tenant une perruque dans la main » :

« Il y a très longtemps, un marchand habitait à Kyôto. Un jour, il laissa sa femme et sa fille et il partit en voyage dans une lointaine province. Pendant son absence, sa femme tomba malade et elle décéda. Sa fille se retrouva toute seule avec le corps de sa mère. Ne sachant que faire, elle veilla le corps et pleura toute la nuit. Ce fut alors qu'un moine passa devant chez elle. Il la consola puis il lava la défunte, récita des prières à son intention, la prit sur son dos et alla l'enterrer au cimetière. Quand tout fut fini, la jeune fille n'eut de cesse de remercier et de rendre grâce au moine.

- Moine, d'où êtes-vous originaire ? lui demanda-t-elle.

- Je viens d'Atagi (le nom du quartier dans lequel se trouve le temple Rokuharamitsuji), lui répondit-il.

Après avoir parlé de la sorte, le moine quitta la jeune fille et disparut. Quelques jours plus tard, la jeune fille voulut rendre visite à ce moine. Elle interrogea les gens du quartier mais pas un ne sut lui dire où il habitait. Quelques jours plus tard, son père rentra de voyage. La jeune fille lui fit le récit des événements qui s'étaient produits durant son absence. Le Lendemain, le père et la fille décidèrent de partir tous les deux à la recherche du moine. Ils se rendirent tout d'abord au temple Rokuharamitsuji. Ils entrèrent dans le pavillon de Jizô et ils se recueillirent devant la statue de la divinité.

Soudain, ils remarquèrent qu'une perruque était accrochée à la main gauche de la statue. Dès qu'elle la vit, la jeune fille comprit aussitôt que c'était celle de sa défunte mère. Elle était pourtant sûre de l'avoir mise dans le cercueil de sa mère lorsqu'elle avait procédé à son enterrement. A ce moment-là, elle comprit que le moine qui l'avait aidée n'était nul autre que le Jizô du temple Rokuharamitsuji. Elle pleura des larmes de reconnaissance et elle devint encore plus dévote qu'avant. De nos jours encore, la perruque est accrochée à la main gauche de la statue du Jizô du temple. »

Alignements de six statues de Jizô, une par voie de réincarnation, à l'entrée du cimetière du temple Gôtokuji (Tôkyô).

D'autres versions de cette histoire, celle que l'on trouve par exemple dans *Le recueil des choses précieuses* (*Hôbutsushû*, 宝物集 ; Tome 4), proposent une fin légèrement différente. La jeune fille comprend que Jizô est son sauveur en voyant les pieds maculés de boue de la statue et elle lui attribue non pas le surnom de « Jizô tenant une perruque dans la main » mais celui de « Jizô qui procède aux funérailles » (*Yama okuri no Jizô*, 山送りの地蔵).

Outre le Rokuharamitsuji, des dizaines d'autres temples de Kyôto abritent des statues du bodhisattva Jizô, des statues qui sont généralement dotées d'un surnom et dont la fabrication fait très souvent l'objet de quelque légende locale. Outre ces statues qui sont quelquefois l'œuvre de sculpteurs réputés et qui sont classées au patrimoine culturel national, il existe des milliers d'autres statues de Jizô installées dans une niche au coin d'une rue ou d'un carrefour ou encore alignées par groupes de six à l'entrée des cimetières. Le nombre de ces œuvres taillées de manière plus ou moins grossière dans la pierre par des fidèles anonymes s'élèverait, pour la ville seule de Kyôto, à plus de 10 000. L'omniprésence de ces statues témoigne, de manière éloquente, de la ferveur du culte rendu à cette divinité qui adopte six formes pour parcourir les six voies de réincarnation et porter secours aux gens.

L'omniprésence de ces statues se fait aussi l'écho de la croyance toujours très vivace voulant que Jizô protège les enfants, en particulier ceux qui ont causé une douleur extrême à leurs parents en mourant avant eux. Les enfants qui se sont rendus coupables d'un tel crime ne sont pas autorisés à franchir la Rivière aux Trois Bras et à comparaître devant les sept cours de justice de l'au-delà. Ils errent sur les berges de la Rivière aux Trois Bras, un endroit sordide appelé Saï-no-Kawara (賽の河原). Comme leur trop brève existence terrestre ne leur a pas laissé le temps de s'initier au bouddhisme et d'accomplir des actes charitables, ils essaient d'avoir une bonne action à leur crédit en ramassant des galets et en les empilant de façon à ériger une stupa. Hélas pour eux, sitôt qu'ils posent la dernière pierre à l'édifice, les geôliers des enfers surgissent et prennent un malin plaisir à tout renverser. Les enfants, plus désespérés que jamais, repartent à la recherche de galets et édifient une nouvelle stupa que les démons viendront, encore et encore, mettre à bas. Leur unique chance de salut réside dans l'intervention de Jizô qui chassera leurs tourmenteurs en agitant les anneaux métalliques de son bâton de pèlerin et qui les conduira au Paradis Occidental de la Terre Pure. Les fidèles de Jizô leur viennent aussi quelquefois en aide en ramassant une pierre et en la déposant au pied d'une statue de Jizô. Ce geste est destiné à aider ces enfants à achever leur pagode et à échapper à leur triste sort. Les enfants vivants leur viennent aussi en aide tous les 24 août, jour de vénération de Jizô. Ce jour-là, ils sortent de sa niche la statue du Jizô de leur quartier, ils la repeignent et ils lui mettent de nouveaux vêtements puis ils lui demandent de protéger tous les enfants contre les dangers qui les guettent aussi bien sur terre que dans l'au-delà. Enfin, les femmes qui subissent une intervention volontaire de grossesse ne manquent pas non plus de se rendre dans un temple bouddhique pour y acheter une statuette de Jizô, la déposer sur l'autel dit des « enfants de l'eau » et implorer le bodhisattva de faire en sorte que leur enfant n'ait pas à errer sur les rives de la Saï no Kawara.

Le bodhisattva Jizô
(détail d'un tableau exposé au Chinnôji, Kyôto).

10. Comment Ono no Takamura travaillait au palais impérial pendant la journée et siégeait au tribunal des enfers pendant la nuit...

« *Brumes sur Adashino, bûchers sur Toribeno.* » Comme le révèle cette citation tirée des *Herbes de l'ennui* (*Tsurezuregusa*, 徒然草), un recueil de pensées philosophiques de Yoshida Kenkô (吉田兼好, 1283-1350), il y avait plus d'un cimetière autour de Kyôto. Il y en avait trois grands, Adashino (化野) à l'ouest, Rentaïno (蓮台野) au nord et Toribeno (鳥辺野) à l'est, et plusieurs petits qui furent abandonnés au fur et à mesure de l'agrandissement de la ville. Ces cimetières avaient été créés au début du 9e siècle afin d'inciter les gens à déposer leurs morts dans des endroits spécifiques et non pas à les jeter dans les rues, les maisons abandonnées ou la rivière Kamo-gawa. Des lois avaient été aussi promulguées afin d'obliger les aristocrates d'un rang supérieur à celui du troisième échelon de construire des tombes, afin d'interdire les enterrements dans les jardins ou à la croisée des chemins et afin d'encourager les crémations car, en ce temps-là, les corps étaient souvent abandonnés sans sépulture. Toutefois, ces lois n'étaient guère suivies : en octobre 842, l'empereur Nimmyô (仁明天皇, 810-850) fut contraint d'ordonner un nettoyage des berges de la Kamo-gawa et l'enlèvement de quelque 5 500 corps et les aristocrates continuèrent encore pendant longtemps à enterrer leurs morts dans leur jardin comme l'ont prouvé de récentes fouilles archéologiques conduites dans le centre historique de Kyôto.

Le cimetière d'Adashino a disparu depuis longtemps mais la toponymie et les temples du quartier témoignent de son existence. C'est le cas de cet arrêt d'autobus appelé Rokudô-chô (六道町), « le quartier des six voies de réincarnation », ou de ce carrefour qui porte le nom quelque peu intrigant de Katabira no Tsuji (帷子辻),

« l'intersection de la coiffe mortuaire. » *Le recueil illustré des lieux célèbres de la Capitale* (*Miyako Meisho Zu-e,* 都名所図会 ; volume 4) explique que ce carrefour doit son nom au fait que, lorsque la dépouille mortelle de l'impératrice Danrin (檀林皇后, 786-850) fut transportée à Adashino, sa coiffe mortuaire (*katabira*) s'envola et tomba à cet endroit. C'est aussi le cas du Adashino Nembutsu-ji (化野念仏寺), un temple qui se trouvait jadis à l'entrée du cimetière d'Adashino. Le moine Kûkaï (空海, 774-835) serait à l'origine de sa fondation. Une légende raconte en effet comment il visita le cimetière de l'ouest de la Capitale et fut profondément choqué par la vue de tous ces cadavres abandonnés sans sépulture. Kûkaï construisit un temple à l'entrée du cimetière, il y installa une statue d'Amida (Amitâbha, 阿弥陀如来), le bouddha gardien du Paradis Occidental de la Terre Pure, et il nomma le lieu Adashino Nembutsu-ji, « le Temple des Prières du Changement », car les moines qu'il avait l'intention d'y installer devraient, par leurs prières, aider les défunts jetés dans la plaine à changer, c'est-à-dire à échapper au cycle de la réincarnation et à renaître au paradis bouddhique. Le temple finira par donner son nom au cimetière de l'ouest : Adashino, « la plaine des prières du changement. » Au 19e siècle, les pierres tombales de quelque 8 000 personnes qui avaient été enterrées dans la plaine d'Adashino mais qui n'avaient, depuis bien longtemps, plus personne pour venir les voir furent déplacées et rassemblées dans l'enceinte du temple Adashino Nembutsu-ji. Depuis lors, les moines du temple organisent tous les 24 août, le jour de vénération de la divinité des chemins Jizô (地蔵菩薩), un émouvant service religieux qui consiste, pour les fidèles, à venir déposer des bougies sur les tombes de ces défunts sans descendance.

      Une autre légende locale raconte comment, quelques années après Kûkaï, un aristocrate nommé Ono no Takamura (小野篁, 802-852), construisit lui aussi un temple à l'entrée d'Adashino. Ce dernier y installa une statue de Jizô qu'il avait sculptée de ses mains puis il donna au lieu le nom de Fukushôji (福生寺), le « Temple du Bonheur de la Renaissance au Paradis Occidental de la Terre Pure. » En dépit d'un nom chargé de promesses, le Fukushôji fermera ses portes et disparaîtra des cartes de Kyôto à l'aube du 20e siècle. Fort heureusement, sa statue de Jizô sera sauvée de la destruction et installée dans un temple du quartier, le Yakushiji (薬師寺). Elle s'y trouve toujours. Cette statue dite du « Jizô des Six Voies de la Vie » (*Shô-rokudô-Jizô*, 生六道地蔵) est exposée au public une fois l'an, à l'occasion du jour de vénération de Jizô. Tout au long de la journée du 24 août, les fidèles sont nombreux à venir au Yakushiji pour accomplir leurs dévotions devant cette célèbre statue. Ils ne manquent pas non plus de s'incliner respectueusement devant les deux statues placées de part et d'autre du Jizô des six voies de la vie, deux statues qui représentent Ono no Takamura et le roi des enfers Emma (閻魔王).

Statues de Jizô (à gauche) et de Takamura (à droite) du Temple Yakushiji (Kyôto).

Si l'on en croit un recueil d'anecdotes du 13e siècle intitulé *Le miroir du protecteur des plaines* (*Nomori Kagami,* 野守鏡 ; IV-84), la plaine au nord de Kyôto reçut le nom de Rentaïno et devint un cimetière suite à un miracle accompli par un moine du 11e siècle nommé Jôkaku (定覚). Celui-ci construisit un temple dans la plaine au nord de la capitale puis il s'y retira et passa ses journées à lire *Le soutra du lotus de la loi* (法華経) et ses nuits à réciter l'invocation du bouddha Amida. Une nuit, tandis qu'il priait, des fleurs de lotus apparurent comme par magie autour de son temple. Jôkaku émit alors le vœu que tous ceux qui seraient enterrés dans la plaine du nord fussent accueillis par Amida et ses cohortes célestes et escortés au paradis occidental de la terre pure. Ce serait suite à ce vœu que la plaine au nord de Kyôto aurait reçu le nom de Rentaïno, « la plaine des lotus », et qu'elle serait devenue un cimetière pour les masses.

De nos jours, il ne reste plus rien de Rentaïno mais, comme à Adashino, la toponymie et les temples témoignent de l'époque où le quartier servait de cimetière aux habitants de la ville. C'est par exemple le cas du nom de l'avenue Sembon-dôri (千本通り). A l'origine, cette avenue large de 84m et longue de 3,7km était l'avenue principale de Kyôto. Elle commençait devant Rashômon (羅城門), la porte d'entrée de la ville, remontait en ligne droite en direction du nord et se terminait devant la porte du Phénix Rouge Suzakumon (朱雀門), la porte d'entrée du palais impérial. C'était la raison pour laquelle l'avenue était, à cette époque-là, appelée Suzaku-ôji (朱雀大路), « l'avenue conduisant à la porte Suzakumon. » Une célèbre légende rapportée, entre autres, dans *Le recueil illustré des lieux célèbres de la Capitale* (volume 6) relate les circonstances quelque peu extraordinaires au terme desquelles l'avenue Suzaku-ôji fut rebaptisée Sembon-dôri, « l'avenue des mille *sotoba* », du nom de ces planches de bois sur lesquelles les gens inscrivaient des prières et qu'ils plaçaient à côté des tombes ou du corps des défunts :

« Il y a très longtemps de cela, le moine Nichizô (日蔵, 905-985), celui qui habitait dans la Caverne de la Flûte, descendit en enfer et y rencontra un empereur (d'autres sources révèlent qu'il s'agit de Daïgo - 醍醐天皇, 885-930, précipité en enfer pour avoir condamné à l'exil un ministre innocent). Cet empereur interpella Nichizô et il lui raconta comment il endurait les pires souffrances en enfer à cause des péchés qu'il avait commis de son vivant. Il supplia Nichizô de retourner sur terre et de faire en son nom l'offrande de mille *sotobas*. A l'instant précis où Nichizô, ému jusqu'aux larmes, se dit qu'il devait retourner au plus vite sur terre, il se réveilla dans sa grotte et comprit qu'il avait rêvé. Il honora néanmoins sa promesse. Il érigea mille *sotobas* au pied du Mont Funaoka (la plaine de Rentaïno), construisit un temple et pria pour le repos de l'âme de cet empereur. »

Le temple en question, construit à l'entrée du cimetière de Rentaïno par Nichizô au 10ᵉ siècle selon certains ou par Jôkaku au début du 11ᵉ siècle selon d'autres, existe toujours. Officiellement, il s'appelle Injôji (引接寺), « le Temple de la descente d'Amida et de ses cohortes célestes », mais il est plus connu à Kyôto sous le nom d'Emma-dô (焔魔堂), « le Pavillon du roi Emma. » Ce nom vient du fait que son bâtiment principal abrite une énorme statue du roi des enfers, une statue haute de 2,40 mètres à propos de laquelle le jésuite portugais Luis Frois (1563-1597), de passage à Kyôto, écrivit : « cette statue est très grande et très détestable parce qu'elle tient dans les mains le sceptre de la justice et parce qu'elle est assistée par deux horribles créatures (les juges des enfers) installées à ses côtés. »

Statues du Roi Emma (à gauche) et de Takamura (à droite) au Temple Injôji (Kyôto).

Outre sa statue du roi Emma, le temple Injôji possède une magnifique collection d'œuvres d'art bouddhique qui est présentée au public à l'occasion de la fête des défunts de la mi-août. Les fidèles qui se rendent au temple pour accomplir leurs dévotions et prier pour le salut de leurs proches défunts se recueillent devant la statue du roi Emma puis ils accomplissent un curieux manège qui consiste à lancer une pièce de monnaie dans un bol accroché sur la façade du temple.

La légende affirme que ce bol dit de la multiplication par 10 000 (*man-baï-wan*, 萬倍碗) serait celui du roi Emma et que la personne qui réussit à y faire entrer une pièce sera repayée au 10 000e ! Au terme de cet étrange rituel, les fidèles pénètrent dans le pavillon annexe du temple et se recueillent devant les différentes statues qui y sont exposées. Ces statues représentent le bodhisattva Jizô, les moines Jôkaku et Kûkaï et Ono no Takamura, cet aristocrate qui avait prétendument construit un temple à l'entrée du cimetière d'Adashino. A propos de Takamura, une légende locale affirme qu'il aurait aussi construit le temple Injôji et sculpté sa statue du roi Emma...

Le troisième cimetière de Kyôto s'appelait Toribeno. Pas moins de trois temples furent construits à son entrée, dans ce lieu que les habitants de la Capitale surnommaient le Carrefour des six voies (*Rokudô no Tsuji*, 六道の辻). Le premier de ces temples s'appelait Saïfukuji (西福寺), « le temple du bonheur de renaître au Paradis Occidental. » Il fut construit par Kûkaï au début du 9e siècle.

Le bol de thé du Roi Emma (Injôji, Kyôto)

On raconte que, lorsque celui-ci visita Toribeno, il fut tellement choqué par ce qu'il y vit qu'il sculpta une statue de Jizô et l'exposa dans un pavillon qu'il construisit à l'entrée du cimetière. Le lieu acquit une certaine renommée quand, en 814, l'impératrice Danrin, celle dont la coiffe mortuaire s'envolera quelques années plus tard à l'entrée du cimetière de l'ouest de la ville, vint y prier et obtint ainsi la guérison de son fils. Après sa visite, la statue du Jizô fut surnommée « Jizô qui veille sur les enfants » (*Ko-sodaté Jizô*, 子育て地蔵) et elle suscita un culte fervent qui demeure encore extrêmement vivace de nos jours. Rokuharamitsu-ji (六波羅蜜寺), le second temple de Toribeno, fut construit quelques siècles plus tard par le moine Kûya (空也, 903-972) afin d'y installer, comme nous l'avons vu dans le chapitre précédent, une statue du bouddha Amida.

Le troisième temple s'appelait Chinnôji (珍皇寺). C'était le dernier temple sur le chemin conduisant au cimetière de Toribeno, le lieu devant lequel s'achevait le monde des hommes et au-delà duquel commençait celui des défunts. Les visiteurs qui pénètrent aujourd'hui sur l'esplanade du Chinnôji sont souvent déçus car le lieu ressemble plus à un parking qu'à un temple. En effet, ses différents pavillons sont fermés et seuls un clocher ainsi qu'une rangée de statues de Jizô alignées le long d'un mur prouvent que l'on est bien dans un temple. Keishun (慶俊), moine originaire de Nara et maître spirituel de Kûkaï, aurait fondé le Chinnôji entre 792 et 805. A cette époque-là, le temple portait le nom d'Atagi-dera (愛宕寺). Des tuiles datant du 8e siècle ont été retrouvées sur le site et semblent donc confirmer la thèse d'une fondation dans les années précédant le déplacement de la capitale à Kyôto en 794. Le moine Keishun aurait non seulement construit le Chinnôji, il aurait aussi fondu la cloche qui se trouve, aujourd'hui encore, dans la tour du clocher du temple. C'est que révèle l'une des *Histoires sur le passé* (*Kojidan,* 古事談 ; volume 5) :

« Keishun, le recteur du temple Chinnôji, procéda à la fonte d'une cloche puis il l'enterra dans le sol. Il fit promettre à ses disciples de la déterrer dans trois ans puis il se rendit en Chine. Six mois plus tard, les disciples déterraient la cloche et la frappaient avec un marteau. Le bruit s'entendit jusqu'en Chine. Keishun retourna au Japon et il dit à ses disciples :

- J'ai entendu le son de la cloche de mon temple. Si vous ne l'aviez pas déterrée, cette cloche aurait acquis le pouvoir de sonner d'elle-même six fois par jour ! En la déterrant, vous avez fait une chose bien regrettable... »

D'autres récits, plus douteux, attribuent la fondation du temple Chinnôji à Kûkaï (c'est le cas de la plupart des temples érigés à l'entrée des anciens cimetières de Kyôto) ou encore à Yamashiro no

Ôe (山代淡海), le propriétaire du terrain. Ce dernier aurait construit le temple en 836 et il en aurait fait un lieu voué à la protection de l'empire ; Il est vrai que Chinnôji signifie, littéralement, « l'étrange temple impérial. » Une autre version, encore plus douteuse mais très intéressante, est mentionnée dans *Les histoires qui sont maintenant du passé* (*Konjaku Monogatari*- 今昔物語 ; XXXI-19). Elle attribue la construction du temple et la fonte de sa cloche à... Ono no Takamura. Encore lui ! Signalons au passage que des spécialistes de la toponymie voient dans le « nô » (皇) de Chinnôji une déformation de l'idéogramme signifiant Takamura (篁) et estiment qu'il serait plus correct de traduire le nom du lieu par « Temple de Takamura l'Etrange. »

Si le Chinnôji est désert pendant l'année, il est, par contre, pris d'assaut par les foules entre le 7 et le 10 août. Cette période correspond au moment de l'année où les Japonais célèbrent l'*Obon* (お盆), la fête des défunts, et s'apprê-

Le clocher du temple Chinnôji (Kyôto)

tent à accueillir leurs ancêtres défunts que le roi Emma autorise à retourner sur Terre pour quelques jours. Pour ce faire, ils accomplissent le pèlerinage dit des six voies (*rokudô maïri*, 六道参り). A Kyôto, ce pèlerinage s'effectue, de manière guère surprenante, dans les temples Injôji et Chinnôji. Durant les quatre jours que dure ce festival, les avenues conduisant à ces deux temples sont bordées d'étals où les fidèles peuvent acheter le matériel nécessaire à l'érection de l'autel dans lequel leurs ancêtres de retour sur Terre viendront s'installer : fleurs rouges en forme de lanterne pour leur éclairer le chemin, échelles miniatures et branches de pins pour les aider à rejoindre plus facilement le monde des vivants, plats à offrandes pour les honorer durant leur bref séjour sur Terre...

  Les fidèles pénètrent ensuite dans l'enceinte du Chinnôji et font la queue devant son célèbre clocher. Ils attendent leur tour pour procéder au rituel dit de la « cloche de l'appel » (*mukae-gane*, 迎え鐘). D'ordinaire, les cloches des temples bouddhiques sont sonnées pour marquer les heures mais celle du Chinnôji est uniquement utilisée lors du pèlerinage des six voies. Ceci est dû au fait qu'à défaut de sonner les heures d'elle-même, la cloche aurait acquis le pouvoir de résonner jusqu'au plus bas des enfers. Les cloches des temples bouddhiques n'ayant pas de battant intérieur, les moines ou les fidèles les font normalement sonner en les frappant avec une poutre de bois. Or, au Chinnôji, un astucieux système de poulies fait que les gens doivent tirer vers eux la corde reliée à la poutre qui va frapper la cloche. Ce geste est destiné à symboliser le désir des fidèles de voir leurs ancêtres défunts revenir sur Terre durant les fêtes de l'Obon.

  Après avoir procédé à la sonnerie de l'appel, les fidèles vont ensuite se recueillir devant les différentes statues exposées dans le pavillon situé juste à côté de la tour du clocher. Dans ce pavillon dit de Takamura (Takamura-dô, 篁堂), ils pourront voir une statue du roi Emma à propos de laquelle la légende affirme (à tort) qu'elle aurait été sculptée par Ono no Takamura, une statue d'un juge des enfers, une statue d'un geôlier des enfers qui tend le bras pour indiquer aux défunts la voie dans laquelle ils ont été condamnés à se réincarner et une statue d'Ono no Takamura. Représenté en position debout, Takamura est vêtu d'un habit de cour, il porte une épée de cérémonie à la ceinture et tient dans les mains un sceptre, une pièce de bois au dos de laquelle les aristocrates avaient coutume d'écrire des pense-bêtes et de noter les formules complexes qu'ils étaient supposés employer à la cour. On raconte que cette statue haute de 1,86m représente Takamura grandeur nature, ce qui voudrait donc dire qu'il avait une taille peu commune pour son époque...

  Les noms de Kûkaï et de Takamura reviennent à chaque fois que l'on évoque les cimetières de Kyôto. Leurs images sculptées ou peintes sont exposées dans les temples Yakushiji, Injôji et Chinnôji et des légendes leur attribuent soit la fondation de ces lieux soit la fabrication des statues de Jizô ou du roi Emma qui y sont exposées. L'apparition de Kûkaï dans ces légendes n'est guère surprenante et peut aisément s'expliquer par le désir d'associer ces temples à ce moine qui fit tant pour le salut de ses contemporains et qui fonda la première secte bouddhique japonaise. Par contre, l'intérêt d'associer ces mêmes temples à un aristocrate poète du 10e siècle paraît beaucoup moins évident... Pourquoi donc Ono no Takamura est-il systématiquement associé aux trois grands cimetières de Kyôto ?

Un premier élément de réponse nous est fourni par un arbre généalogique de la famille Ono de la fin du 11e siècle (mentionné dans *La suite de la compilation des textes anciens – Zoku-gunshoruishû*, 続群書類従 ; tome 7-1). On peut y lire les noms prestigieux de Ono no Imoko (小野妹子, 7e siècle), premier ambassadeur japonais à l'étranger et fondateur de l'art de la décoration florale, Ono no Komachi (小野小町, 9e siècle), poétesse à la beauté légendaire, Ono no Michikaze (小野道風, 894-966), l'un des trois plus grands calligraphes du 10e siècle, et, bien sûr, Ono no Takamura sous le nom duquel figure le commentaire suivant : « on raconte qu'il était le troisième juge du roi Emma » ! L'information est « confirmée » par le *Irohajiruishô* (伊呂波字類抄 ; tome 6), un dictionnaire du 12e siècle, qui, dans son entrée consacrée au Chinnôji, explique que le temple a été fondé par Ono no Takamura et qu'il possède, parmi ses trésors, la coiffe, le sceptre et la robe que ce dernier portait au tribunal des enfers !

Une légende locale raconte comment Takamura entendit un jour la voix de sa défunte mère qui venait du puits du temple Chinnôji. Il descendit dans le puits et arriva ainsi à la cour de justice du roi Emma qui lui apprit que sa mère s'était réincarnée dans la voie des enfers. Takamura partit à la recherche de sa mère, il la retrouva et il la conduisit au paradis. Ceci fait, il décida d'assister le roi Emma dans ses jugements. Il prit dès lors l'habitude de travailler au palais impérial durant la journée et de siéger à la cour de justice du roi Emma pendant la nuit. Takamura descendait en enfer en passant par le puits du Chinnôji et il retournait sur Terre au petit matin en passant par le puits du Fukushôji, le temple qu'il avait construit à l'entrée du cimetière d'Adashino. C'est la raison pour laquelle le puits du Chinnôji qu'il utilisait pour descendre en enfer fut surnommé « puits de l'aller » (往きの井戸) ou « puits des six voies de la mort » (死六道井戸) et le puits du Fukushôji qu'il utilisait pour revenir sur Terre « puits du retour » (還りの井戸) ou « puits des six voies de la vie » (生六道井戸). Le puits du temple Fukushôji, en fait un ensemble de sept puits décorés de statues de Jizô qui se trouvait sur une parcelle de terrain à l'est du temple, a été démoli il y a quelques années. Le puits du Chinnôji existe, par contre, toujours, peut-être parce qu'il est situé dans le jardin du temple et non à l'extérieur. Toutefois, son accès est interdit au public et il a été bouché afin de dissuader tous ceux qui voudraient imiter Takamura et seraient tentés par une visite des enfers.

Le puits des six voies de la mort (temple Chinnôji, Kyôto)

Les recueils de nouvelles parus à la même époque que le dictionnaire *Irohajiruishô*, c'est-à-dire près de 250 ans après la mort de Takamura, contiennent plusieurs histoires qui décrivent ce dernier en train de siéger au tribunal des enfers et de rendre la justice aux côtés du roi Emma. Le plus vieil exemple se trouve dans *Les histoires qui sont maintenant du passé* (XX-45) :

« A l'époque où il était encore étudiant, Takamura fut puni

par la cour à cause d'une certaine affaire. A ce moment-là, Fujiwara no Yoshimi (藤原相良, 964-968), celui que l'on surnommait « Ministre de Nishi Sanjô », prit la parole et plaida en sa faveur.

 - Merci, pensa Takamura au fond de son cœur quand il entendit Yoshimi prendre sa défense.

 Les années passèrent. Ono no Takamura devint Adjoint du Gouverneur Général de Kyûshû et Yoshimi Ministre. Peu après, Yoshimi tomba gravement malade et décéda au bout de quelques jours. Il fut ligoté par les envoyés du roi Emma et conduit à la cour de justice des enfers afin d'y être jugé. Yoshimi regarda autour de lui et il eut la surprise de voir, assis au milieu des juges des enfers, Takamura !

 - Qu'est-ce que cela veut dire ? se demanda-t-il stupéfait.

 Takamura se leva, brandit son bâton d'assesseur et déclara :

 - Ce ministre japonais a un cœur pur. C'est un homme bon envers son prochain. Je vous prie humblement de bien vouloir l'absoudre des crimes dont il est présentement accusé.

 - Ce que vous demandez est plutôt difficile, répondit le roi des enfers après avoir écouté la plaidoirie de Takamura. Mais, puisque c'est vous qui le demandez, je lui pardonne ses crimes.

 Takamura se tourna alors vers les geôliers des enfers qui retenaient prisonnier l'homme et il leur donna des ordres :

 - Relâchez-le et renvoyez-le dans le monde des vivants !

 Yoshimi guérit de sa maladie et, quelques mois plus tard, il se mit à repenser aux curieux incidents dont il avait été le témoin à la cour des enfers. Toutefois, il n'en parla à personne et il ne posa pas de questions à Takamura. Un jour, il se rendit au palais pour assister à quelque cérémonie et il s'installa à la place qui lui était réservée. Ce fut alors qu'il réalisa que la place juste devant lui était occupée par l'adjoint Takamura. Il n'y avait encore personne autour d'eux...

 - Voilà une occasion inespérée... Je vais l'interroger sur sa présence au tribunal des enfers. Je n'arrête pas d'y penser et de trouver cela étrange, se dit Yoshimi avant de s'approcher et de murmurer à Takamura : je n'ai pas eu l'occasion de vous en parler ces derniers mois mais je n'arrive pas à oublier ce qui s'est passé au tribunal des enfers. Que faisiez-vous donc là-bas ?

- C'était pour vous remercier de m'avoir défendu l'année dernière, répondit Takamura en souriant. Je vous serais reconnaissant de ne pas en parler... Pour le moment, personne n'est au courant...
En l'entendant parler de la sorte, Yoshimi prit peur et se dit :
- Takamura n'est décidément pas un homme comme les autres. C'est un juge des enfers... Quant à moi, j'ai retenu la leçon. Je dois me montrer bon envers mon prochain...
Yoshimi se montra incapable de tenir sa promesse et il se mit à parler avec ferveur des bienfaits de Takamura à tous ceux qu'il croisait. L'histoire se diffusa tout naturellement parmi les gens qui en vinrent à craindre Takamura, un homme qui était un juge du roi Emma et qui allait et venait entre ce monde et celui des défunts. »

Dans *La compilation des contes racontés par Ôe no Masafusa* (*Gôdanshô*, 江談抄 ; III-38 & 39), Ono no Takamura vient en aide à un autre membre du clan Fujiwara :

« Ono no Takamura et Fujiwara no Takafuji (藤原高藤, 838-900), à l'époque où ce dernier occupait le poste de chancelier, vinrent à passer devant la porte Suzakumon et à croiser une horde de monstres. Quand les monstres virent Takakuji, ils s'écrièrent :
- Le *Sonshô Darani* !

Takafuji l'ignorait mais sa mère avait fait coudre dans son vêtement le *Sonshô Darani*, une incantation qui avait le pouvoir de protéger celui qui la possédait et ceux qui se trouvaient près de lui contre les êtres surnaturels. C'est ainsi que, grâce à l'incantation porté par Takafuji, Takamura fut lui aussi protégé contre les monstres. Il en conçut la plus grande sympathie à l'égard de Takafuji...

Cinq ou six jours plus tard, Takamura se rendit au palais pour prendre son office et il fut le témoin d'un incident étrange devant la porte Yômeimon : quelqu'un coupa les attaches du timon et les stores de la voiture de Takafuji. Takamura, qui, à cette époque-là, occupait le poste de Grand Contrôleur de Gauche, se rendit à la résidence de Fuyutsugu (藤原冬嗣, ?- 842), le grand-père de Takafuji, et il lui raconta toute affaire. Takamura discuta avec Fuyutsugu et Takafuji. Soudain, Takafuji perdit connaissance et s'écroula sur le sol, mort. Takamura prit aussitôt la main de Takafuji et il le releva.

Takafuji revint à la vie. Les deux hommes descendirent ensuite dans le jardin de la propriété. Là, Takafuji remercia Takamura et il lui dit :
 - Je me souviens de tout. Je vous ai vu à la cour de justice du roi Emma. Vous occupiez la place du second juge des enfers. Je vous remercie d'avoir plaidé en ma faveur et obtenu mon renvoi dans le monde des vivants... »

Une troisième et dernière histoire tirée de *La chronique des trois pays* (*Sankoku-denki*, 三国伝記 ; IV-18) montre Takamura venir en aide à son beau-père, Fujiwara no Mimori (藤原三守, 785-840) :

« A l'époque du règne de l'empereur Saga (嵯峨天皇, 785-842) vivait un aristocrate nommé Takamura. Il était le troisième juge des enfers à la cour de justice du roi Emma. Il était aussi un homme qui excellait dans l'art de la poésie, de la calligraphie et de la musique. A cette époque-là, le Ministre de la Gauche s'appelait Fujiwara no Mimori. Un jour, ce Mimori tomba gravement malade. Se souvenant qu'il avait, dans le passé, enfreint les préceptes du bouddhisme et causé du tort à son gendre, il regretta son geste et prit peur à la pensée qu'il allait bientôt comparaître à la cour des enfers.
 - Je me meurs ! s'écria-t-il désespéré. La maladie m'emporte alors que je suis encore jeune. Dieux ! Je vous prie de me laisser le temps de faire amende honorable et de recopier le *Soutra de la perfection de la sagesse divine* (*Daïhannya-kyô*, 大般若経) !

Mimori rendit l'âme et arriva au tribunal des enfers. Au moment où on allait donner lecture du verdict, le troisième juge des enfers Takamura se leva et expliqua à tous que ce pécheur avait promis de faire amende honorable et de recopier *Le soutra de la perfection de la sagesse divine*.
 - Il nous est difficile de le libérer et de l'autoriser à retourner dans le monde des vivants, rétorquèrent les autres juges des enfers. Toutefois, puisque c'est vous qui le demandez, nous acceptons de le renvoyer sans tarder dans le monde des vivants et nous lui accordons un délai de trois ans pour tenir sa promesse. S'il recopie *Le soutra de la perfection de la sagesse divine*, il sera sauvé.

Après avoir ainsi parlé, les juges des enfers autorisèrent Mimori à retourner dans le monde des vivants. Or, Mimori ne tint pas sa promesse. Il se contenta de reprendre son office au palais et de mener sa vie. Peu de temps avant que ne prenne fin le délai de trois ans qui lui avait été accordé par les juges des enfers, Takamura s'en alla trouver Mimori et il lui dit :

    - Avez-vous recopié *Le soutra de la perfection de la sagesse divine* comme vous aviez promis de le faire ?

Mimori répondit d'abord qu'il n'avait pas eu le temps de le faire parce qu'il avait été accaparé par son travail au palais puis il dévisagea son interlocuteur avec stupeur. Il venait de reconnaître dans le visage furieux de Takamura celui du troisième juge des enfers. Il prit peur et se dépêcha de recopier *Le soutra de la perfection de la sagesse divine*. On raconte que, grâce à cela, il put échapper aux tourments de l'enfer. »

Le Roi Emma (statue du temple Chinnôji, Kyôto)

Ono no Takamura n'est pas un personnage de fiction. Il a réellement existé. Quelle sorte d'homme était-il donc pour inspirer ces histoires qui affirmaient qu'il travaillait au palais impérial durant la journée et qu'il siégeait à la cour des enfers durant la nuit ? Ono no Takamura naquit en 802 dans une famille de lettrés de la Capitale. Son père, Minemori (小野岑守), était un brillant homme de lettres qui compila, entre autres choses, la première anthologie de poèmes chinois, le *Ryô-un-shû* (凌雲集). Le jeune Takamura, lui, ne s'intéressait guère aux études. Il préférait passer ses journées à faire de l'équitation et à s'exercer au tir à l'arc. Quand l'empereur Saga eut vent de ce déplorable état de fait, il rendit visite à Minemori et il rabroua vertement le garçon (célèbre anecdote mentionnée dans une chronique du 9^c siècle, *L'histoire du règne de l'empereur Montoku - Montoku-Jitsuroku*, 文徳実録). Profondément humilié, Takamura se consacra corps et âme à l'étude, rattrapa son retard en un temps record, réussit l'examen d'entrée de l'unique université du pays, fit de brillantes études et devint un lettré. *Le dit de Takamura* (*Takamura Monogatari*, 篁物語), un court roman écrit par un auteur anonyme aux alentours du 10^c siècle, se passe justement à l'époque où Takamura devient élève de la voie des lettres et raconte comment celui-ci tombe amoureux puis engrosse sa demi-sœur. Le roman se conclut par la mort de la jeune fille qui, se voyant refuser l'autorisation de rencontrer son amant, se laisse mourir de faim et vient ensuite, tous les soirs pendant un mois, lui rendre visite sous l'apparence d'un spectre. Il est bien sûr impossible de savoir si le roman s'inspire d'un fait-divers authentique mais l'existence d'une telle œuvre montre que, moins de cent ans après sa mort, le nom de Takamura était déjà synonyme de scandale et de surnaturel. Nullement atteint par le scandale s'il y en eût jamais un, Takamura termina ses études et entama une brillante carrière dans ce qui correspondrait aujourd'hui au Ministère de la justice : procureur adjoint, magistrat, secrétaire général du cabinet, auditeur et grand contrôleur de Gauche.

Takamura étonnait par sa probité à une époque où les juges étaient souvent corrompus, il détonnait par sa grande taille (1,86m si l'on en croit la statue du temple Chinnôji) et il se faisait régulièrement remarquer par ses manières à la limite de l'impertinence et par ses poèmes qui frôlaient l'insolence. Une anecdote rapportée dans *La compilation des contes racontés par Ôe no Masafusa* (III-42) raconte comment Takamura, alors âgé de 20 ans, provoqua un scandale en proposant la traduction suivante d'un graffiti incompréhensible qui avait été découvert sur les murs du palais impérial : « on serait plus heureux sans (l'empereur) Saga » ! Pour ses contemporains, Takamura était à la fois un homme de talent qu'ils n'hésitaient pas à comparer aux plus grands poètes chinois mais aussi un homme étrange qu'ils affublaient de surnoms peu flatteurs tels que « l'idiot des plaines » (*yakyô*, 野狂).

L'événement décisif de la carrière de Takamura fut très certainement celui qui survint en 834, quand l'empereur Saga décida d'envoyer une ambassade en Chine et qu'il demanda à Takamura de se joindre à l'expédition. Des vents contraires repoussèrent les navires vers les côtes japonaises et le voyage fut annulé. En 837, Saga nommait ambassadeur un certain Fujiwara no Tsunestugu (藤原常嗣) et demandait à Takamura de partir en Chine avec lui. Les navires furent de nouveau pris dans une tempête. Celui de Tsunetsugu, gravement endommagé, ne pouvait plus continuer le voyage. Aussi, ce dernier ordonna-t-il à Takamura de lui céder son navire et de prendre place à bord du sien. Takamura prétexta d'une maladie soudaine pour refuser d'embarquer puis il consigna ses doléances sous la forme d'un recueil de poèmes (qui ne nous est pas parvenu) et il les fit transmettre à l'empereur Saga. Ce dernier entra dans une colère terrible mais il ne condamna pas Takamura à mort comme cela aurait dû être le cas pour une personne ayant refusé d'obéir à un ordre émanant de l'empereur. Il commua sa peine en une condamnation à l'exil sur l'île d'Ogi-shima (隠岐島). Une des *Histoires qui sont maintenant du passé* (XXIV-45) raconte comment, avant de prendre place à bord du navire qui le conduisait en exil, Takamura interpella un pêcheur et lui transmit le message suivant sous la forme d'un poème : « *toi l'homme au bateau de pêche, annonce à mes proches restés à la capitale qu'un navire est sur le point de me conduire en direction des îles lointaines.* »

Quand l'empereur Saga prit connaissance du poème, il fut si ému par la beauté des vers qu'il décida de pardonner à Takamura et de l'autoriser à revenir à la capitale. Cet incident fort célèbre est raconté dans quantité de recueils et rapporté dans les chroniques historiques parce que Takamura avait fait ce que d'aucuns jugeaient impossible. Il avait été condamné à l'exil sur une île (« l'enfer » pour un aristocrate habitué aux fastes de la Capitale) et il en était revenu de son vivant. Nul doute que les contemporains d'Ono no Takamura et les Japonais des générations suivantes se dirent qu'un homme capable d'une telle prouesse pourrait tout aussi bien aller en enfer, le vrai, et en revenir. Et s'il allait en enfer, qu'y ferait-il ? Puisqu'il travaillait au Ministère de la justice pendant la journée, il ferait très certainement la même chose en enfer et il rendrait la justice aux côtés du roi Emma. Comment cela se pourrait-il donc ? Cet homme était tellement bizarre que cela ne serait guère surprenant...

C'est probablement à partir de ce genre de rumeurs que prit naissance la légende de Takamura et que se formèrent des récits le dépeignant en train de siéger au tribunal des enfers... La légende, alimentée par des récits publiés dans *Les histoires qui sont maintenant du passé* et d'autres recueils de nouvelles, alla en s'enflant et elle conduisit tout naturellement à une association, pour ne pas dire une assimilation, avec Jizô, cette divinité qui se rendait, elle aussi, en enfer pour porter secours aux damnés. Du coup, Ono no Takamura fut progressivement dépeint comme quelqu'un de très religieux – c'était le cas de l'histoire où il obtenait la libération de son beau-père en échange de la promesse de recopier *Le soutra de la perfection de la sagesse divine* –, comme un aristocrate au grand cœur qui était à l'origine de l'établissement des trois cimetières de la

Statue de Takamura (Chinnôji, Kyôto)

Capitale, qui avait construit les temples à l'entrée de ces cimetières et sculpté les statues de Jizô ou du roi Emma qui y étaient installées. Nous sommes certainement loin de la réalité historique car les écrits des contemporains de Takamura le décrivent généralement comme un homme qui ne s'intéresse ni aux kamis ni aux bouddhas. Il est donc plus probable que les histoires le dépeignant comme le deuxième ou le troisième secrétaire des enfers furent inspirées par sa personnalité hors du commun, sa carrière au Ministère de la justice et certains épisodes de sa vie tels que son exil et son rappel miraculeux à la Capitale...

L'histoire du bouddhisme compilée à l'ère Genkô (*Genkô Shakusho* - 元亨釈書 ; IX), une histoire du bouddhisme écrite au 13ᵉ siècle, contient ce qui est certainement le plus célèbre des récits dépeignant Takamura sous les traits d'un homme dévot, fidèle de la divinité Jizô et disciple d'un moine bouddhiste :

« Mammaï (満米) était moine au Kongôzanji (金剛山寺), dans le pays de Yamato (Nara). Son temple, connu aussi sous le nom vulgaire de Yata-dera (矢田寺), avait été fondé par Chitsû (智通, 7ᵉ siècle). Mammaï était un moine pur et respectueux des enseignements du bouddhisme, un moine dont le nom était connu des aristocrates de la cour et des petites gens. A cette époque-là, l'auditeur Takamura vouait le plus grand respect à Mammaï et il était même devenu son disciple. Ce Takamura était aussi connu des gens car il était un homme vertueux qui travaillait au palais impérial et qui officiait en tant que secrétaire à la cour des enfers. Un jour, le roi Emma se plaignit à ses ministres et il leur dit la chose suivante :

- J'essaie toujours de rester impartial mais les impuretés que j'ai accumulées au contact des défunts durant toutes ces années commencent à me peser. Elles me rendent malade et elles affectent la qualité de mes jugements. Maintenant, les gens me traitent de « roi aux deux trônes » (roi impartial ?). Comment pourrais-je faire pour retrouver la bonté de cœur nécessaire à la poursuite de ma tâche ?

Les juges des enfers discutèrent et en vinrent à la conclusion que le roi Emma devait recevoir le sacrement qui ferait de lui un *bodhisattva*, un être détaché de toutes passions.

- En enfer, il n'y a pas de moine capable de m'administrer ce sacrement ! s'exclama le roi Emma. Que faire ?

- Mon maître spirituel est un moine pur et respectueux des enseignements du bouddhisme, déclara Takamura en s'approchant du roi Emma. Il habite dans un pays qui s'appelle Japon et qui se trouve au-dessus de votre royaume. Il ne nous reste plus qu'à le faire venir...

Ses paroles firent grand plaisir au roi Emma qui ordonna aussitôt à Takamura d'aller chercher ce moine. Takamura retourna sur Terre, il alla au Kongôzanji, il rencontra Mammaï et il lui expliqua toute l'affaire. Ceci fait, il escorta le moine en enfer et il le conduisit auprès du roi Emma. Mammaï dressa un autel, il fit asseoir le roi et il lui administra le sacrement qui ferait de lui un *bodhisattva*.

    - Vous m'avez libéré d'un grand poids grâce aux vertus de ce sacrement. Que pourrais-je vous offrir en remerciement ? demanda le roi Emma à Mammaï.

    - Je n'ai nul besoin d'offrande, répondit Mammaï. Par contre, grand roi, pourriez-vous m'autoriser à visiter les enfers ?

    Le roi Emma accéda à la demande de Mammaï et il le convia à une visite de l'enfer des flammes éternelles. Il y avait là une porte et des marmites de fer, des brasiers dont les flammes s'élevaient très haut, des montagnes d'épées que les damnés escaladaient en se blessant méchamment et quantité d'instruments de torture horribles au-delà de toute description. Mammaï poursuivit sa visite. Il arriva en un certain lieu et aperçut un moine au milieu d'un brasier intense. Le moine suivait le mouvement des flammes, s'élevant quand elles s'élevaient et redescendant quand elles redescendaient.

    - Qui est ce moine au milieu du brasier ? demanda Mammaï. En punition de quel péché a-t-il été condamné à se retrouver au milieu de ce brasier ?

    - Vous n'avez qu'à lui demander, fit le roi Emma.

    Mammaï attendit que le moine descende près de lui en suivant le mouvement des flammes, il s'approcha en tentant de supporter du mieux qu'il pouvait la chaleur intense du brasier puis il l'interrogea.

    - Je suis Jizô, répondit le moine. Je viens en enfer, je délivre des sermons et je permets ainsi à des multitudes de gens d'échapper aux tourments de l'enfer. Mais cela n'est pas suffisant. Comme je suis proche du Bouddha, je ne crains pas les flammes, je ressens une grande pitié, je reçois les châtiments à la place des damnés et je sauve des multitudes de gens. J'essaie de porter secours à tout le monde mais, hélas, je ne peux rien faire pour ceux qui ne m'ont jamais prié.

Mammaï, retourne dans la voie des hommes, parle aux moines et aux gens du vulgaire, aux hommes et aux femmes, et incite-les à me prier ! Parle-leur aussi des supplices infligés aux damnés en enfer !

Mammaï quitta l'Enfer des Flammes Eternelles et, quand il voulut retourner dans le monde des vivants, le roi Emma fit appeler ses serviteurs et il leur demanda d'apporter et d'offrir une boîte en laque au moine. Mammaï ouvrit la boîte et il regarda à l'intérieur. Il y avait des grains de riz. Après son retour dans la voie des hommes, Mammaï puisa encore et encore dans cette boîte mais elle resta toujours pleine et il ne manqua jamais de nourriture jusqu'à la fin de ses jours. Mammaï vouait un culte fervent à Jizô mais, après son retour dans la voie des hommes, il

Le Jizô du temple Yata-dera (Kyôto)

convoqua néanmoins un artiste de talent spécialisé dans la confection d'objets de culte, il lui fit sculpter une image de Jizô tel qu'il l'avait vu au milieu des flammes de l'enfer puis il installa la statue dans son temple. Cette statue existe toujours. Elle mesure 1,50m de haut. En fait, Mammaï s'appelait Mankeï (満慶) mais, après que le roi des enfers lui eût remis une boîte en avec un grain de riz à l'intérieur, les gens l'avaient surnommé Mammaï (riz en abondance). »

Erigé en l'an 700 sur ordre de l'empereur Temmu (天武天皇, 622-686), le Yata-dera se trouve dans ce qui est aujourd'hui la ville de Yamato-Kôriyama (préfecture de Nara). Un moine nommé Mammaï y officia réellement aux alentours du 9e siècle et, en 845, celui-ci construisit à Kyôto une annexe de son temple qu'il nomma Yata-dera et dans laquelle il installa sa statue du « Jizô des enfers »

(*Jigoku Jizô*, 地獄地蔵). Cette statue est unique en son genre car elle est représentée avec les attributs d'autres divinités. Le sceau mudra que forme le « Jizô des enfers » avec les doigts de sa main droite est emprunté au bouddha Amida. Il signifie « descente des cohortes célestes d'Amida » et il exprime le désir d'Amida de sauver et de conduire les fidèles au Paradis Occidental de la Terre Pure. Le rideau de flammes placé derrière le « Jizô des enfers » symbolise la loi bouddhique détruisant les passions qui enchaînent les hommes au cycle de la renaissance dans les six voies. Il est normalement l'attribut de Fudô Myôô (不動明王), un dieu également armé d'un glaive et d'un lacet afin de secourir les hommes. Au fil des siècles, le Yata-dera fut détruit à plusieurs reprises par des incendies et sa statue malmenée en bien des occasions. Il fut même déplacé et reconstruit à son emplacement actuel en 1579. De nos jours, coincé entre un poste de police et une boutique dans une arcade commerçante, il n'attire guère les regards et il est surtout visité par les habitants du quartier qui viennent se recueillir devant son « Jizô de l'enfer » dont le rideau de flammes, placé à l'origine dans son dos, a été malencontreusement cassé et posé devant lui. Même s'il s'agit-là d'un regrettable incident, force est de reconnaître que l'effet est des plus saisissants car il donne l'impression de voir Jizô au milieu des flammes de l'enfer...

En raison de son association avec le secrétaire des enfers Ono no Takamura et des circonstances quelque peu extraordinaires ayant conduit à la fabrication de sa statue, le temple Yata-dera connaît un certain regain d'activité lors de la fête des défunts de la mi-août. A Kyôto, la fête de l'Obon commence, comme nous l'avons vu, par un pèlerinage au Chinnôji, ce temple dont Takamura empruntait le puits pour descendre en enfer. Les fidèles font la queue devant le clocher du temple pour procéder à la sonnerie de l'appel et inviter leurs ancêtres défunts à revenir sur Terre et à résider pendant quelques jours dans un autel dressé à leur intention dans une pièce de la maison. Le 16 août, lorsque la fête de l'Obon prend fin et que les défunts doivent réintégrer leur dimension, les gens se rendent, cette fois-ci, au temple Yata-dera pour sonner sa cloche et procéder à la sonnerie dite du renvoi (*okuri-gane*, 送り鐘).

Tandis que le temple Yata-dera était détruit puis reconstruit à plusieurs reprises au fil des siècles, la légende de Takamura secrétaire des enfers allait en s'amplifiant. Les gens lisaient ses aventures dans les recueils de nouvelles, ils le comparaient à Jizô, ils faisaient même de lui une émanation terrestre du roi Emma, ils lui attribuaient la confection de nombreuses statues de Jizô et d'Emma et, à Kyôto, ils initiaient un pèlerinage consistant à se rendre dans six temples abritant des statues de Jizô prétendument sculptées par Takamura après que celui-ci eut conduit Mammaï en enfer. De nos jours, ce pèlerinage dit des six Jizô (*Roku Jizô meguri*, 六地蔵廻り) s'effectue aux alentours du 24 août, le jour de vénération de Jizô. Autre signe de l'engouement pour le personnage de Takamura, la préface d'une édition du *Dit du Genji* (*Genji Monogatari*, 源氏物語) publiée au 14e siècle mentionne, pour la première fois, l'existence de sa tombe, près du carrefour des avenues Kitaôji-dôri et Sembon-dôri, dans ce qui correspondait jadis au cimetière de Rentaïno, et ajoute qu'elle se trouve à quelques centaines de mètres à l'est de celle de Murasaki Shikibu (紫式部, 11e siècle), l'auteur de ce classique de la littérature japonaise. Quelques décennies plus tard, *Le guide des sites touristiques de Kyôto* (*Sanshû Meiseki-shi* - 山州名跡志 ; tome 7) mentionnera aussi ces deux tombes mais les situera cette fois-ci l'une à côté de l'autre.

L'historicité de ces tombes est des plus douteuses car la coutume consistant à ériger des sépultures était encore peu répandue aux époques où vécurent les intéressés et, même en admettant qu'il s'agisse de vraies tombes, le fait que des célébrités n'ayant aucun lien de parenté et ayant vécu à plus de 200 ans d'écart aient été enterrées côte à côte relève d'un hasard bien difficile à admettre. La zone dans laquelle se trouvent ces « tombes » était habitée bien avant le déplacement de la capitale à Kyôto et elle était parsemée de tumulus qui, au fil des siècles, ne manquèrent pas d'intriguer les gens et de susciter toutes sortes de légendes. Comme nous l'avons vu dans un chapitre précédent, deux d'entre eux furent assimilés au repaire de l'araignée de terre qui avait rendu malade le guerrier Minamoto no Yorimitsu (源頼光, 948-1021). Les raisons ayant conduit les gens à faire de deux autres de ces tumulus les tombes de Murasaki Shikibu et d'Ono no Takamura ne sont pas connues. Le fait que les tumulus se trouvaient dans ce qui correspondait jadis au cimetière de Rentaïno et qu'ils étaient situés près de temples affiliés à Murasaki Shikibu (Unrin-in, 雲林院) et à Ono no Takamura (Injôji) facilita sans aucun doute la formation de cette légende mais il ne suffit pas à l'expliquer pour autant. L'élément décisif dans la formation de cette légende réside peut-être dans l'existence d'une rumeur qui commença à circuler moins d'une centaine d'années après la mort de Murasaki Shikibu et qui fut très vite mentionnée dans de nombreux ouvrages tels que *Le recueil des choses précieuses* (*Hôbutsushû*, 宝物集). Si l'on en croit cette rumeur, Murasaki Shikibu apparut en songe à une certaine personne et lui révéla qu'elle s'était réincarnée dans la voie des enfers et qu'elle y subissait les pires tourments parce qu'elle avait enfreint l'un des cinq préceptes du bouddhisme, celui du mensonge, en écrivant une œuvre de fiction. Tous ces éléments finirent très certainement par fusionner et par donner naissance à une autre de ces légendes qui est rapportée nulle part mais qui est pourtant connue de tous à Kyôto, une légende affirmant que la tombe de Murasaki Shikibu avait été érigée à côté de celle d'Ono Takamura afin que celui-ci puisse plaider sa cause au tribunal du roi Emma et alléger ses tourments en enfer !

La tombe de Takamura (Kyôto)

ANNEXE 1 : LES SOURCES DES HISTOIRES

* *A cheval sur ses genoux le long de la route Tôkaïdô* (*Tôkaïdô-chû hisa kurige*, 東海道中膝栗毛) : roman écrit par Jippensha Ikku (十返舎一九, 1765-1831) en 1802 qui relate le voyage à travers le Japon de deux gais lurons. A Kyôto, ces derniers visitent le sanctuaire Kitano Temmangû et admirent la lanterne offerte par Watanabe no Tsuna après sa bataille sur le Pont du Retour. Page 143.

* *Biographies de ceux qui aspiraient à la renaissance au paradis de la Terre Pure, les (Shûi-ôjô-den*, 拾遺往生伝) : 95 histoires écrites par Miyoshi no Tameyasu (三善為康, 1049-1139) en 1102 qui racontent comment des moines mais aussi des femmes et des gens du commun purent renaître au paradis occidental de la terre pure. Pages 59 & 73.

* *Bref rapport sur le Japon, le* (*Nihon Kiryaku*, 日本紀略) : histoire du Japon composée à la fin du 11ᵉ siècle par un auteur anonyme qui couvre la période allant de la création du Japon au règne de l'empereur Goichijô (1017-1036). Page 25.

* *Chronique de l'ouest du pays de Sanuki, la* (*Seïsanfushi*, 西讃府志) : chronique régionale écrite en 1858 par un membre du clan Marukame Kyôgoku (丸亀京極家), le clan qui gouvernait le pays de Sanuki (l'actuelle préfecture de Kagawa). On y trouve de nombreuses informations à propos des temples et des grands hommes de la région. Un paragraphe du chapitre 12 est consacré au maître du Yin-Yang Abe no Seimei, prétendument né dans la région. Page 79.

* *Chronique des choses anciennes, la* (*Kojiki*, 古事記) : cette chronique compilée en 712 par Ô no Yasumaro (太安万侶, ?-723) évoque la création du Japon, l'avènement des dieux et le règne des empereurs jusqu'en 628. On y raconte la bataille du dieu Susanô no

Mikoto contre le serpent à huit têtes du pays d'Izumo et la conquête du Japon par l'empereur Jimmu. Pages 23, 24, 191.

* *Chronique des trois pays, la* (*Sankoku-denki*, 三国伝記) : ce recueil compilé au début du 15e siècle par un certain Gentô (玄棟, ?- ?), peut-être un moine du monastère Enryakuji, contient 360 nouvelles bouddhiques situées en Inde, en Chine et au Japon. On y trouve des histoires à propos de Jôzô et d'Ono no Takamura. Pages 55 & 232.

* *Chronique du Japon, la (Nihon-shoki,* 日本書紀) : compilée en 720 par le prince Toneri (舎人親王) et Ô no Yasumaro (太安万侶), cette chronique retrace l'histoire du Japon jusqu'en l'an 697. La bataille de Susanô no Mikoto contre le serpent géant d'Izumo et la conquête du Japon par l'empereur Jimmu y sont racontées. Page 192.

* *Chronique du pays de Tamba, la* (*Tankafushi*, 丹歌府志) : cette chronique de la région d'Ôe publiée en 1763 contient un passage fort célèbre qui explique l'origine des démons appelés *oni*. Page 153, 154.

* *Compilation des contes racontés par Ôe no Masafusa, la* (*Gôdanshô* - 江談抄) : les nouvelles de ce recueil de 1104 sont présentées sous la forme d'un dialogue entre Ôe no Masafusa (大江匡房, 1041-1111) et Fujiwara no Sanekane (藤原実兼). Pages 231 & 234.

* *Contes d'Uji, les* (*Ujishûi Monogatari*, 宇治拾遺物語) : recueil de 197 histoires compilé aux alentours du 13e siècle par un auteur anonyme. Pages 38, 109, 115, 117.

* *Contes pour enfants, les* (*Otogizôshi*, 御伽草子) : recueil de contes du 17e siècle. Parmi les plus célèbres : *Le Palais des Tengu* (天狗の内裏) et *Shutendôji* (酒呑童子). Pages 24, 142, 148, 162, 164, 169, 209.

* *Dit d'Abe no Seimei, le* (*Seimei Monogatari*, 安部晴明物語) : biographie romancée du maître du Yin-Yang Abe no Seimei, écrite par Asaï Ryôi (浅井了意, 1612-1691) en 1662. Page 81, 100.

* *Dit de l'ascension et de la chute des Minamoto et des Taïra, le* (*Gempeï Jôsuiki*, 源平盛衰記) : composée par un auteur anonyme en 1250, cette œuvre propose une description détaillée de la guerre que se livrèrent les clans Taïra (Heike) et Minamoto (Genji). Pages 103, 104.

* *Dit de Masakado, le* (*Shômonki*, 将門記) : chronique guerrière qui évoque la rébellion de Taïra no Masakado (平将門, ?-940) et qui fut écrite peu de temps après les faits par un auteur anonyme. Page 207.

* *Dit de Takamura, le* (*Takamura Monogatari*, 篁物語) : roman anonyme du 10e siècle qui raconte la dramatique histoire d'amour d'Ono no Takamura (小野篁, 802-852) et de sa demi-sœur. Page 234.

* *Dit de Tawaratôda, le* (*Tawaratôda Monogatari*, 俵藤太物語) : roman court du 14e siècle qui raconte comment le guerrier Fujiwara no Hidesato (藤原秀郷) alias Tawaratôda (俵藤太) affronte un mille-pattes géant, visite le palais du roi dragon du lac Biwa et met un terme à la rébellion de Taïra no Masakado. Page 24.

* *Dit du Heike, le* (*Heike Monogatari*, 平家物語) : composé au 13e siècle, ce récit évoque la guerre que se livrèrent les Heike et les Genji pendant 75 ans et qui se solda par la victoire et la formation d'un gouvernement militaire par ces derniers en 1185. Le *Chapitre des épées* (XI-12) de la version Yashirobon (屋代本), l'une des centaines de versions connues du roman, contient des références aux exploits de Minamoto no Yorimitsu que l'on ne trouve pas dans les autres éditions. Pages 48, 49, 50, 124, 135, 140, 141, 178, 182, 189.

* *Essais critiques* (*Lun Heng*, 論衡) : recueil de pensées du philosophe chinois Wang Chong (王充, 27-100 ?) qui cite un chapitre perdu du *Précis des mers et des montagnes* (*Shan Hai Jing*, 山海経), un traité de géographie qui fut compilé en Chine au 3e siècle avant notre ère et qui mentionne l'existence d'une porte des démons au nord-est de la Chine. Pages 33.

* *Essence de la renaissance dans la Terre Pure, l'* (*ôjôyôshû*, 往生要集) : son auteur, le moine Genshin (源信, 942-1017), décrit les Six Voies et les moyens d'échapper au cycle de la réincarnation grâce à la dévotion au bouddha Amida. Pages 197, 198.

* *Généalogies des petites et des grandes maisons (Son-pi-bun-myaku,* 尊卑分脈) : Compilation des arbres généalogiques des grandes familles (dont celle d'Abe no Seimei) réalisée par un certain Tôin Kimisada (洞院公定, 1340-1399) entre 1377 et 1395. Page 82.

* *Grand miroir, le* (*Ôkagami*, 大鏡) : recueil d'anecdotes sur les grandes familles de la cour probablement composé au début du 12e siècle par un auteur anonyme. Page 108.

* *Guide des sites touristiques de Kyôto, le* (*Sanshû Meiseki-shi* - 山州名跡志, 1711) : guide touristique de Kyôto publié en 1711 qui rapporte de nombreuses légendes locales. Pages : 177, 215, 241.

* *Herbes de l'ennui, les* (*Tsurezuregusa*, 徒然草) : recueil de pensées philosophiques de Yoshida Kenkô (吉田兼好, 1283-1350). Page 219.

* *Histoire de la grande paix, l'* (*Taïheïki*, 太平記) : cette geste guerrière composée entre 1368 et 1375 et attribuée sans certitude au moine Kojima (小島芳法師) évoque les événements survenus au terme de la guerre qui vit la destruction totale du clan Taïra et la victoire des Minamoto. On y mentionne le creusement de l'étang du palais impérial, l'appel de Princesse Dragon et la métamorphose du moine Raïgô en un rat géant. Pages 15, 19, 26, 28, 50, 142, 180.

* *Histoire abrégée du Japon, l'* (*Fusô Ryakki*, 扶桑略記) : Histoire des empereurs japonais, de 660 avant notre ère à 1094, qui contient également de nombreuses biographies de moines bouddhistes (dont celle de Jôzô) et des récits de fondation de temples. Rédigée au 12e siècle à partir de sources aujourd'hui perdues par un moine du monastère Enryakuji nommé Kôen (皇円, ?- ?). Page 59.

* *Histoire de la région de Kyôto, l'* *(Yôshûfushi,* 雍州府志) : L'auteur, un médecin à la retraite nommé Kurokawa Michisuke (黒川道祐, ?-1691) visita la région de Kyôto et il consigna ses observations sur la géographie et les temples dans un journal qu'il publia en 1686 et qu'il intitula *Yôshû-fushi* en référence à Yoshû, la province dans laquelle se trouvait l'ancienne capitale chinoise de Xian. Page 98.

* *Histoire des neuf régents Hôjô, l'* (*Hôjô Kyûdaï Ki* - 北条九代記) : Cette chronique composée en 1332 par un auteur anonyme raconte l'histoire des Hôjô, des guerriers qui servirent fidèlement les *shôgun* du gouvernement militaire de Kamakura et qui occupèrent de manière héréditaire la charge de régent. Page 95.

* *Histoire du bouddhisme compilée à l'ère Genkô, l'* (*Genkôshaku-sho* - 元亨釈書) : histoire du bouddhisme au Japon, de son introduction au 6e siècle jusqu'à l'ère Genkô (début du 12e siècle) qui fut compilée par un moine nommé Kokan Shiren (虎関師錬, 1278-1346). On y trouve les biographies des moines Kûkaï, Saïchô, Ryôgen, Jôzô et Mammaï. Pages 59, 237.

* *Histoires qui sont maintenant du passé, les* (*Konjaku Monogatari*-今昔物語) : cette oeuvre en 31 tomes et 1059 histoires situées en Inde, en Chine et au Japon fut compilée entre 1120 et 1140 par un auteur anonyme. On y trouve des récits à propos de Kûkaï, Saïchô, Kûya, Kamo no Tadayuki et Abe no Seimei. Pages 20, 23, 63, 83, 84, 90, 100, 107, 113, 114, 127, 128, 130, 168, 201, 213, 226, 229, 235, 236.

* *Histoires sur le passé* (*Kojidan,* 古事談) : recueil de 462 histoires compilées par Minamoto no Akikane (源顕兼, 1160-1215) quelques années avant sa mort. De nombreux miracles de Jôzô y sont évoqués. Pages 62, 72, 74, 89, 131, 197, 211, 225.

* *Irohajiruishô* (伊呂波字類抄) : Tachibana Tadakane (橘忠兼) mit plus de trente ans, de 1144 à 1180, à compiler ce dictionnaire, l'un des premiers jamais écrits en langue japonaise. Page 228, 229.

* *Journal de voyage dans les provinces du nord-ouest, le (Shoshû Meguri Seihoku Kikô*, 諸州めぐり西北紀行) : journal de Kaïbara Ekiken (貝原益軒, 1630-1714), un ancien ronin devenu philosophe confucéen. Celui-ci y mentionne le Jizô d'Ôï-no-saka et le tumulus de la tête de Shutendôji. Page 166.

* *Journal du chancelier de Midô, le* (*Midô Kampaku-ki*, 御堂関白記) : ce journal tenu par le chancelier Fujiwara no Michinaga (藤原道長, 966-1027) fournit de précieux renseignements sur la vie des politiciens de l'époque Heian. Page 119, 129.

* *Journal du ministre de la droite du palais d'Ono, le* (*Shôyûki*, 小右記) : ce journal écrit par le ministre de la droite (右大臣) Fujiwara no Sanesuke (藤原実資, 957-1046) alias « le sieur du palais d'Ono » (小野宮) entre 982 et 1032 contient plusieurs références aux activités des maîtres du Yin-Yang indépendants. Pages 105, 119.

* *Journal du chancelier honoraire, le* (*Gonki*, 権記) : ce journal du chancelier honoraire (権大納言) Fujiwara no Ikinari (藤原行成, 971-1027) contient plusieurs références aux activités des maîtres du Yin-Yang indépendants. Page 55, 119.

* *Miroir du protecteur des plaines, le (Nomori-kagami*, 野守鏡) : recueil d'anecdotes de 1295 que son auteur présumé, Minamoto no Arifusa (源有房), aurait recueillies auprès d'un religieux du temple Shoshazan (書写山寺). Page 221.

* *Notes du Mont Mineaï, les (Hôshôki*, 峰相記) : ce recueil de 1348 est une compilation de contes bouddhiques qui ont pour cadre Harima, le pays où se trouve le mont du titre. Page 117.

* *Notes journalières sous les nuages (Ga-un Nikken Roku*, 臥雲日件録) : journal de Hatakei Shuhô (瑞谿周鳳, 1391-1473), moine zen du temple Shôkokuji (相国寺). Ce dernier y mentionne Abe no Seimei et dit de lui qu'il n'était pas humain (化生ノ者). Pages 80 & 98.

* *Notes sur la cour et sur le peuple* (*Chôyagunsaï*, 朝野群載) : cette compilation de poèmes et d'écrits réalisée par Miyoshi no Tameyasu (三善為康, 1049-1139) en 1116 fournit de précieuses informations sur l'organisation politique du Japon de l'époque Heian. Page 83.

* *Plan d'occupation des sols de Kyôto, le* (*Kyôto Bômokushi*, 京都坊目誌) : précieux document compilé en 1916 dans lequel son auteur, Usui Kosaburô (碓井小三郎), dresse la liste des rues et des temples de Kyôto et rapporte de nombreuses légendes locales. Page 180.

* *Prologue à l'histoire de la grande paix, le* (*Zen-Taïheïki*, 前太平記) : dans cette geste guerrière qu'il écrivit en 1681, Itagaki Jun-ichi (板垣 俊一) évoque la rébellion de Taïra no Masakado et présente de nombreux exploits de Minamoto no Yorimitsu. Pages 65, 129, 177.

* *Rapport de la province de Bizen, le* (*Bizenkoku Fûdôki*, 肥前國風土記) : rapport sur l'histoire, les coutumes et la géographie du pays de Bizen (l'actuelle préfecture de Saga). Vraisemblablement compilé entre 715 et 739 par un auteur anonyme. Page 191.

* *Recueil de contes anciens et modernes, le* (*Kokon Chômon Shû*, 古今著聞集) : recueil de 700 contes écrits en 1254 par l'écrivain, peintre et musicien Tachibana no Narisue (橘成季). Page 6, 132, 135.

* *Recueil des choses précieuses, le* (*Hôbutsushû*, 宝物集) : recueil d'anecdotes et de poèmes *waka* compilé par Taïra no Yasuyori (平康頼) en 1175. Pages 216 & 242.

* *Recueil illustré des lieux célèbres de la Capitale, le* (*Miyako Meisho Zu-e*, 都名所図会) : Guide de Kyôto publié en 1780 qui rapporte de nombreuses légendes locales. Pages 35, 70, 166, 178, 180, 220, 222.

* *Recueil illustré des lieux célèbres du pays de Settsu, le* (*Settsu Meisho Zu-e*, 摂津名所図会) : Guide d'Ôsaka publié en 1798 qui rapporte de nombreuses légendes locales. Page 121, 123, 124.

* *Rouleau illustré de l'araignée de terre, le* (*Tsuchigumo Zôshi*, 土蜘蛛草紙) : cette oeuvre du moine écrivain Yoshida Kenkô (吉田兼好, 1283-1350) et du peintre Tosa Kôryû (土佐長隆) raconte la bataille de Minamoto no Yorimitsu et de son fidèle vassal Watanabe no Tsuna contre une araignée de terre géante. Page 182, 183, 190.

* *Rouleau illustré du « Mont Hiei de l'Est » Kan-ei-ji qui raconte la vie du Grand Maître du Troisième Jour du Mois du Nouvel An* (*Tôeizan Kan-ei-ji Ganzan Daïshi Engi*, 東叡山寛永寺元三大師縁起), *le* : Rouleau illustré en trois tomes qui fut réalisé en 1680 et qui retrace la vie du moine Ryôgen (良源, 912-985) . Page 40.

* *Rouleau illustré du Mont Ôe, le* (*Ôe Yama Egotoba*, 大江山絵詞) : propriété du musée Itsuô de la préfecture d'Ôsaka (逸翁美術館), *Le rouleau illustré d'Ôe Yama* est le plus vieux document connu à relater l'histoire de Minamoto no Yorimitsu affrontant le roi des *oni* au sommet du Mont Ôe. Page 148, 160, 161, 169, 170, 172, 174.

* *Suite aux histoires sur le passé, la* (*Zoku-Kojidan*, 続古事談) : recueil composé en 1219 par un auteur anonyme. Une histoire parle du dragon venu s'installer dans l'étang du jardin impérial. Page 21.

* *Suite au recueil illustré des lieux célèbres de la Capitale, la* (*Shûi Miyako Meisho Zu-e*, 拾遺都名所図会) : Guide touristique de Kyôto publié à l'automne 1789 qui rapporte de nombreuses légendes locales. Pages 64, 76, 176.

* *Traité secret d'astrologie des trois pays, le* (*Ho-ki-naï-den*, 簠簋内伝) : manuel du Yin-Yang composé entre 1596 et 1615 par un auteur anonyme, peut-être un prêtre affilié au sanctuaire Yasaka Jinja ou un maître du Yin-Yang de l'école Tsuchimikado. Outre la présentation des connaissances en matière d'astrologie issues de l'Inde, de la Chine et du Japon, le livre contient une biographie d'Abe no Seimei qui fait de lui le fils d'une renarde. Page 79, 80.

ANNEXE 2 : INDEX

* Abe no Masuki (安部益材) : 82.
* Abe no Seimei (安倍晴明) : 5, 7, 8, 53, 54, 75, 77-100, 101-120, 148, 152, 162, 243, 245, 246, 247, 250.
* Abe no Seimei Jinja (安部晴明神社) : 79-82.
* Abe no Yasuna (安倍保名) : 80-82.
* Adashino (化野) : 219, 220, 222, 224, 229.
* Adashino Nembutsu-ji (化野念仏寺) : 220, 258.
* Amida (阿弥陀如来) : 5, 8, 62, 184, 196-198, 211, 215, 220, 221, 222, 223, 225, 240, 246.
* Araignée de terre : 7, 175-194, 199, 241.
* Ashikaga no Takauji (足利尊氏) : 173.
* Ashikaga no Yoshimitsu (足利義満) : 173, 174.
* Ashiya Dôman (芦屋道満) : 117-120.
* Carrefour des six voies : Voir à « Rokudô no Tsuji. »
* Carrefour du chat (猫の曲がり) : 11.
* Chikô (光興) : 90-93.

* Chinnôji (珍皇寺) : 225-229, 234, 240, 258.
* Chitoku (智徳法師) : 113-116.
* Daïgo (醍醐天皇) : 212, 222.
* Daïitoku Myô-ô (大威徳明王) : 28, 62, 63.
* Daïnichi Nyoraï (大日如来) : 13, 14, 35.
* Danrin (檀林皇后) : 220, 224.
* Datsu-e-ba, 奪衣婆 : 161, 200, 213.
* Dieux de la table de divination (式神) : 104-120.
* Dragon : 13, 17, 18, 19, 21, 22, 23, 24, 25, 26, 29.
* Emma (閻魔大王) : 93, 96, 97, 200-204, 209, 213.
* Emma-dô (焔魔堂) : 223, 258.
* En no Gyôja (役行者) : 70, 71, 83.
* Ennô (円能) : 120.
* Enryakuji (延暦寺) : 35, 36, 38, 39, 43, 45, 46, 48, 49, 50, 51, 52, 62, 68, 70, 113, 196, 244, 246, 258.
* Etang du Dragon : Voir à « Ryû-ga-ike. »
* Fengshui (風水) : 24, 32, 33, 34, 44, 53, 83, 100, 140.

* Fudô Myôô (不動明王) : 96, 97, 106, 158, 172, 240.
* Fujiwara no Akimitsu (藤原顕光) : 119.
* Fujiwara no Hidesato (藤原秀郷) : 24, 63, 64, 66, 123, 245.
* Fujiwara no Kaneie (藤原兼家) : 108, 109.
* Fujiwara no Michinaga (藤原道長) : 5, 6, 89, 105, 117-120, 126, 129, 148, 149, 152, 158, 164, 171, 248.
* Fujiwara no Mimori (藤原三守) : 232, 233.
* Fujiwara no Moro-uji (藤原師氏) : 211, 212.
* Fujiwara no Sanesuke (藤原実資) : 88, 105, 248.
* Fujiwara no Sumitomo (藤原純友) : 122, 123.
* Fujiwara no Takafuji (藤原高藤) : 231, 232.
* Fujiwara no Yasumasa (藤原保昌) : 146, 149, 150, 151, 152, 155, 157, 158, 159, 170, 171, 172, 190.
* Fujiwara no Yoshimi (藤原相良) : 230, 231.
* Fujiwara no Yukinari (藤原行成) : 54, 89, 119.
* Fukushôji (福生寺) : 220, 229, 258.
* Génies : voir à « dieux de la table de divination. »
* Genshin (源信) : 166, 196, 197, 198, 211, 246.
* Gozu Ten-ô (牛頭天王) : 75, 93.
* Gundari Myô-ô (軍荼利明王) : 28.
* Hachiman (八幡) : 125, 126, 150, 187.
* Heian-kyô (平安京) : 32.
* Hiei Taïsha (日吉大社) : 150, 164.
* Hiei (比叡山) : 34, 35, 36, 37, 40, 43, 45, 46, 47, 48, 49, 50, 51, 59, 70, 72, 132, 156, 158, 196, 197, 207.
* Heijô-kyô (平城京) : 31, 32.
* Higashimukô Kannon Dera (北野東向観音寺) : 181.
* Hitogotonushi Jinja (一言主神社) : 190, 192.
* Hôjôji (法城寺) : 98.
* Hôkanji (法観寺) : 58, 73, 74, 75, 76, 258.
* Ibaraki-dôji (茨木童子) : 147, 164.
* Ichihara (市原) : 133, 134, 140.
* Ichijô (一条天皇) : 44, 87, 88, 84, 86, 109, 148.
* Injôji (引接寺) : 223, 224, 226, 227, 242, 258.
* Intersection de la coiffe mortuaire : Voir à Katabira no Tsuji.
* Iwashimizu Hachimangû (岩清水八幡宮) : 150, 164.

* Jardin de la Source Sacrée : Voir à Shinsen-en.
* Jie (慈恵) : Voir à Ryôgen.
* Jimmu (神武天皇) : 31, 191, 192, 244.
* Jinin Kashô-byô (慈忍和尚廟) : 46.
* Jinzen (尋禅) : 44-47.
* Jizô (地蔵菩薩) : 27, 28, 35, 165-170, 213-218, 220, 221, 224, 225, 228, 229, 236-241.
* Jizô qui a reçu une flèche (矢取地蔵) : 27.
* Jizô de l'accouchement sans douleur (子安地蔵尊) : 166, 167.
* Jizô tenant une perruque dans la main (髪掛地蔵) : 213-216.
* Jôbon Rentaï-ji (上品蓮台寺) : 175, 176, 258.
* Jôchô (定朝) : 176, 214.
* Jôkaku (定覚) : 221, 223, 224.
* Jôzô (浄蔵) : 53-76, 84, 101, 207, 244, 246, 247.
* Jôzô-dô (浄蔵堂) : 76.
* Jûhachi Myôjin Yashiro (十八明神社) : 51.
* Kagura-oka (神楽岡) : 183, 199.
* Kammu (桓武天皇) : 13, 14, 15, 16, 19, 31, 32, 34, 35, 36, 45, 61, 70, 157.
* Kamo-gawa (鴨川) : 31, 33, 38, 195, 219.
* Kamo no Tadayuki (賀茂忠行) : 83-86, 247.
* Kamo no Mitsuyoshi (賀茂光栄) : 87.
* Kamo no Yasunori (賀茂保憲) : 83-86.
* Kanchô (寛朝) : 107.
* Kanda Jingû (神田神宮) : 65.
* Kanda Jinja (神田神社) : 64, 66, 68.
* Kannon (観音菩薩) : 36, 40, 42, 43, 195, 211, 212.
* Karigome no Oka (狩籠の丘) : 35, 36.
* Katabira no Tsuji (帷子の辻) : 219, 220.
* Kawatake Mokuami (河竹黙阿弥) : 142, 143, 190, 193.
* Kazan (花山法皇) : 89, 108, 109, 112.
* Keishun (慶俊) : 225.
* Ken-e-ô (懸衣翁) : 200.
* Kidômaru (鬼同丸) : 132-134.
* Kimon (鬼門) : 33-36, 39, 44, 45, 53, 54, 68, 69, 70, 87, 88, 140, 246.
* Kitano Temmangû (北野天満宮) : 136, 143, 144, 243, 258.
* Kôyaku-zushi (膏薬図子) : 64.
* Kubi Zuka Myôjin (首塚明神) : 167.
* Kûkaï (空海) : 6, 11-30, 35, 59, 62, 220, 224, 225, 227, 228, 247.
* Kumano Jinja (熊野神社) :

150, 164.
* Kurama (鞍馬寺) : 33, 133, 134, 209.
* Kûya (空也) : 64, 211, 212, 213, 225, 247.
* Kuzu no Ha (葛葉) : 80-82.
* Mammaï (満米) : 237-241, 247.
* Manganji (満願寺) : 130.
* Mibyô, 御廟 : 44.
* Miidera (三井寺) : 48, 49, 52, 77, 90.
* Minamoto no Mitsunaka (源満仲) : 23, 121-127, 131, 132.
* Minamoto no Yorimitsu (源頼光) : 7, 53, 125-144, 145-174, 175-194, 199, 241, 245, 247, 248, 249, 250.
* Minamoto no Yorinobu (源頼信) : 126, 132, 133, 141, 142, 149.
* Minamoto no Yoritomo (源頼朝) : 142, 172.
* Minamoto no Yoshiie (源義家) : 5, 6, 126.
* Miyoshi no Kiyoyuki (三善清行) : 55, 56, 57, 59.
* Modori Bashi (戻り橋) : 54, 57, 59, 60, 61, 75, 76, 101, 102, 103, 104, 135, 140, 141, 142, 143, 164, 177, 178, 243, 258.
* Murakami (村上天皇) : 70, 83, 175, 246.
* Murasaki Shikibu (紫式部) : 241, 242.

* Nara (奈良) : 13, 14, 15, 31, 37, 142, 189, 190, 191, 192, 196, 225, 237, 239.
* Nezumi no Hokora (鼠の祠) : 51.
* Nichizô (日蔵) : 222, 223.
* Nimmyô (仁明天皇) : 157, 219.
* Ninkaï (仁海) : 26.
* Ôe (大江) : 145-148, 150, 151, 152, 153, 154, 155, 157, 160, 161, 164, 165, 169, 170, 171, 172, 174, 244, 250.
* Ôe no Masafusa (大江匡房) : 49, 231, 234, 244.
* Ôï-no-saka (老いの坂) : 165-170, 250.
* Oni (鬼) : 42, 105, 126, 140-142, 145, 146, 147, 148, 150, 151, 152, 153, 154, 155, 156, 158, 159, 160-163, 164, 165, 166, 167, 170, 171, 172, 174, 177, 178, 184, 189, 193.
* Ono no Komachi (小野小町) : 228.
* Ono no Minemori (小野岑守) : 233, 234.
* Ono no Takamura (小野篁) : 8, 58, 219-242, 244, 245.
* Pavillon de la Fraîcheur Pure : Voir à Seiryôden.
* Parole Véritable : Voir à « Shingon. »
* Pont de Raïkô : Voir à Raïkô Hashi.

254

* Pont du Retour : Voir à Modori Bashi.
* Porte des démons : Voir à Kimon.
* Princesse Dragon : Voir à Zen-nyo-ryû-ô.
* Raïgô (頼豪) : 29, 48-52, 247.
* Raïkô Hashi (頼光橋) : 134.
* Rashômon (羅城門) : 9, 14, 15, 27, 142, 168, 222, 258.
* Rentaïno (蓮台野) : 53, 54, 56, 175, 176, 183, 219, 221-223, 241, 242.
* Rokudô no Tsuji (六道の辻) : 196, 224.
* Rokuharamitsuji (六波羅蜜寺) : 213, 214, 215, 216, 217, 225, 258.
* Ryôgen (良源) : 37-45, 47, 152, 158, 247, 249.
* Ryû-ga-ike (龍が池) : 40.
* Saga (嵯峨天皇) : 25, 35, 131, 232, 234, 235.
* Saïchô (最澄) : 6, 34-36, 39, 47, 51, 59, 156, 162, 247.
* Saïfukuji (西福寺) : 224.
* Saïji (西寺) : 14, 15, 16, 18, 29, 258.
* Saï-no-Kawara (賽の河原) : 217, 218.
* Sakata no Kintoki (坂田公時) : 128-130, 132, 134, 146, 147, 150, 163, 164, 167.
* Sanyô-kaïdô (山陰街道) : 33, 165.
* Sanzu no Kawa (三途の川) : 53, 198.
* Seiryôden (清涼殿) : 88, 108, 149.
* Seimei Jinja (晴明神社) : 54, 77, 78, 87, 98, 99, 101, 104.
* Seï Shônagon (清少納言) : 131.
* Seiwa (清和天皇) : 26, 121, 122, 183.
* Seiwa-In (清和院) : 177, 180, 181, 182.
* Sen no Rikyû (千利休) : 60.
* Shigeoka no Kawahito (滋岳川人) : 83.
* Shikikôdô (四季講堂) : 37, 38, 43, 44.
* Shingon (真言宗) : 11, 14, 35.
* Shinkei (真教) : 67.
* Shinnyodô (真如堂) : 96, 97.
* Shinsen-en (神泉苑) : 19, 21, 22, 23, 24, 26, 29, 30, 258.
* Shirakawa (白川法皇) : 48, 49.
* Shôkû (證空) : 92.
* Shôtoku Taïshi (聖徳太子) : 73, 175.
* Shubin (守敏) : 15, 16, 17, 18, 26, 27, 28, 29, 62.
* Shutendôji (酒呑童子) : 81, 146-174, 189, 193, 244, 248.
* Sôjibô (総持坊) : 46, 47.
* *Soutra du lotus* (法華経) : 24, 25, 35, 36, 37, 42, 45, 52, 55, 56,

57, 211, 212, 214, 221.
* Sumiyoshi Taïsha (住吉大社) : 122, 123, 124.
* Susanô no Mikoto (須佐之男命 et 素戔嗚尊) : 23, 75, 93, 244.
* Suzakumon (朱雀門) : 222, 231.
* Tada Jinja (多田神社) : 121, 123, 126, 144, 164, 165.
* Taïra no Masakado (平将門) : 61-69, 77, 122, 123, 207, 209, 245, 248.
* Taïra no Sadamori (平貞盛) : 63, 64.
* Taïra no Tokitada (平時忠) : 103.
* Taïzan, Dieu du Mont (泰山府君) : 77, 88, 89, 90-95, 113, 152, 201.
* Tamba Tadaaki (丹波忠明) : 5, 21, 22.
* Tawaratôda (俵藤太) : voir à Fujiwara no Hidesato.
* Temmu (天武天皇) : 83, 239.
* Tendaï (天台宗) : 34, 35, 37, 42, 46, 49, 59, 248.
* Tenchi (天智天皇) : 32, 48.
* Teruteru Bôzu (照々坊主) : 29, 30.
* Tôji (東寺) : 9-29, 62, 258.
* Tokugawa Ieyasu (徳川家康) : 19, 67, 68.
* Tombe de Jinzen : Voir à Jinin Kashô Byô.

* Tombe de Ryôgen : Voir à Mi-byô.
* Toribeno (鳥辺野) : 75, 195, 196, 213, 219, 224, 225.
* Toyotomi Hideyoshi (豊臣秀吉) : 60.
* Tumulus de la tête de Masakado (将門塚) : 67-69.
* Uda (宇多天皇) : 59, 175.
* Ungoji (雲居寺) : 75.
* Urabe no Suetake (卜部季武) : 128, 134, 135, 146, 150.
* Usui no Sadamitsu (碓氷貞光) : 128, 134, 135, 146, 150, 170.
* Watanabe no Tsuna (渡辺綱) : 53, 131-144, 146, 150, 155, 163, 164, 177, 178, 183, 184, 185, 186, 187, 188, 189, 243, 250.
* Yakushiji (薬師寺) : 221, 227.
* Yasaka Jinja (八坂神社) : 76, 250, 258.
* Yata Dera (矢田寺) : 237, 239, 240, 241.
* Yatori Jizô-dô (矢取地蔵堂) : 27, 28.
* Zaô-dô Kôfukuji (蔵王堂光福寺) : 70, 72, 73, 258.
* Zaô Gongen (蔵王権現) : 70, 71, 73.
* Zeami (世阿弥) : 148, 174, 189.
* Zen-nyo-ryû-ô (善女竜王) : 18, 19, 22, 23, 24, 26, 29, 247

ANNEXE 3 : LES CARTES

1. Autour de Kyôto

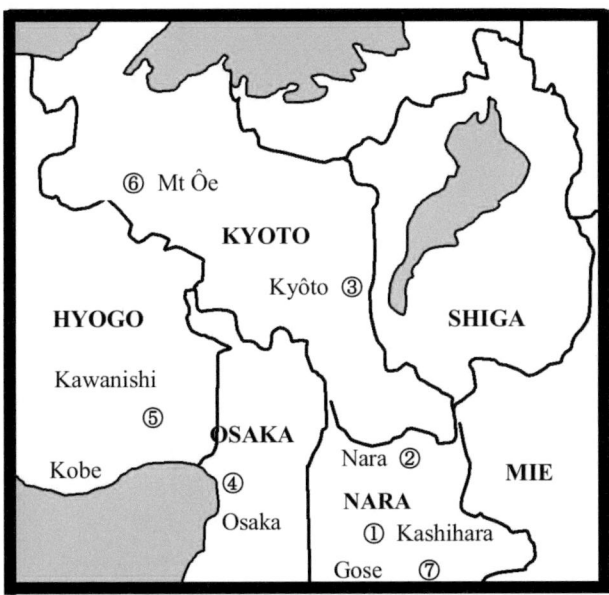

1. Kashihara : Site de la première capitale du Japon. Prétendument fondée par l'empereur Jimmu.

2. Nara : Site d'Heijô-kyô (la Capitale de la tranquillité). Capitale du Japon de 714 à 784.

3. Kyôto : Site d'Heian-kyô (la Capitale de la paix et de la tranquillité). Capitale du Japon de 794 à 1868.

4 : Ôsaka : Sanctuaire Abe no Seimei Jinja.

5 : Kawanishi : Ancien fief des Seiwa-Genji. Sanctuaire Tada Jinja, Sanctuaire Kuzu Daïmyôjin & temple Manganji.

6 : Mont Ôe : Domaine du Roi des Oni Shutendôji.

7 : Gose : Sanctuaires Hitogotonushi Jinja et Takamahiko Jinja.

2. Kyôto et ses environs à l'époque Heian (794-1185)

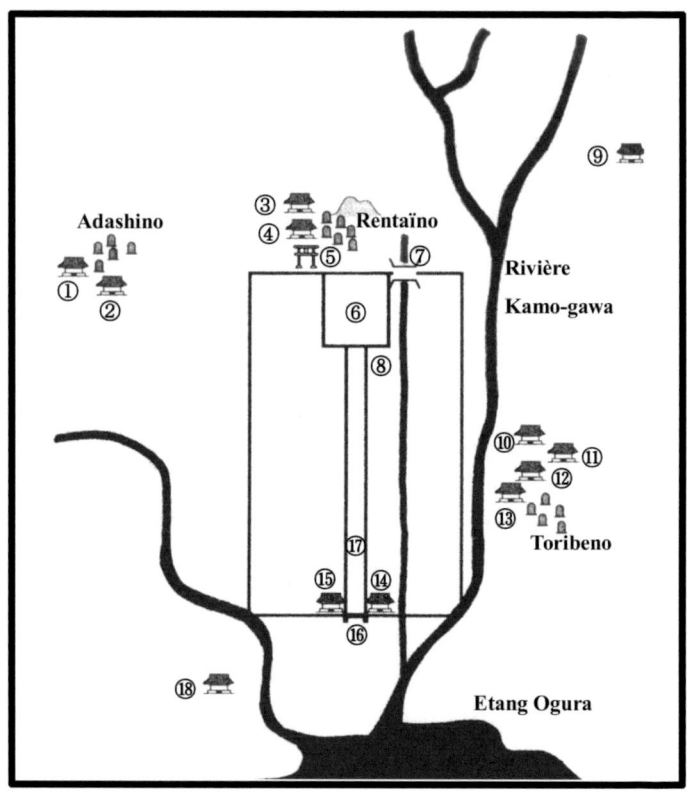

1 : Temple Nembutsuji.
3 : Temple Jôbon Rentaïji
5 : Sanctuaire Kitano Temmangû.
7 : Pont de la Première Avenue.
9 : Monastère Enryakuji.
11 : Temple Hôkanji.
13 : Temple Rokuharamitsuji.
15 : Temple Saïji.
17 : Avenue Suzaku-ôji.

2 : Temple Fukushôji.
4 : Temple Injôji (Emmadô).
6 : Palais impérial.
8 : Jardin Shinsen-en.
10 : Temple Gion Kanshin-in.
 12 : Temple Chinnôji.
14 : Temple Tôji.
16 : Porte Rashômon.
18 : Temple Zaô-dô Kôfukuji.

L'HARMATTAN, ITALIE
Via Degli Artisti 15 ; 10124 Torino

L'HARMATTAN HONGRIE
Könyvesbolt ; Kossuth L. u. 14-16
1053 Budapest

L'HARMATTAN BURKINA FASO
Rue 15.167 Route du Pô Patte d'oie
12 BP 226
Ouagadougou 12
(00226) 50 37 54 36

ESPACE L'HARMATTAN KINSHASA
Faculté des Sciences Sociales,
Politiques et Administratives
BP243, KIN XI ; Université de Kinshasa

L'HARMATTAN GUINÉE
Almamya Rue KA 028
En face du restaurant le cèdre
OKB agency BP 3470 Conakry
(00224) 60 20 85 08
harmattanguinee@yahoo.fr

L'HARMATTAN CÔTE D'IVOIRE
M. Etien N'dah Ahmon
Résidence Karl / cité des arts
Abidjan-Cocody 03 BP 1588 Abidjan 03
(00225) 05 77 87 31

L'HARMATTAN MAURITANIE
Espace El Kettab du livre francophone
N° 472 avenue Palais des Congrès
BP 316 Nouakchott
(00222) 63 25 980

L'HARMATTAN CAMEROUN
BP 11486
Yaoundé
(237) 458 67 00/976 61 66
harmattancam@yahoo.fr

640114 - Février 2016
Achevé d'imprimer par